国家社科基金青年项目阶段性成果（11CZW033）
上海市浦江人才计划资助（14PJC028）
————————

经学、科举与宋代古文

Confucian Classics Studies, the Civil Service
Examination System and Ancient Style Essays
in Song China

方笑一 著

浙江大学出版社
ZHEJIANG UNIVERSITY PRESS

目　　录

绪 论

　　本书主要讨论经学、科举与宋代古文三者之间的关系,关注的核心对象是宋代古文。我们想要弄清,宋代古文在当时的经学和科举的影响之下,究竟呈现出怎样一种面貌,具有怎样的特征,而这些特征又是如何延续到后世的? 本书的讨论方式是个案式的,围绕着宋代古文的写作实践和文本进行,也会涉及一些古文观念层面的问题。在进入正式的论述之前,有必要先对相关的概念稍作阐释。

第一节　"古文"的意义指向:时间性、体式
特征与价值观念

　　根据一般文学史著作的说法,"古文"指以单行散句为主要特征的那一类文章,也就是通常所谓"唐宋古文"之"古文"。近年来有学者发现,宋人在使用"古文"一词时,所指的对象要宽泛得多。吴承学通过考察宋代文章总集,认为宋人心中之"古文"有广狭二义之分:"宋人心目中的古文,主要是在于高古的艺术旨趣方面,只要是符合他们旨趣的,都可以称为古文。在形式上,古文以散体文为主,但并不绝对排斥骈体文与辞赋。总之,古文即古雅之文,非时俗之文,这是宋人广义的古文观念。"狭义的古文则指"产生于唐代的比较短小的、思辨性强的、有真知灼见的议论性

文体"。①他又指出："'古文'本身并没有明确的文体分类含义,在文体学上具有开放性、含糊性和有弹性内涵的特色。'古文'包括什么文体,或者什么文体可称为'古文',都是见仁见智的。在形式上,古文以散体文为主,但并不绝对排斥骈体文、辞赋甚至诗歌。"②显然,这里所说的广义的"古文",是以散体文为主,又可以包括进骈体文、辞赋甚至诗歌,它实际上几乎指涉了除词、小说、戏曲之外的所有古代文学的文类。假如本书使用这个"古文"概念,来探讨经学、科举与宋代古文的关系,那么基本上就等于讨论经学、科举和整个宋代文学的关系了,这并非本书的论旨所在。然而,我们关注的古文,其范围又比吴先生所说狭义的古文,即"产生于唐代的比较短小的、思辨性强的、有真知灼见的议论性文体"稍宽,不只是议论性的,凡是记叙性、抒情性的文章,只要它是用散体为主写成的,都是古文。

那么本书所说的"古文",是否可以简单等同于散体文呢? 并非如此。我们认为,"古文"概念的意义指向了三个方面:时间性、体式特征与价值观念。

"古文"的时间性指向是显而易见的,"古文"之"古"首先是一个时间概念。大量的例证表明,在宋人的观念中,"古文"是与"时文"相对的一个概念,这里的"时文",主要指当时流行的、占有主流地位的文体,尤其是科举考试的文体。当"时文"为诗赋时,古文就与诗赋相对,当"时文"是骈文时,古文就与骈文相对,当"时文"是经义时,古文又和经义相对,这也就是上引吴承学先生论述中所言的"非时俗之文"。

在体式特征方面,它是以散体,即单行散句的行文为主的。清人包世臣曾说:"唐以前无'古文'之名。"③这并不是说,唐以前没有"古文"一词,只是说"古文"作为一个文体概念,在唐以前未曾出现。清人吴敏树说得更具体,他指出:"盖文体坏而后古文兴。唐之韩、柳,承八代之衰而挽之

---

① 吴承学:《宋代文章总集的文体学意义》,《中国社会科学》2009 年第 2 期。
② 吴承学:《中国文章学成立与古文之学的兴起》,《中国社会科学》2012 年第 12 期。
③ 包世臣:《零都宋月台古文钞序》,《艺舟双楫·论文三》,上海:商务印书馆,1935,第 67 页。

于世,始有此名。"①古文是在文体走向衰弱之后方才兴起的,是韩愈、柳宗元的时代才有的一个概念。刘师培则说:"当时之士,以其异于韵语偶文之作也,遂群然目之为古文。"②他们都注意到,"古文"作为文体概念始于韩、柳,它的体式特征主要是"异于韵语偶文之作",也就是非韵非骈的散体。

"古文"这一概念在时间性和体式特征方面的意义指向,是比较容易获知的,前人也已经有了不少讨论。假如说,"时间性"和"体式特征"都是相对客观的东西,那么我们需要指出,在两者背后,还存在着一个更加主观的指向,即"古文"一词所蕴含的价值观念。这是下面所要着重讨论的。

让我们回到中唐韩愈那里。韩愈之前出现的"古文"一词,基本上指古文字或者古文经,而在韩愈自己的文章中,曾多次使用"古文"来指文体。这位唐代古文倡导者涉及"古文"概念的这些表述,对于理解"古文"的内涵是极其重要的。

如韩愈谈到自己的文章写作云:"仆为文久,每自则意中以为好,则人必以为恶矣。小称意,人亦小怪之;大称意,即人必大怪之也。时时应事作俗下文字,下笔令人惭,及示人,则人以为好矣。小惭者,亦蒙谓之小好;大惭者,即必以为大好矣。不知古文直何用于今世也。"③从这段话中,我们不难明确以下几点:一、韩愈对自己文章的评价与世俗迥异。二、韩愈称当时主流的文章是"俗下文字",而"古文"显然是指与之相对的、他"意中以为好"的文章。三、韩愈为"古文"不能为今世所认同感到苦恼,最后一句中的"直"是"竟然"的意思,他感叹古文既然不为今人认同,那么它在今世又有什么用呢?显然这里有愤愤不平的意思。韩愈另一处言及古文,则是其《师说》的最后一段:"李氏子蟠,年十七,好古文,六艺经传皆通

---

①　吴敏树:《与筱岑论文派书》,《柈湖文集》卷六,清光绪十九年(1893)思贤讲舍刻本,《续修四库全书》本,上海:上海古籍出版社影印,2002,第 1534 册,第 196 页。

②　刘师培:《论文杂记》,《中国中古文学史　论文杂记》,北京:人民文学出版社,1959,第 120 页。

③　韩愈:《与冯宿论文书》,马其昶:《韩昌黎文集校注》卷三,上海:上海古籍出版社,1986,第 196 页。

习之。不拘于时,学于余,余嘉其能行古道,作《师说》以贻之。"①这段话中,韩愈非但提到李蟠好古文,而且也提到他通习六艺经传,在韩愈看来,在古文和经学两方面都同时有所爱好并愿意学习的,就是"能行古道"。显然,这里透露了韩愈意识中的古文、经传、古道三者间的密切关系。在韩愈《考功员外卢君墓铭》中,出现了"愈能为古文业其家"这样的说法,②表明其对古文的写作具有相当的自觉,并对自己的古文家身份有所认同。在《题哀辞后》中,韩愈对于自己写作古文的目的有这样的自述:

> 愈之为古文,岂独取其句读不类于今者邪? 思古人而不得见,学古道则欲兼通其辞。通其辞者,本志乎古道者也。③

这段话包含着极为丰富的信息。首先,我们很清楚地看到,韩愈所说的"古文",从体式上来说,其句读是与当时的骈体文不同的。更为重要的是,韩愈的目的并不在于古文本身,他要学的是"古道",想念的是"古人","古文"是表述或者表现"古道"的文辞,韩愈学习古文本是"兼通其辞",这里的"其",指代的正是"古道",为了强调这一点,韩愈特意说明,自己"本志乎古道者也"。

韩愈的这番话非常重要,它使我们明白,"古文"其实与散体文是不能完全划上等号的。因为韩愈在使用"古文"一词和提倡写作古文的时候,他不仅是将这种文章看作以单行散句所构成的文本,而是规定它必须是表述"古道"的文本,古文,就是"古道"之"文辞"。由此可见,在韩愈的话中,"古文"是一个含有鲜明价值判断和价值观念的语汇,它与古人之行与古人之道,是紧紧结合在一起的,是密不可分的。

这种对古文的认识,几乎可以说是中唐古文家的共识。如李翱也说:"吾所以不协于时而学古文者,悦古人之行也。悦古人之行者,爱古人之道也。故学其言,不可以不行其行;行其行,不可以不重其道;重其道,不

---

① 韩愈:《师说》,《韩昌黎文集校注》卷一,第 44 页。
② 韩愈:《考功员外卢君墓铭》,《韩昌黎文集校注》卷六,第 353 页。
③ 韩愈:《题哀辞后》,《韩昌黎文集校注》卷五,第 304—305 页。

可以不循其礼。古之人相接有等,轻重有仪,列于经传,皆可详引。"①由此可见,古文与古人之行、古人之道、古人之礼,以及记录所有这些的经传,都是连为一体的。李翱又说:"自贞元末以至于兹,后进之士其有志于古文者,莫不视公(韩愈)以为法。"②道出了韩愈的古文及其对古文的看法,在当时士人中的表率意义。

南宋陈造曾说:"古文衰于东京,至唐韩、柳则盛,未几复衰,至本朝欧公复盛,起衰为盛。"③可见宋代古文,被宋人认为与韩、柳有着直接的继承关系。考察"古文"一词在宋代的使用,我们发现,有三个人对"古文"下过比较明确的定义,他们皆为北宋人物。第一位是宋初的柳开,第二位是北宋前期的僧人智圆,第三位是北宋后期的唐庚。柳开的定义常被提及,而对后两位的定义学界鲜有关注。在我们看来,三者都极为重要,皆须细加辨析。

柳开说:

> 古文者,非在辞涩言苦,使人难读诵之,在于古其理,高其意,随言短长,应变作制,同古人之行事,是谓古文也。子不能味吾书,取吾意,今而视之,今而诵之,不以古道观吾心,不以古道观吾志,吾文无过矣。吾若从世之文也,安可垂教于民哉?亦自愧于心矣。欲行古人之道,反类今人之文,譬乎游于海者乘之以骥,可乎哉?苟不可,则吾从于古文。④

从"古文者"到"是谓古文也",可说定义得相当完整。古文究竟是怎样一种文章?柳开从内容和形式两方面来定义它。从形式而言,它有两个特点:一是并不辞涩言苦,让人难读。也就是说,古文在形式上并不是

① 李翱:《答朱载言书》,《全唐文》卷六三五,北京:中华书局影印,1983,第6412页。
② 李翱:《故正议大夫行尚书吏部侍郎上柱国赐紫金鱼袋赠礼部尚书韩公行状》,《全唐文》卷六四〇,第6462页。
③ 陈造:《题六君子古文后》,曾枣庄、刘琳主编:《全宋文》,上海:上海辞书出版社,合肥:安徽教育出版社,2006,第256册,第256页。
④ 柳开:《应责》,《河东先生集》卷一,《全宋文》,第6册,第367页。

对古人文章言辞的单纯模拟,不能为了追求"仿古"的效果而与当代读者故意制造区隔;二是"随言短长,应变作制",这里的"言",指口语,即古文的文句必须根据口语进行忽长忽短的变化,在适应这种变化的基础上,形成自己的体制。从内容而言,古文要"古其理,高其意",其中的道理要古,立意要高,怎样才算"古"和"高"呢?判断的标准在于"同古人之行事"。古文要符合古人之行为处事,那样才叫古文。

柳开这个定义极富针对性。首先,它针对了历史上曾经出现的机械摹古的文风。例如北朝西魏苏绰所作《大诰》,初唐陈子昂的部分文章,中唐樊宗师的佶屈聱牙的作品,甚至韩愈热衷于使用古人难词怪字的某些文章,都有机械摹古之嫌。柳开在此声明:"古文"之"古"并不在于言辞的复古和晦涩,等于否定了机械摹古的做法。其次,它针对了当时广为流行的骈体文。"随言短长,应变作制",等于否定了"骈四俪六",人说话不可能句句对偶,也不能总以四、六字句为主,古文的句式应当灵活变化,而不是呆板对偶。最后,它针对了当时的一般价值观念和行为方式。柳开要求古文"同古人之行事",其实就是变相否定了今人之行事。由此看来,柳开所定义的"古文",绝不是指单纯的复古文章,也不同于当时流行的骈文,而是一种新文体,这种新文体是他所刻意提倡的。提倡它的目的,从他后面的论述不难看出来。柳开"欲行古人之道",故而认为自己不能从事于"世之文"、"今人之文",否则就会像乘骥游海一样荒唐。所以,他必须提倡一种不同于当时一般文章的文体,这就是古文。他要通过写古文来行古道。

第二位为"古文"下定义的是僧人智圆,他说:

> 所谓古文者,宗古道而立言,言必明乎古道也。古道者何? 圣师仲尼所行之道也。昔者仲尼祖述尧、舜,宪章文、武,《六经》大备,要其所归,无越仁义五常也。仁义五常谓之古道也。……非止涩其文字,难其句读,然后为古文也。果以涩其文字、难其句读为古文者,则老、庄、杨、墨异端之书亦何尝声律耦对邪? 以杨、墨、老、庄之书为古

文可乎？不可也。①

显然，这段话中有些与柳开的定义相当一致，比如也提到古文必须依据古道来立言，必须表现古道。而"非止涩其文字，难其句读，然后为古文也"云云，与柳开的表述如出一辙。但智圆的定义也提供了新的内容。第一，在内容层面，他具体指明了古文所表现的"古道"究竟是什么东西。它是"圣师仲尼所行之道"，是儒家的"仁义五常"；第二，在形式层面，他指出并非所有不讲究声律对偶的文章皆可称为古文，比如老、庄、杨、墨这些异端之书就不算古文。

唐庚对"古文"的定义，与以上两位有较大差别，他说：

> 迩来士大夫崇尚经术，以义理相高，而忽略文章，不以为意。夫崇尚经术是矣。文章于道，有离有合，不可一概忽也。唐世韩退之、柳子厚，近世欧阳永叔、尹师鲁、王深父辈，皆有文在人间，其词何尝不合于经，其旨何尝不入于道？……所谓古文，虽不用偶俪，而散语之中，暗有声调，其步骤驰骋之，皆有节奏，非但如今日苟然而已。②

我们知道，王安石在神宗熙宁时期感叹"士弊于俗学久矣"，而欲"以经术造之"，③遂改革贡举，以经义试进士，唐庚所言"士大夫崇尚经术"、"忽略文章"的风气，即与此有关。他的"古文"定义，显然就是针对这种士林风气而发。虽然也提到韩愈、欧阳修等人文章与道的密切关系，但他显然不是要强调文章"合于经"、"入于道"的一面，而是要唤起人们对文章形式的重新重视。所以，他接下来定义"古文"，就仅仅从文辞形式层面而言，古文虽不用偶俪，用散语，但并不等于在形式上无所追求。相反，散语中也暗藏声调，富有节奏，并不是用散语写的经义都可称为古文。

---

① 智圆：《送庶几序》，《闲居编》卷二九，《新纂续藏经》本，东京：国书刊行会，1975，第 56 册，第 908 页。

② 唐庚：《上蔡司空书》，《唐先生文集》卷一五，《全宋文》，第 139 册，第 310 页。此书作于徽宗大观元年(1107)，见马德富：《唐庚年谱》，《宋代文化研究》第三辑，成都：四川大学出版社，1993，第 217 页。

③ 王安石：《周礼义序》，《王文公文集》卷三六，上海：上海人民出版社，1974，第 426 页。

综观宋人对"古文"所下的三个定义,我们不难发现,这些定义皆具有明显的现实针对性。柳开所针对的是"世之文"、"今人之文",也就是不能够"随言短长,应变作制"的骈体文;智圆针对的是那些虽具散体形式,但不符合儒家之道的"老、庄、杨、墨异端之书";唐庚针对的则是熙宁贡举改革之后盛行的不讲究声调、节奏的经义之文。假如将三人的定义加以归纳,可以得出结论,宋人所定义的"古文",是以阐明儒家之道为宗旨,以散体为体式特征,同时讲究声调和节奏的一种文章。更为重要的是,当上述三人定义"古文"的时候,都不约而同地指出,古文并不仅仅是散体文,而是符合儒家之道,却与当时流行的文章相对立的文体,无论流行者是骈体文还是经义文。

从韩愈至唐庚,关于"古文"的这些定义和论述说明,古文在中唐至北宋人的心目中,既与古道紧密相连,又要符合经书的内容,既不能机械模仿经书的文辞形式,又要讲求声调节奏。而最为关键的,还是必须合于古道。因此,唐宋人提倡古文,有自己的价值取向和价值追求,这个取向和追求的核心,就是儒家之道。

第二节　宋代经学影响古文的途径分析

经学是研究儒家经书的学问。西汉设立五经博士,使得《诗》、《书》、《礼》、《易》、《春秋》五部儒家典籍成为官方确认的经书。汉代以后,经书的范围逐渐扩大,经历了"七经"、"九经"、"十二经"的阶段,最终定格于"十三经"。

经学研究儒家经书,究竟研究什么呢? 它主要是对儒家经书文本的内容进行诠释。由于经书文本形成年代较早,流传过程中其形态又都经历了诸多变化,导致后世对经书文本的理解出现困难和差异,因此需要加以诠释。诠释又不外乎两种倾向,一种以有助于理解经书文本的意义为旨归,偏重客观;另一种则以借助经书阐发自己的思想观念为务,较多地将自己的思想加进诠释之中,偏重主观。这两种倾向有时并不能截然分开,对诠释经书贡献的大小也不能一概而论,但它们都以经书文本内容为核心,对经文加以诠释(包括字词、名物等的训诂和义理的阐发),以及对经的注释,包括传、笺、注、疏等进行探讨和比较。

经学的最终旨归,是力求对经书的文本内容作出正确的解释。当然,这里所说的"正确",与其实际达到的效果未必是一回事,但无论如何,寻求对经文的确解一直是经学的首要目标。即使带有强烈官方色彩的经学,或是带有学者个人强烈主观偏向的经学,在解释经书的时候,在其诠释体系内部,也必然遵循这一目标,尽力做到自圆其说。也正因为此,经学作为一种学术,在解释经文这一点上,不同时期或者不同学派之间,是可以相互比较的。

然而,经学又不仅仅是对经书的诠释。官方往往试图以经学统一人们的思想,学者们也借助经学表达自己的观念。撇开经学的官学或者私学性质不论,单就学理层面而言,经学至少还应该包含以下五个方面的内容:其一是对于经书的性质、地位、效用等的认识;其二是关于如何阅读经书的观念;其三是对经书诠释方法的讨论;其四是经书诠释中所体现出来的思想倾向;其五是对经书与天地、社会、自我等关系的理解。这五个方面虽然围绕经书展开,但比经书文本的诠释本身更宏观,也更抽象。假如再考虑到经书文本的流传、各家注疏的刻印流布、经学学派的传承等历史因素,那么以儒家经书为核心所编织起来的这一个学术网络就相当强大,其对社会文化诸领域的影响力更不容小觑了。

经学影响宋代古文的途径又有哪些呢? 这可以分几个方面来细论。

首先,经学为写作者提倡古文提供了理论资源。我们知道,中唐到北宋文章的书写方式发生了巨大的转换,简而言之,一部分文类的书写方式,由骈体变为散体。而另一些文类则保持骈体不变。经过这次转换之后,某一文类究竟用骈体还是散体写,作者们基本上达成了共识,也就是说,大家会自觉地去运用骈体或散体写某一类文章,不会混淆。因为这样一个过程是一些作者刻意倡导,并且打着复兴"古文"的旗号进行的,古文作者们强调自己写的文章是追迹古代文章，又为古文赋予了明确的价值观，强调其中所蕴含的儒家之道，那么，他们必然尊崇作为儒家之道载体的经书，必然在理论上将经书奉为文章的楷模。然而，经书的崇高性和权威性并不是亘古不变，而是需要不断论证的，这就要用经学来论证和彰显。也就是说，在推尊儒家之道这一点上，经学和古文有着一致的目标，将儒家的地位抬升得越高，对于提倡古文就越有利，而经学恰恰可以提供丰厚的理论资源，提升儒家的地位，帮助古文扩展影响力，促进文章写作方式由骈体向散体的转换。经学能够为文章书写方式的转换赋予某种合法性，将这一转换更大程度地与对古道的追求联系起来，使其具有价值观上的意义。

其次，经学为古文立意的提升提供了新的动力。宋代经学的一大特征是"疑经"，在推尊儒家经书的同时，又怀疑一部分经书文本的真实性和可靠性，同时怀疑前人传注的正确性，这一疑经之风虽然使一部分经书受到前所未有的质疑，但目的是为了摆脱前人的传注，而直接探求经书的"本义"，在这样的情形下，儒家经书的地位不是降低了，而是提高了，通过怀疑和重新诠释，经书焕发出前所未有的活力。宋代古文中包括不同文类，其文本欲阐扬儒家之道，必然要借重经学所揭示的经书义理。在奏章、序、记等各个文类中，通过诠释经书话语来确立文章意义的例子不胜枚举。五经的话语在古文中俯拾即是，它们经过作者的诠释，抽绎出高远的道理，成为一篇文章的主意所在。主意既立，文章的品格一下子提高了，所记载的寻常人、事、物变得富有深意，与更为广阔的社会历史背景联系起来，放射出异样的光彩。而疑经之风所带来的怀疑的思维方式，也让古文的主意变得更为丰富，惯常的思路和视角被颠覆，新异的思维和事理被重视和运用，宋代古文因之而呈现更为多元的面貌。

最后，经学催生了几类直接与与之相关的文类。这些文类虽属于"次文类"(sub-genre)，即一个传统的大文类底下的小类，但都与经学密不可分，没有经学，也就没有这些次文类。比如经论、经义，隶属于论说文，但都和经学直接相关，可以说是代表了区别于传注的另一种经书诠释方式。

又如经书和经解的序跋,是序跋类文章中的一个小类,但所写的对象是经书和经解,具有相对独特的形态和意义。经论比较宏观,有构成一个系列的五经论、六经论,也有单独就某部经书而写的,写作视角多样,体现了宋人对经书的总体看法。经论的繁荣是宋人对经学的一大贡献。经义产生于熙宁科举改革,是一种科举文体,专门要求考生阐发经书中某一句或者两句话的意义。与经论不同,经义的书写如其他科举文体一样,并不是完全自由的。它在内容和形式上都受到一定程度的限制,当然也形成了某些固定的模式。经书和经解的序跋,内容更为复杂,但主要围绕经书和经解中的学术思想以及经书、经解本身的流传和形态,又保留了序跋类文体的写作传统所带来的一些特征。当然,如果以古文、时文两相对立的角度而论,经义也可以说是一种时文,而非古文。但这种时文和科举中的策、论等一样,都是从古文内部生长出来的,以单行散句为主,而不是骈俪之体。经义和经学、科举两者都有关系。

当然,经学对宋代古文的影响途径远远不止以上提到的三个方面,正如经学本身所具有的复杂性那样,这种影响也包含相当复杂的情形,这里只是举其大要而已。

第三节　科举与宋代古文的关系

关于科举与宋代古文的关系,前人已经有过较多的具体论述,这里仅就宏观层面提出几点并作简要讨论。

首先,假如我们承认提倡并实践古文的写作是一场"运动",那么这场运动的最终成功应该归功于北宋的科举制度。在熙宁科举改革之前,进士科主要考诗、赋、策、论,其中诗、赋是韵文,策、论是非韵文,在北宋前期,科举中的诗赋和策论之争相当激烈,从取士的有效性出发,到底考诗赋还是考策论,如果两者都考,究竟是诗赋在前还是策论在前,是逐场去留还是多场通校,这些都关涉诗赋和策论在科举考试中地位的高低。地位越高,对取士的决定性影响就越大,当然也就越受到考生的重视。总体而言,在熙宁以前,策论的地位有所上升,重要性日益凸显。熙宁改革之后,进士科诗赋被取消,策论被保留,还增加了经义,这样一来,经义、策、论成为最主要的考试文体。经义是新生的科举文体,从一开始就是散体文,策、论过去用骈体写作,在熙宁改革之前,已经变为散体。因此,熙宁之后主要的科举文体都是散体文,只有词科中考骈体文的写作,因为词科涉及公文写作,这些公文大多用骈体写作,一直没有变化。即使后来恢复了诗赋考试,但也仅仅是恢复韵文,而没有恢复骈体文。因此,北宋科举考试对于一部分文类由骈体变为散体,并且得以巩固,发挥了重要的作用。可以说,假如没有科举的制度保障,古文的推行不会那么顺利,其结果也很难预料。

其次,在科举制度和古文写作相对稳定之后,古文家对于古文写作经验的总结很大程度上是为了应付科举,但在客观上,它们对总结古文创作的实践经验起到了不可忽视的作用。南宋吕祖谦编选的《古文关键》等几部古文选本,以及《崇古文诀》、《皇宋精选策学绳尺》、《论学绳尺》、《太学新编黼藻文章百段锦》、《文章轨范》等,都与科举有关。从当时的情况而言,这些书编纂的主要目的是为了指导举子应付科举考试,然尤其需要指出几点:一是这些选本开创了对于古文的形式研究。其中为古文划分段落,总结如何开头,如何结尾,段与段之间如何过渡,句与句之间如何衔接配合,实词虚词如何运用等等,都属于形式分析的范围,使我们更清楚地认识古文在形式上的特征。二是树立了古文的批评标准。什么样的古文才算出色,什么样的创作倾向应当避免,即使这是为科举服务,但也让我们看清了当时人是怎样评判古文优劣的。三是促进了古文的经典化。本来为准备科举考试而挑选的古文作品,后来渐渐被奉为经典,为一系列选本所吸纳,成为人们长久传诵的名篇。

最后,古文中的一部分文类成为科举文体之后,进一步走向程式化,成为既适应科举考试,又具有独特特征的文类。这主要是指策、论、经义三个文类。它们最终被视为与古文相对立的时文,但这些时文是在科举对宋代古文的影响之下产生的,本身就体现了科举与古文的关系,体现了科举对古文的"塑造"。然而,程式化并不表示科举文体毫无研究价值,相反,它们的形式是我们应当尤其关注的。一般来说,这些形式特点既来源于某一文类的书写传统,又受制于科举考试的制度规定,又受到考生应试心理的影响,体现了考生与考官、皇帝之间的权力等级关系,因此,科举文体是非常复杂的,不能因为其程式化就否定其具有研究价值。在宋代的科举文体中,本书主要讨论试策所催生的策问和策文。

第四节 研究现状和研究方法

在经学与宋代古文的关系方面,目前还没有一部专著进行全面的论述。一些讨论宋代思想或文学的著作,如包弼德(Peter K. Bol)的《斯文:唐宋思想的转型》,余英时的《朱熹的历史世界》,朱刚的《唐宋四大家的道论与文学》、《唐宋"古文运动"与士大夫文学》,刘成国的《荆公新学研究》,或多或少涉及经学与古文的关系。在科举与宋代古文的关系方面,相关研究成果要多一些。祝尚书的《宋代科举与文学考论》、《宋代科举与文学》,林岩的《北宋科举考试与文学》,吴建辉的《宋代试论与文学》是其中主要的著作,另外如高津孝的《科举与诗艺》、副岛一郎的《气与士风》以及钱建状的《宋代文学的历史文化考察》等著作中,也有涉及经学、科举与宋代古文的论文。

本书不打算面面俱到地讨论宋代经学、科举和古文三者间的关系,而是选择一些重点来探讨。对一些关键时段,如宋初、庆历时期、两宋之交的情况着墨较多,对一些重要人物,如范仲淹、欧阳修、苏轼、王安石、朱熹等,也作了相对充分的论述,对一些重要文类,如策问、策文、经论、经解序文等,予以重点关注。经学、科举、古文是三个异常庞大的领域,本书力求在一些关键点上有所推进和突破,而不期望能够解决所有的问题。

第一章   宋代官方经学与科举

宋代经学与唐代经学有何不同？日本学者诸桥辙次认为："最主要的差异是唐代经学界有定于一尊的倾向，而宋代经学界则有强调分化的倾向。"何谓"分化"？他有具体的解释："最能说明宋代经学界强调分化倾向的是宋代经学家对于经传采取极为怀疑的态度。由于此一怀疑的态度，终于打破唐代经学一尊主义的成规而造成宋代经学釐析真伪而强调辨别的新现象。"[①]说宋人疑经疑传是事实，在这个过程中，的确也分出诸多经学派别，产生许多不同的学术观点，假如"分化"指此而言，也不能说不对。但宋代经学未尝没有"定于一尊"的倾向，甚至可以说，这种倾向比唐代更厉害，尤其是北宋的官方经学活动，其实一直在为了使经学定于一尊而努力，在熙宁变法时期，这种努力取得了切实的成效。王安石经学的定于一尊，也成为元丰以后整个学术格局的变化的起点。

第一节   宋初帝王对经学发展的推动

北宋的官方经学活动，影响了广大的士人，北宋的经学变革，既是因为宋初八十年左右官方着力推动经学发展才得以实现，又可以看作热衷于经学的士人对宋初官方经学试图"定于一尊"的一种反拨。同样，在熙宁变法之后，虽然有王安石经学"定于一尊"的局面，但仍然产生了"道学"

---

① [日]诸桥辙次讲述，安井小太郎、小柳司气太、中山久四郎著，林庆彰、连清吉译：《经学史》，台北：万卷楼图书有限公司，1996，第120页。

等反对王氏经学的学派，这同样是对官方经学定于一尊的一种反动。这些现象，反过来证明了北宋官方经学活动的重要性和巨大的影响力，这种影响力，正是构成士人经学思想的一个不容忽视的背景。

文献记载显示，身为最高统治者的帝王，在官方经学活动中的作用是非常大的，甚至是决定性的。无论在权威经书和注疏文本的重建、科举制度的变革还是官方经学的传授中，帝王都扮演了重要角色。这在过去以皇权为中心的政治史研究，或是以士人为主体的经学史叙述中，还没有被充分重视，①因此本章也将帝王的行为作为观察北宋官方经学活动的一个重要视角。

组织校订和颁行经学著作，历来是官方经学活动的一项主要内容。如唐太宗贞观七年(633)，朝廷颁布由颜师古负责校订的《五经定本》，之后，又由孔颖达领衔编纂《五经正义》，并经多次刊正，最终于高宗永徽四年(653)颁布，明确规定"每年明经依此考试"②。这样就完成了唐代官方颁布经书注疏的整个过程。从永徽四年至宋代开国，已然经历三百年时光，经书本文及注疏经过翻刻，早已多有错讹。况且从中唐以来，经学早已有了新的成果。以啖助、赵匡、陆淳为代表的新《春秋》学，开启了对前人传注的不信从之风。虽然朝廷并未颁布新的经书注疏，但《五经正义》的权威地位并非不可摇撼。加之明经科考试中唐以后不受重视，唐人的思想又比较解放，佛、道二教的势力十分兴盛，故而儒家经书的权威性，也就是它在意识形态领域的统帅地位，并非岿然不动。

对于宋代帝王而言，在推行文治、注重教化的过程中，首要的工作是重新建立儒家经书的权威地位。而要建立这种地位，首先又必须要有标准的经书文本。假如经书的各种版本文字不一，儒生又各据所本，非但会影响科举考试，而且也无助于统一士大夫的思想意识，使之为新政权服

---

①　比如刘静贞专门研究北宋前期皇权的专著《北宋前期皇帝和他们的权力》(台北：稻乡出版社，1996)和汪惠敏专门研究宋代经学的专著《宋代经学之研究》(台北：师大书苑有限公司，1989)都没有涉及帝王与经书或经学的关系。

②　王溥：《唐会要》卷七七《论经义》，北京：中华书局影印，1955，第1405页。

务。所以,由中央政府来颁布新的标准权威文本,成为宋初推行文治的首要任务。

组织校订颁行经文及注疏、音义的活动开始于宋太宗末年,结束于真宗初年。经书颁行后,朝廷主动赐予学校、书院等,真正树立起儒家经书不可动摇的权威地位。

关于校正经文方面,王国维等学者已经做过比较详细的研究。① 这里仅交代一下关键的史实。《宋史·李觉传》云:"淳化初,上(太宗)以经书板本有田敏辄删去者数字,命觉与孔维详定。"②这说明太宗本人已经发现了经书版本有删改,进而认识到经书文本准确的重要性。真宗景德二年(1005)九月,由于国子监言"群经摹印岁深,字体讹缺",请求重新刻板,故命崇文检详杜镐、诸王侍讲孙奭详校《尚书》、《孝经》、《论语》、《尔雅》四经,又令侍讲学士邢昺与两制刊正。③ 大中祥符七年(1014),又命陈彭年、冯元校定《周易》、《诗经》重刻版本。天禧五年(1021)五月辛丑,真宗"令国子监重刻经印板,以岁久刓损也"④。七月,内殿承制、兼管勾国子监刘崇超言国子监监管经书六十六件印板中有十件"年深讹阙,字体不全,有妨印造","昨礼部贡院取到《孝经》、《论语》、《尔雅》、《礼记》、《春秋》,皆李鹗所书旧本,乞差直讲官重看榻本雕造"。⑤ 太宗和真宗朝校正经文的活动,是唐太宗命颜师古校订《五经定本》以来最重要的儒家经文校正工程,无论后来官、私经注发生多大的变化,经书诠释出现怎样的分歧,都有了权威的经书文本作为依据。

在编校刻印注疏方面,早在太祖建隆二年(961)五月丙寅,洛阳人聂

---

① 详见王国维:《五代两宋监本考》卷中,《王国维全集》第七卷,杭州:浙江教育出版社,2010,第208—225页;冯晓庭:《宋初经学发展述论》,台北:万卷楼图书有限公司,2001,第39页。

② 脱脱等:《宋史》卷一九〇,北京:中华书局,1977,第12821页。

③ 王应麟:《玉海》卷四三,南京:江苏古籍出版社、上海:上海书店影印,1987,第814页。

④ 《玉海》卷四三,第814页。

⑤ 徐松辑:《宋会要辑稿·职官》二八之二,北京:中华书局影印,1957,第2972页。所谓"李鹗所书旧本",即五代国子监所刻九经,其书板为北宋国子监继承,经过较长时间的刷印,已经不堪使用,需重新刻板。参见张丽娟:《宋代经书注疏刊刻研究》,北京:北京大学出版社,2013,第46页。

崇义就献上所编纂的《三礼图集注》。太祖"仍命太子詹事汝阴尹拙集儒臣参议,拙多所驳难,崇义复引经解释,乃悉以下工部尚书窦仪,裁处至当,然后颁行"①。据《宋史·聂崇义传》记载,当时参加讨论的还有工部尚书窦仪、吏部尚书张昭等人。聂崇义在该书《自序》中说:"凡所集注,皆周公正经,仲尼所定,康成所注,傍依疏义。事有未达,则引汉法以况之。"②可见《三礼图集注》在经学上还是有一定创见的。也有学者认为,聂崇义"不重视注疏之学","改变了汉唐以来经学家的观点,而开创'变古'之风"。③ 但《三礼图集注》仅限于礼学,其对广大士人的影响不是很大。况且此书本是应周世宗的要求所纂,无非是所献上之时间已经入宋罢了。

　由于《周易》、《尚书》、《诗经》、《礼记》、《春秋左传》这五部经书的"正义"属于唐代旧作,《孟子》当时尚未入经,故而十二经中剩下未列入"正义"的七部经书注疏仍未获颁行。在推动全面颁行这些注疏方面,太宗朝李至的建议,起了关键作用,他先后两次提出校勘经疏的建议,均获允准。《宋史》本传载:"淳化五年,兼判国子监。至上言:'《五经》书疏已板行,惟二《传》、二《礼》、《孝经》、《论语》、《尔雅》七经疏未备,岂副仁君垂训之意。今直讲崔颐正、孙奭、崔偓佺皆励精强学,博通经义,望令重加雠校,以备刊刻。'"真宗咸平元年(998)正月又上言:"本监先校定诸经音疏,其间文字,讹谬尚多,深虑未副仁君好古诲人之意。盖前所遣官,多专经之士,或通《春秋》者未习《礼记》,或习《周易》者不通《尚书》,至于旁引经史,皆非素所传习,以是之故,未得专详。伏见国子博士杜镐,直讲孙奭、崔颐正,皆苦心强学,博贯九经,问义质疑,有所依据。望令重加勘正,除去舛谬。"④到了真宗咸平四年(1001)九月丁亥,邢昺呈上《周礼》、《仪礼》、《公羊传》、《谷梁传》注疏,一百六十五卷,真宗"命模印颁行,赐宴国子监,并

---

① 李焘:《续资治通鉴长编》卷二,北京:中华书局,2004,第45页。
② 聂崇义:《新定三礼图自序》,《全宋文》,第3册,第62页。
③ 金中枢:《宋代学术思想研究》,台北:幼狮文化事业公司,1989,第19页。
④ 《续资治通鉴长编》卷四三,第908页。

加阶勋。于是九经疏义悉具矣"①。至于《孝经》、《论语》、《尔雅》三书的注疏,则是在旧注疏的基础上"约而修之"。② 邢昺为宋初官方经学之最重要人物之一,据《宋史·邢昺传》载其"受诏与杜镐、舒雅、李慕清、崔偓佺等校定《周礼》、《仪礼》、《公羊》、《谷梁春秋传》、《孝经》、《论语》、《尔雅》义疏"③。在真宗咸平年间,十二部经典的注疏都已经校勘或编修完成。

在校正刻印经书音义方面,群经音义以隋代陆德明的《经典释文》为权威,宋代对该书的校定工作规模相对较小,在太祖朝已经完成。但《经典释文》中没有《孟子音义》,这里需要补充《孟子音义》的编纂情况。《孟子》在宋初虽未入经,但已经受到官方重视。大中祥符五年(1012)十月,"诏国子监校勘《孟子》。直讲马龟符、冯元,说书吴易直同校勘。判国子监龙图阁待制吴奭、都虞员外郎王勉覆校;内侍刘崇超领其事。奭等言:'《孟子》旧有张镒、丁公著二家撰录,文理舛互。今采众家之善,削去异端,仍依《经典释文》,刊《音义》二卷。'是年四月以进。诏两制与丁谓看详,乞送本监镂板"④。《孟子音义》的编纂,补了《经典释文》于《孟子》无《音义》之缺,对于解释《孟子》一书具有不可忽略意义。

宋初几十年间朝廷完成了经文、注疏、音义的编校刻印工作,对于确立儒家经书的地位,普及经学,效果十分显著。这主要体现在两方面。

首先,扩展了经书和注疏的印刷数量和传播范围。景德二年(1005)五月戊辰朔,真宗幸国子监阅书库,问祭酒邢昺书板究竟有多少,邢昺说:"国初不及四千,今十余万,经史正义皆具。臣少时业儒,观学徒能具经疏者百无一二,盖传写不给。今板本大备,士庶家皆有之,斯乃儒者逢时之幸也。"真宗高兴地说:"国家虽尚儒术,然非四方无事,何以及此。"⑤在雕版印刷的时代,书板的数量对于书籍的传播起着极为关键的作用。靠手

---

① 《续资治通鉴长编》卷四九,第 1073 页。
② 《玉海》卷四一,第 779 页。
③ 《宋史》卷四三一,第 12798 页。
④ 《宋会要辑稿·崇儒》四之四,第 2232 页。
⑤ 《续资治通鉴长编》卷六〇,第 1333 页。

抄传播,自然占有经疏者"百无一二",印板一多,才能"家皆有之"。从建隆元年(960)到景德二年(1005),经过四十五年的努力,国子监书板的数量从不到四千增加到十余万,经书在士人中间自然影响大增。

其次,经书刻印之后,帝王还时常用来赏赐官学、书院,意在鼓励经学教育。如咸平四年(1001)三月以国子监经籍赐潭州岳麓山书院。① 六月丁卯,"诏诸路州县有学校聚徒讲诵之所,并赐九经"②。景德二年(1005)六月乙未,"赐殿前都指挥使高琼板本经史",将经史书籍赐给中央卫戍部队的长官,具有重要的象征意义,与太祖要求武臣"读书"相一致。难怪《续资治通鉴长编》的作者李焘评论说:"上崇尚文儒,留心学术,故武毅之臣无不自化。"③又大中祥符三年(1010)二月,"赐英州文宣王庙板本《九经》"。④ 仁宗天圣年间,又有单赐《大学》、《中庸》之举。天圣五年(1027)四月二十一日,赐新及第(进士)《中庸》一篇。⑤ 天圣八年(1030)四月四日,赐新及第进士《大学》一篇。自后与《中庸》间赐,着为例。⑥ 从《学》、《庸》间赐的惯例形成来看,这两种经典文本的地位在宋初已经有所提升了。帝王通过赏赐经书,向臣下表明了自己尊经重儒的文化价值取向,新刻印的权威经书,又经过帝王的赏赐,在人们心目中自然地位倍尊。

通过编修、校订、刻印、颁布儒家诸经及其注疏、音义,宋廷重新建立了一整套经典的权威文本,其意义,从狭义言之,使科举考试中涉及经书的科目有了标准文本作为依据,"非国子监见行经书,毋得出题"⑦,从广义言之,极大地促进了儒家经书及注疏等在社会上的传播,扩大了经书在士人中的影响力,毫无疑问为以后经学的发展提供了一个重要的基础。

衡量儒家经书在某一时代地位之高低,科举制度是极好的标尺。因

---

① 《续资治通鉴长编》卷四八,第 1055 页。
② 《续资治通鉴长编》卷四九,第 1065 页。
③ 《续资治通鉴长编》卷六〇,第 1347 页。
④ 《宋会要辑稿·崇儒》二之二,第 2188 页。
⑤ 《宋会要辑稿·选举》二之七,第 4248 页。
⑥ 《宋会要辑稿·选举》二之七,第 4248 页。
⑦ 《续资治通鉴长编》卷一二二,宝元元年四月乙未,第 2872 页。

为科举中总含有涉及经书的科目,观察此类科目的情形,可以明了经书在当时到底处于怎样的地位。一般认为,宋初科举制度总体上因袭唐五代。《宋史·选举志一》述宋初贡举科目云:"初,礼部贡举,设进士、九经、五经、开元礼、三史、三礼、三传、学究、明经、明法等科。"①进士科除试以诗、赋、论、策之外,还设帖经、墨义。前者规定帖《论语》十帖,后者规定对《春秋》或《礼记》墨义十条。所谓帖经,就是将儒家经文中某些字句帖去,让应试者填写。墨义则问经文内容,一般以默写原文对答。除进士科外,其他科目称为"诸科"。诸科中,除了"三史"、"开元礼"不考儒家经书,其余皆涉及各种儒家经书,考试方法也是帖经和墨义。虽然这种方法尚不足以考查学生对于经书意义的真正理解和掌握程度,但毕竟要求他们熟记经文,不然是无法对付的。以上诸科中的明经科,考察的也是学生对经书的记诵理解,为唐代旧制。据考证,宋代始设明经科要到宋仁宗嘉祐二年(1057)。②

士子及第的情况又如何呢? 如开宝六年(973)三月乙亥,太祖在讲武殿御试,"得进士二十六人,士廉预焉,五经四人,开元礼七人,三礼三十八人,三传二十六人,三史三人,学究十八人,明法五人,皆赐及第"③。从及第人数看,这次及第总人数为126人,进士占21%,与儒家经书有关的诸科科目五经、三礼、三传、学究、明法五科的总人数为91人,占72%,是进士人数的三倍多。假如考虑到进士考试中也考儒家经书这个因素,则参加过经书考试的人数实为117人,占及第总数的93%。从以上各科及第人数比例可以看出,士子通晓经书,是太祖时期的科举考试中不可忽视的重要素质和能力。

面对前朝的科举旧制,宋廷并未进行大规模的改革,但在局部时有突

① 《宋史》卷一五五,第3604页。

② 参见何忠礼:《略论宋代的明经科》,《杭州大学学报》1992年第4期,后收入氏著《科举与宋代社会》,北京:商务印书馆,2006,第156页;祝尚书:《宋代科举与文学考论》,郑州:大象出版社,2006,第113页。

③ 《续资治通鉴长编》卷一四,第297页。

破,而突破者则是帝王本人,这体现了宋初帝王极为重视儒家经书和经学人才的新特点。如果说,注重文治是由太祖奠立的整个宋代政治发展的大方向,那么重视儒家经书,则是"文治"具体化的必然措施。科举的最终目的在于选拔人才,既然重视经书,就要使科举制度有利于选拔通晓经书的优秀人才。对科举旧制的突破主要集中在诸科和制科。

唐代科举中,备受重视的是以考诗、赋、策、论为主的进士科,考经学的明经科虽然由权威的《五经正义》作为依据,但事实上"安史之乱"以后,明经科的地位明显下降。① 也就是说,以经学见长的考生,在社会上并不真正受到重视。宋太祖既重经书,就要努力改变唐以来的这种状况。他并没有全面恢复明经科,而是通过调整诸科中考察士子经学的"九经"、"五经"等科目,来提升儒家经书的地位。太祖建隆四年(963)八月十三日下诏:"一经皓首,十上干名,前史之明文,昔贤之苦节,悬科取士,固当优容。按旧制,九经一举,不第而止,非所以启迪仕进之路也。自今一依诸科举人,许令再应。"②这是给应九经科的士子增加了一次应试机会。开宝四年(971)十二月辛未,太祖"召九经李符于内殿问经义,赐本科出身"③。这是对试九经者重视的又一明证。宋太宗雍熙二年(985)三月,"青州人王从善应五经举,年始踰冠,自言通诵五经文注,上历举本经试之,其诵如流,特赐九经及第、面赐绿袍、银带、钱二万"④。这是五经举人熟习经书,而特赐九经及第和诸多财物的例子。对于本来应五经举的士子,因为其对经书背诵如流,就特赐九经及第与诸多财物,这充分表明,在当时科举旧制没有大幅度改革的前提下,帝王已开始运用自己的权力对通经之士进行特别的"关照",这等于向广大读书人表明,精通儒家经书对于博取功名是多么重要。

这种情形,一直延续到宋真宗、仁宗朝。真宗天禧元年(1017)九月右

---

① 参见吴宗国:《唐代科举制度研究》,沈阳:辽宁大学出版社,1997,第 188 页。
② 《宋会要辑稿·选举》一二之二六,第 4460 页。
③ 《续资治通鉴长编》卷一二,第 275 页。
④ 《续资治通鉴长编》卷二六,第 595 页。

正言鲁宗道言："进士所试诗赋,不近治道。诸科对义,但以念诵为工,罔究大义。"真宗说:"前已降诏,进士兼取策论,诸科有能明经者,别与考校,可申明之。"①真宗并没有对由制度造就的"念诵为工,罔究大义"的倾向作根本改革,但他要求对诸科中通经者"别与考校",实际上是又一次搞"特殊化",对能明经之士特别优待。仁宗天圣二年(1024)三月戊子朔,有人言诸科考试中"经学不究经旨,乞于本科问策一道",宋仁宗却对经学人才多加回护,给出的理由是"以执经肄业,不善为文,特令取其所长,用广仕路"②。直至天圣四年(1026)九月庚申,"诏礼部贡院举人有能通三经者,量试讲说,特以名闻,当议甄擢之"③,这里的"讲说",应该有别于单纯的记诵之学,而涉及对经书大义的讲述,这是嘉祐二年(1057)设立明经科之前,帝王推动选拔通经人才的最有力举措,而其可贵之处在于"讲说"二字,改变了帖经、墨义的传统考试方法,使士子们深究经义成为可能,也可视为后来明经科试经书大义的先导。综上所述,在宋初八十年间,帝王在不总体改变唐五代延续下来的科举旧制的同时,一直在对制度进行局部突破,使得熟习儒家经书的士子受到重视,客观上提升了儒家经书的地位。

除宋初诸科外,科举中的制科,其某些措施也作了调整。宋初制科承袭五代后周显德四年(957)十月所设科目,共有"贤良方正能直言极谏"、"经学优深可为师法"、"详闲吏理达于教化"三科。④ 因为无人应试,乾德二年(964)正月壬辰,太祖下诏号召大家"投牒自荐",并欲亲试。⑤ 据《宋会要辑稿·选举》一〇之六载,乾德四年(966)五月二十七日,太祖果真在紫云楼下召集多位官员一同"亲试"。虽然在三科之中,太祖并未特别偏重"经学优深可为师法",但对整个制科的重视,包含了对经学优深者的看重。宋初对于制科的另一突破,是在原先所试策问中,加入关乎儒家经书

---

① 《续资治通鉴长编》卷九〇,第 2082 页。
② 《续资治通鉴长编》卷一〇二,第 2352 页。
③ 《续资治通鉴长编》卷一〇四,第 2422 页。
④ 参见聂崇岐:《宋代制举考略》,原载《史学年报》第二卷第五期,1939,后收入氏著《宋史丛考》,北京:中华书局,1980,第 172 页。
⑤ 《续资治通鉴长编》卷五,第 120 页。

的内容。如景德四年(1007)闰五月,真宗曾对宰臣谈及贤良方正科说:"比设此科,欲求才识。若但考文义,则积学者方能中选,苟有济时之用,安得而知?朕以为六经之旨,圣人用心,固与子史异矣。今策问宜用经义,参之时务。"并命两制各上策问。①策问在科举制度诞生前就已存在,在唐代,策问主要问时务,太宗这里强调策问中考问经义,因为他认为六经"固与子史异",具有更崇高的地位,这就进一步提升了儒家经书在制科考试中的影响力。

科举制度的整体变革,有赖于多种因素相配合促成,并且因为牵涉到广大考生的进取之途与实际利益,难度相对较大。比如北宋最大规模的科举改制推行于熙宁变法时期,之前曾引起士大夫激烈的争论。从宋初的情况看,因为帝王享有最高权力,尤其是在科举基本承袭旧制的情形下,他们以皇权直接介入科举选士,在局部上进行突破,就几乎没有什么阻力。他们之所以这么做,主要出于两个原因。一是对儒家经书教化资政作用的深切体认,二是当时博通经学的人才的确十分匮乏。

这在他们的言谈中多有表述。太平兴国八年(983)十二月,太宗在谈到僧、道还俗应举的现象时,对宰相说:"进士先须通经,遵周、孔之教,或止习浮浅文章,殊非务本之道,当下诏切戒之。"于是,"令诸州禁还俗僧道赴举。进士免贴经,只试墨义二十道,皆以经中正文大义为问题"②。这是北宋帝王第一次对进士考试中儒家经书考试地位进行正面阐述,他强调进士先须通经,通经才能"务本"。而且,这样的强调立刻导致进士科考试规定的局部改变,免除帖经,同时在墨义考试中以经书大义为问题。

淳化二年(991)九月,太宗诏宰相问殿中丞郭延泽、右赞善大夫董元亨二人经史大义,二人因"博通典籍"、"条对称旨",次月被任命为史馆检讨。③当时之所以对通经之士如此看重,是因为相关人才十分缺乏。虽然早在太祖时期,就重视经学通才的培养,如开宝七年(974)二月十四日

---

① 《续资治通鉴长编》卷六五,第1459—1460页。
② 《续资治通鉴长编》卷二四,第560页。
③ 《续资治通鉴长编》卷三二,第723页。

下诏："学古入官,历代垂训,将期进用,必藉该通。其《毛诗》、《尚书》、《周易》三经学究,自今宜并为一科,及第后以三《礼》、三《传》选数资序入官。"①但类似于三经学究并为一科这样的制度层面的局部调整,对产生通博经学人才的影响仍是有限的。到了淳化二年(991)十一月庚戌,太宗说:"方今文士虽多,通经者甚少,愿精选五经博士,增其员,各专业以教胄子,此风化之本。"②经学人才之所以匮乏,与唐代以来经学考试不受重视有关。由于帖经、墨义等考试方式强调死记硬背,缺乏创造性,所以科目虽设,而素为士子所轻。其根本原因则在于,相对而言,汉唐以来的经注重视章句之学,忽视经书大义。至道三年(997)九月壬午,左正言、直史馆孙何表献五议,得到太宗的称赏。其中指出,当时人无论考诗赋还是经学,皆多弊端,所谓"属词比事,合格者不过雕虫;任传弃经,入流者未逾章句",并将这两大弊端归结于唐代以来的科举制度:"唐室参古今之制,取天下英俊,失在礼部,得于制举。礼部则进士、明经,解诂句读、声病偶对者也。"③宋初科举既袭唐制,则考试解经时斤斤计较于"解诂句读"的作风自然在所难免。

士子在考试时,在经书解释方面缺乏自由,可由真宗时期的一个例子来说明。《续资治通鉴长编》卷五九景德二年(1005)三月甲寅载:

> (李)迪与贾边皆有声场屋,及礼部奏名,而两人皆不与,考官取其文观之,迪赋落韵,边论"当仁不让于师",以师为众,与注疏异,特奏令就御试。参知政事王旦议落韵者,失于不详审耳;舍注疏而立异论,辄不可许,恐士子从今放荡无所准的。遂取迪而黜边。当时朝论,大率如此。④

从李迪获得特奏名而贾边未获奏名的事实来看,在当时的科举考试中,不遵守经典注疏而自出新义,比之作赋落韵,实为更严重之错误,由此

---

① 《宋会要辑稿·选举》一二之二七,第4461页。
② 《续资治通鉴长编》卷三二,第724—725页。
③ 《续资治通鉴长编》卷四二,第882—883页。
④ 《续资治通鉴长编》,第1322页。

可见,朝廷要求士子严守汉唐注疏,不能越雷池一步。

总而言之,宋初帝王认识到儒家经书对于治理国家的重要意义,在承袭唐五代科举旧制的同时,运用至高无上的皇权对制度进行局部突破,总体倾向是强调儒家经书的作用,格外优容参加科举考试的通经之才,这些作为和努力虽然还没能从根本上改变士子对经书大义的理解和以记诵为主的经学考试方式,但在客观上提高了经书的地位,引起士子对经书的重视。这成为后来科举改革和经学变革的前提和先导,对宋代经学发展具有不容忽视的意义。

在中国古代,由专人为帝王讲解儒家经书,作为经学传授与习得的重要方面,有着极为悠久的历史。然而五代时期社会动荡,战乱频仍,此类讲经久废。赵宋立国之后,由于帝王对儒家经书的重视,讲经活动从不固定到固定,最终成为经筵制度。关于这项制度本身的情形及流变,学界已经有了比较充分的研究。① 严格来说,宋初的讲经活动还不能称为经筵,这里仅就其情况作一概述。

由于宋初一开始没有专职的侍讲官员,因此帝王往往从民间或者国子监发掘通经之士,召其前来为自己讲经。太祖朝的王昭素,太宗朝的李觉、孙奭就分属这两种情况。

太祖曾召王昭素讲《周易》,这是目前所见文献记载中最早为宋代帝王讲经的活动。王昭素,开封酸枣人,《宋史》本传称其"常聚徒教授以自给","博通《九经》,兼究《庄》、《老》,尤精《诗》、《易》,以为王、韩注《易》及孔、马疏义或未尽是,乃著《易论》二十三篇。"②《易论》已经失传,但我们可以大致判断,这是一部纠正和完善王弼、韩康伯《易》注及孔颖达、马融疏义的《周易》研究著作,《郡斋读书志》卷一称其书为三十三卷,"以注疏

---

① 关于宋代经筵的详细情况,参见朱瑞熙:《宋朝经筵制度》,原载《中华文史论丛》第55辑,1996,后收入氏著《疁城集》,上海:华东师范大学出版社,2001,第276—318页;姜鹏:《北宋经筵与宋学的兴起》,上海:上海古籍出版社,2013,第52—66页;吴国武:《北宋经筵讲经考论》,《国学学刊》2009年第3期。

② 《宋史》卷四三一《王昭素传》,第12808页。

异同,互相诘难,蔽以己意"①,也说明其对旧时注疏多有不满。那么王昭素究竟是如何解释《周易》的呢?《续资治通鉴长编》卷一一记载他被太祖召见,为之讲《周易》的情形:"上令讲《乾卦》,至九五'飞龙在天'则敛容曰:'此爻正当陛下今日之事。'引援证据,因示风谏微旨,上甚悦。即访以民事,昭素所言诚实无隐,上益嘉之。"②我们不难判断,王昭素的讲解路数与象数《易》学无涉,将《周易》内容与当时的社会现实相联系,是义理《易》学的典型特征。那么,是不是王昭素当着皇帝的面,故意这样说,来博取皇帝的欣赏呢? 并非如此。他解释《讼卦》九二"不克讼,归而逋,其邑人三百户无眚"曰:"邑小人少,取退避之义,不然,即掇患于己。"③也是义理《易》学的说法。王昭素经学自有传人。《宋史》本传称"李穆与弟肃及李恽皆常师事焉"。李穆后来官至参知政事。

另外一位为帝王讲《周易》的人,是太宗时的学官李觉。《宋史》本传记载其为太宗讲《周易》事:"端拱元年春,初令学官讲说,觉首预焉。太宗幸国子监谒文宣王毕,升辇将出西门,顾见讲坐,左右言觉方聚徒讲书,上即召觉,令对御讲。觉曰:'陛下六龙在御,臣何敢辄升高坐。'上因降辇,令有司张帟幕,设别坐,诏觉讲《周易》之《泰卦》,从臣皆列坐。觉因述天地感通、君臣相应之旨,上甚悦,特赐帛百匹"④。李觉先在国子监"聚徒讲书",碰巧被太宗遇见,于是对其讲《易》之《泰卦》。从他取"天地感通、君臣相应"的讲解角度来看,李觉也是将深奥的《易》理与现实的君臣关系相联系,赢得帝王青睐。从为李觉"设别坐"这一个细节里,不难发现太宗多么看重为其讲经之人。李觉后来与孔维一起从事《春秋正义》等官方经书注疏的校订,是宋初比较重要的官方经学家。

国子监直讲孙奭的际遇也颇具有典型性。淳化五年(994)十一月,太

---

① 晁公武撰、孙猛校证:《郡斋读书志校证》卷一,上海:上海古籍出版社,1990,第27页。
② 《续资治通鉴长编》卷一一,第244页。
③ 李衡:《周易义海撮要》卷一引,《通志堂经解》本,扬州:广陵古籍刻印社影印,1996,第1册,第314页。
④ 《宋史》卷三四一《李觉传》,第12821页。

宗幸国子监,赐直讲孙奭五品服,召奭讲《尚书》。"讲《尧典》一篇未毕,遽令讲《说命》三篇。帝曰:'《尚书》王言,治世之道,《说命》居最。文王得太公,高宗得傅说,皆贤相也。'复诵《说命》'事不师古,以克永世,匪说攸闻'之句,曰:'诚哉是言! 何高宗之时,而有贤相如此!'嘉嬹久之。赐奭帛三十段。"①为什么太宗在《尧典》还没讲完的情况下打断孙奭,而要他另讲《说命》呢? 因为他对商高宗武丁得到傅说这样的贤人辅佐神往不已。由此可见,宋初帝王之所以热衷于让精通经学的民间人士或国子监官员专门为自己讲经,并且欣赏有加,主要原因在于所讲的内容对帝王治理国家具有参考价值。

孙奭个性独立,"守道自处,即有所言,未尝阿附取悦"②。真宗乾兴元年(1022)十一月辛巳,在崇政殿西阁召孙奭和冯元讲《论语》,"上在经筵,或左右瞻瞩,或足敲踏床,则奭拱立不讲,体貌必庄,上亦为竦然改听"③。孙奭的举动,充分体现了身为"师臣"的尊严,而不是对帝王卑躬屈膝。而他所讲的内容,也并非仅仅是君臣父子之道,而是着意规讽:"帝每御经筵,设象架庋书策外向,以便侍臣讲读。奭年高视昏,或阴晦,即为徙御坐于阁外。奭讲至前世乱君亡国,必反复规讽,帝竦然听之。"④孙奭的举动体现出宋代士大夫的人格和风骨。

另一位讲经的重要人物是邢昺。太宗雍熙四年(987)八月己酉,水部员外郎、诸王府侍讲邢昺献《分门礼选》二十卷。太宗"甚悦,因问入内西头供奉官卫绍钦曰:'昺为诸王讲说,曾及此乎?'绍钦曰:'诸王常时访昺经义,昺每至发明君臣父子之道,必重复陈之。'上益喜,赐昺器币"⑤。邢昺是宋初著名的官方经学家,他所陈"君臣父子之道",正是建政不久的太宗所需要提倡的,现在从"经义"中"发明",岂不是正中太宗下怀? 这则记

---

① 《宋会要辑稿·礼》一六之三,第684页。
② 《续资治通鉴长编》卷七四,第1699页。
③ 《续资治通鉴长编》卷九九,第2303页。
④ 《续资治通鉴长编》卷一一〇,第2564页。
⑤ 《续资治通鉴长编》卷二八,第638—639页。

载说明，宋初讲经绝非单纯的经书讲解，关键在于所讲内容契合帝王构建意识形态的需要。关于邢昺讲经的详情，《续资治通鉴长编》中有所补充："昺在东宫及内庭侍讲，说《孝经》、《礼记》者二，《论语》十，《书》十三，《易》二，《诗》、《左氏春秋》各一，据传疏敷绎之外，多引时事为喻，深被嘉奖。"①当然，邢昺是深通经学的，所讲经典范围亦极广，但受到嘉奖的直接原因是"多引时事为喻"，而非经学上的创见。有关讲经的记载，从真宗朝开始逐渐多了起来，其中邢昺仍是十分活跃的重要人物。咸平五年（1002）正月丙辰，身为翰林侍讲学士的他讲《左氏春秋》毕，真宗召宗室、侍读侍讲学士、王府官宴于崇政殿，赐昺等器币、衣服、金带，加昺工部侍郎。真宗谓辅臣曰："南北宅将军而下，可各选纯儒，授以经义，庶其知三纲五常之道也。"②景德四年（1007）八月，邢昺年老思归曹州故里，真宗体量他，命授工部尚书，知曹州。在送别宴会上，邢昺不忘讲经，"视壁间《尚书》、《礼记》图，指《中庸》篇曰：'凡为天下国家有九经。'因陈其大义，上嘉纳之"③。由此可见，邢昺的整个讲经活动，符合帝王的利益，为儒家纲常的传播，也就是树立帝王的统治权威，作出了不可忽视的贡献。

从邢昺和孙奭的讲经活动可以看出，无论是前者的阐明君臣之道，还是后者的反复规讽，皆可证明，宋初讲经具有强烈的具体指向和现实针对性。儒家经书固然地位崇高，但对经书的讲论完全是为现实政治服务的。宋初讲经的这一特点，在仁宗景祐四年（1037）十月甲午迩英阁讲《春秋》时的君臣对话中，得到了最佳的证明。仁宗说："《春秋》自昭公之后，鲁道陵迟，家陪用政，记载虽悉，而典要则寡。宜删去蔓辞，止取君臣政教事节讲之。"又对宋绶等说："《春秋》经旨，在于奖王室，尊君道，丘明作传，文义甚博，然其闲录诡异，则不若《公羊》、《谷梁》二传之质。"宋绶等领会圣意，说："三传得失，诚如圣言。臣等自今凡丘明所记事，稍近诬及陪臣僭乱无

---

① 《续资治通鉴长编》卷七三，第 1675 页。
② 《续资治通鉴长编》卷五一，第 1112 页。
③ 《续资治通鉴长编》卷六六，第 1483 页。

足劝戒者,皆略而不讲。"①对《左传》的讲述,只取符合帝王需要的部分即
可,其他可以不讲。

　　帝王对于讲经的重视,主要表现为三方面。一是经常性赏赐讲官。
如真宗乾兴元年(1022)十二月甲辰,孙奭讲《论语》,"上亲书唐贤诗以分
赐焉,自是,每召辅臣至经筵,多以御书赐之"②。仁宗天圣二年(1024)六
月,赐马宗元三品服,"以讲《孝经》彻也"③。二是注重选拔善于讲经的人
才。宋初通经之才还是比较缺乏的,这从邢昺、孙奭等人致仕时皇帝的恋
恋不舍可以看出来。因此,对于适合讲经的人才,帝王通常极为关注和留
意。天圣二年(1024)三月,皇太后谕宰臣曰:"比择儒臣侍上讲读,深有开
益。"宰臣推荐工部郎中马宗元"入奉经筵"④。天圣四年(1026)七月,国
子监缺学官,"壬申,诏诸路转运司所部幕职、令录京朝官有通经术、长于
讲说者,以名闻"⑤。九月乙卯,诏曰:"讲学久废,士不知经,岂上之教导
不至耶? 其令孙奭、冯元举京朝官通经术者三五人以闻。"⑥明道元年
(1032)七月丙申,"诏诸路转运使举通明经义可为国子监讲官者,以名
闻"⑦。三是帝王将讲经活动推向宗室和大臣。真宗曾对王旦说:"今宗
室诸王所习,惟在经籍,昨奏讲《尚书》第五卷,此甚可喜也。"⑧大中祥符
三年(1010)七月,诏:"南宫、北宅大将军已下,各赴书院讲读经史。诸子
十岁已上,并须入学,每日授经书,至午后乃罢。仍委侍教教授,伴读官诱
劝,无令废惰。"⑨这样一来,上有帝王作表率着力推动,下有宗室大臣应
命,整个朝廷就掀起了学习儒家经书的新高潮。

　　宋初经学的另一种传授方式,是学校中的经书讲授。宋初中央一级

---

① 《续资治通鉴长编》卷一二〇,第 2838 页。
② 《续资治通鉴长编》卷九九,第 2305 页。
③ 《续资治通鉴长编》卷一〇二,第 2357 页。
④ 《续资治通鉴长编》卷一〇二,第 2353 页。
⑤ 《续资治通鉴长编》卷一〇四,第 2414 页。
⑥ 《续资治通鉴长编》卷一〇四,第 2422 页。
⑦ 《续资治通鉴长编》卷一一一,第 2585 页。
⑧ 《续资治通鉴长编》卷七二,第 1635 页。
⑨ 《续资治通鉴长编》卷七四,第 1681 页。

的学校为国子监,负责贵胄子弟等的教育,讲授经书是教学中一项重要内容。《宋史》载:"国子监旧置判监事二人,以两制或带职朝官充,凡监事皆总之。直讲八人,以京官、选人充,掌以经术教授诸生,旧以讲书为名,无定员。淳化五年,判监李至奏为直讲,以京朝官充。其后,又有讲书、说书之名,并以幕职、州县官充。其熟于讲说而秩满者,稍迁京官。皇祐中,始以八人为额,每员各专一经,并选择进士并《九经》及第之人,相参荐举。……广文教进士,太学教《九经》、《五经》、《三礼》、《三传》学究,律学馆教明律,余不常置。"①由此可知,国子监直讲的主要任务是向诸生讲授经书,而国子监下设广文、太学、律学三馆,其中太学的教学内容主要是《九经》、《五经》、《三礼》、《三传》。上文中我们已经看到经学家李觉在国子监讲经时被太宗发现,并邀之对己讲《易》的例子,这里还有崔颂的经历,时间则更早。《宋史》载:"宋初,判国子监,会重修国学及武成王庙,命颂总领其事。建隆三年夏,始会生徒讲说,太祖遣中使以酒果赐之。每临幸国学,召颂与语,因及经义,颂应答无滞。"②国子监讲经大致如此,而具体讲说的内容和方式则不得而知。

再看地方上的学校。宋初地方上并未设立官学,地方学校都是私建的。学校中有讲授经书的教学活动。真宗咸平四年(1001)六月,"诏诸路郡县有学校聚徒讲诵之所,赐《九经》书一部"③。仁宗即位不久,乾兴元年(1022)十一月,翰林侍讲学士孙奭言:"昨知兖州,以邹、鲁之旧封,有周、孔之遗化,辄于本州岛文宣王庙内修建学舍四十余区,受纳生徒,俾隶所业。自后听读不下数百人,臣以己俸养赡。今臣罢任,必恐学徒离散。伏见密州马耆山、讲书杨光辅学业精通,堪为师范。先授太学助教,昨经覃恩,未曾迁秩。乞特转一官,差充兖州讲书。仍望给赐职田十顷,冀学校不废。"④朝廷从之。这就证明,兖州建立学校完全是任地方官的孙奭

---

① 《宋史》卷一六五《职官五》,第 3909—3910 页。
② 《宋史》卷四三一《崔颂传》,第 12816 页。
③ 《宋会要辑稿·崇儒》二之二,第 2188 页。
④ 《宋会要辑稿·崇儒》二之二,第 2188 页。

的个人行为,费用也由他从自己俸禄里支取,所以后果是学校可能随着他的离任废弃,而马耆山、杨光辅两人去教书还需要"特转一官,差充兖州讲书",这也证明地方学校的设立并非国家行为。《宋会要辑稿》接着又引《纪纂渊海》云:"本朝国初,未建州学。乾兴元年,兖州守臣孙奭私建学舍,聚生徒。余镇未置学也。"①综合起来看,宋初虽然没有地方的官学,但私人建立的学校中,经学的教授依然可以展开,而且听者甚众。地方学校有时还会招募有精通经学的处士来为学生讲授。如仁宗康定元年(1040)二月庚子,"赐永兴军草泽高怿号安素处士。怿,季兴四世孙,幼能属文,通经史百家之说,从种放隐终南山,与张峣、许勃号'南山三友'。……及范雍建京兆府学,召怿讲授,诸生席间常数十百人。……其后,文彦博又言怿经术该通,有高世之行,可励风俗,复赐第一区"。② 除了地方学校之外,书院中的经学教学也很普遍。位于庐山的白鹿洞书院是宋代四大书院之一,太平兴国五年(980)六月己亥,朝廷以白鹿洞主明起为蔡州折信县主簿,而"选太学之通经者授以他官,俾领洞事,日为诸生讲诵"③,这表明宋廷赞成书院经学教育的同时,并将书院纳入官方管辖。这样一种行为,当然有朝廷统一意识形态的考虑,由此造成白鹿洞书院的衰微,但从官方选择洞主的标准来分析,他们仍想保证书院经学教育的延续性,而不想让它中断。有时,朝廷的做法是不以官方任命书院山长,而充分利用民间书院经学教育的资源。《宋会要辑稿》记载,真宗大中祥符二年(1009)二月二十四日,诏应天府新建书院,以府民曹诚为本府助教。为什么让曹诚任助教呢? 因为他私人出资,在宋初"通五经业"的隐士戚同文旧居的基础上,建学舍百五十间,聚书千五百余卷,而愿以学舍入官,令戚同文的孙子主持,"召明经艺者讲习,本府以闻,故有是命,并赐院额,仍令本府职事官提举"④。学校、资金和主事者都是现成的,又在民间具

---

① 《宋会要辑稿·崇儒》二之二,第 2188 页。
② 《续资治通鉴长编》卷一二六,第 2976—2977 页。
③ 《续资治通鉴长编》卷二一,第 476 页。
④ 《宋会要辑稿·崇儒》二之二,第 2188 页。

有一定影响,让出资者作个"助教",朝廷又表明重视经学教育的态度,何乐而不为呢?

宋初朝廷在推动经书及注疏文本的重新颁布,科举制度的调整、经书的讲授这三项事务中尽力提升儒家经书的地位,树立经书的意识形态权威性,在宋初制度尚且承袭前代,没有大变革的背景下,其措施不可谓不力。然而在这八十年间,经学并没有因此得到大发展,其原因是多方面的。参照后来经学发生的变革来看,宋初帝王、士人最多做到尊经,经书刚刚获尊,当然不可能就其真伪、义理以及前代注释的正误进行深刻反思,这种反思无法展开,根本上就无力促动整个经学的新变。总之,以官方来提升经书地位,推动经学的发展,终究还属于学术发展的外力和外因,不过,对于宋学的形成而言,这样的外力又是不可或缺的。

第二节　兴学校与改科举:经学从变化到定于一尊

宋仁宗庆历年间(1041—1048),是宋代经学史上的一个分水岭,因为"庆历以前,学者尚文辞,多守章句注疏之学"①,而"自庆历后,诸儒发明经旨,非前人所及。然排《系辞》,毁《周礼》,疑《孟子》,讥《书》之《胤征》、《顾命》,黜《诗》之《序》,不难于议经,况传注乎"②。清人皮锡瑞由此指出:"经学自汉至宋初未尝大变,至庆历始一大变也。"③从宋朝立国到庆历年间,已经经历了八十年左右的时间。由于国家治理中的种种弊端开始显现,改革的呼声日益高涨。此时经学的新变,可以看作制度和社会变革在学术思想领域内的反映,或者说,集中代表了北宋学术思想所发生的深刻变化。宋代经学在庆历之际所经历的重要变化,使之真正开始与汉

---

① 吴曾:《能改斋漫录》卷二,上海:上海古籍出版社,1979,第 28 页。
② 王应麟:《困学纪闻》卷八引陆游语,上海:上海古籍出版社,2008,第 1095 页。
③ 皮锡瑞:《经学历史》,北京:中华书局,1959,第 220 页。

唐经学相区别,显现出"宋学"的独特面目。①

　　庆历之际最重要的政治事件是"庆历新政"。这场由范仲淹等人主导的全面革新虽然没有成功,但对于北宋政治文化的影响是十分显著而深远的。在新政诸项举措中,有与经学直接相关的内容,集中在科举和学校方面。庆历三年(1043)九月,在范仲淹所上《答手诏条陈十事》中,第三事为"精贡举"。对于学校措置方面,建议"今诸道学校如得明师,尚可教人六经,传治国治人之道",具体做法则是"诸路州郡有学校处,奏举通经有道之士,专于教授,务在兴行"。科举方面,建议"进士先策论而后诗赋,诸科墨义之外,更通经旨",其效果在于"使人不专辞藻,必明理道,则天下讲学必兴,浮薄知劝,最为至要"。之所以要提出这样的改革措施,是因为范仲淹深感当时人才匮乏,"士皆舍大方而趋小道","求有才有识者十无一二",他认为能够通过这样的变革以求得"经济之才"和"救弊之术"。② 之后,仁宗诏近臣议,庆历四年(1044)三月十三日,翰林学士宋祁,御史中丞王拱辰,知制诰张方平、欧阳修,殿中侍御史梅挚,天章阁侍讲曾公亮、王洙,右正言孙甫,监察御史刘湜等人联合上奏,提出"诸路州府军监除旧有学校外,其余并各令立学。如本处修学人及二百人已上处,许更置县学","若少文学官可差,即令本处举人众举有德行艺业之人在学教授。"③并要求改革科举制度:"进士并试三场:先试策二道,一问经史,二问时务;次试论一首;次试诗、赋各一首。三场皆通考去留。旧试帖经、墨义,今并罢。"④是月乙亥,仁宗正式下达诏令,显示之前兴学和改革贡举的建议被接纳,其中规定:"州若县皆立学,本道使者选属部官为教授,三年而代;选

---

　　① 以庆历为宋代经学革新的时间起点,亦屡见于今人著述,详见刘复生:《北宋中期儒学复兴运动》,台北:文津出版社,1991,第 11 页;陈植锷:《北宋文化史述论》,北京:中国社会科学出版社,1992,第 195 页;漆侠:《宋学的发展和演变》,石家庄:河北人民出版社,2002,第 8 页。

　　② 《范文正公政府奏议》卷上,《范仲淹全集》,成都:四川大学出版社,2007,第 529 页,又见《续资治通鉴长编》卷一四三,第 3435—3436 页。

　　③ 《宋会要辑稿·选举》三之二四,第 4273 页,亦参见《续资治通鉴长编》卷一四七,第 3563 页。

　　④ 《宋会要辑稿·选举》三之二五,第 4274 页。

于吏员不足,取于乡里宿学有道业者,三年无私遣,以名闻",科举方面规定"进士试三场,先策,次论,次诗赋,通考为去取,而罢帖经、墨义","士子通经术,愿对大义者,试十道,以晓析意义为通,五通为中格"。① 州县立学的举措,对宋代学术文化之发展影响尤其深远,"庆历诏诸路、州、府、军、监各令立学,学者二百人以上,许更置县学,于是州郡不置学者鲜矣。"②其效果,正如南宋光宗时大臣所言:"惟我国家,内自京师,外及郡县,皆置学校。庆历以后,文物彬彬,几与三代同风矣。"③庆历科举改革的倾向则清楚表明,策、论因为能使"辨理者得尽其说",而受到重视,讲说经书义理的"大义"比主要靠死记硬背的"帖经"、"墨义"两种方式更受重视。虽然最后由于新政失败,所颁布的这个《详定贡举条制》没有真正施行,但它预示了今后科举改革的方向。

作为庆历之际经学新变的大背景,兴学和科举改革主要是由范仲淹等士大夫倡议的,范仲淹本人也利用自己身居官位的条件,聚集起一批精通经学的士人,在其推荐之下,崇儒尊经的士人们有了进行经学活动的空间。这里有必要对范仲淹的学术经历作一概述。范氏少年就学于睢阳书院。睢阳书院又名应天府书院、南京书院,是在宋初著名儒士戚同文旧居基础上创建的。《宋会要辑稿》载其事甚详:"大中祥符二年(1009)二月二十四日,诏应天府新建书院,以府民曹诚为本府助教。国初有戚同文者,通五经业,高尚不仕,聚徒教授,常百余人。故工部侍郎许骧、侍御史宗度、度支员外郎郭承范、董循、右谏议大夫陈象舆、屯田郎中王砺、太常博士滕涉皆其门人。同文卒后,无能继其业者。同文有子二人,维为职方员外郎,纶为龙图阁待制。至是,诚出家财,即同文旧居,建学舍百五十间,聚书千五百余卷,愿以学舍入官。令同文孙奉礼郎舜宾主之。召明经艺者讲习。本府以闻,故有是命。并赐院额,仍令本府职事官提举。"④可见

---

① 《续资治通鉴长编》卷一四七,第 3564、3565 页。
② 《宋会要辑稿·崇儒》二之三,第 2188 页。
③ 《宋会要辑稿·崇儒》一之四七,第 2186 页。
④ 《宋会要辑稿·崇儒》二之二,第 2188 页。

当时的应天府书院已经具有相当规模。范仲淹于大中祥符八年(1015)登进士第,此前在该书院学习。关于书院的兴建缘由和培养人才的情况,范氏在《南京书院题名记》中也有所记述,称"观夫二十年间相继登科,而魁甲英雄,仪羽台阁,盖翩翩焉未见其止",可见一时人才之盛。① 范仲淹在这样的环境中刻苦学习,"居五年,大通六经之旨,为文章论说必本于仁义"②。而六经之中,范氏最精通的是《周易》。《宋史》本传云:"仲淹泛通六经,长于《易》,学者多从质问,为执经讲解,亡所倦。尝推其奉以食四方游士。……每感激论天下事,奋不顾身,一时士大夫矫厉尚风节,自仲淹倡之。"③从中我们可以看出,范仲淹非但于经学学有专长,而且乐于汇聚精通经学的人才,其以天下为己任的人格在当时具有重要的示范作用。

与宋初提倡儒学者相比,范仲淹的地位有很大不同。庆历新政之前,他已经为官二十多年,兼具地方官与京官的经历,在官场有一定地位。这就为他推举人才创造了有利条件。当时有几位最重要的经学家都受到范氏的举荐。他上奏荐胡瑗、李觏为太学学官,对两人的学术给予极高评价:"臣窃见前密州观察推官胡瑗志穷坟典,力行礼义,见在湖州郡学教授,聚徒百余人,不惟讲论经旨,著撰词业,而常教以孝弟,习以礼法,人人向善,闾里叹伏,此实助陛下之声教,为一代美事,伏望圣慈特加恩奖,升之太学,可为师法。又建昌军应茂才异等李觏,丘园之秀,实负文学,著《平土书》、《明堂图》。鸿儒硕学见之钦爱。讲贯六经,莫不赡通,求于多士,颇出伦辈,搜贤之日,可遗于草泽,无补风化。伏望圣慈特令敦遣,延于庠序,仍索所著文字进呈,则见非常儒之学取进止。④ 景祐元年(1034)他出知苏州,兴建府学,先请孙复前来讲学:"或能枉驾,于吴中讲贯经籍,教育人才,是亦先生之为政。"⑤未果后又邀请胡瑗讲学,《宋元学案》载胡

①　《范文正公文集》卷八,《范仲淹全集》,第 192 页。

②　欧阳修:《资政殿学士户部侍郎文正范公神道碑铭并序》,《居士集》卷二〇,洪本健:《欧阳修诗文集校笺》,上海:上海古籍出版社,2009,第 587 页。

③　《宋史》卷三一四《范仲淹传》,第 10267—10268 页。

④　范仲淹:《奏为荐胡瑗李觏充学官》,《范文正公奏议》卷下,《范仲淹全集》,第 615 页。

⑤　范仲淹:《孙明复》,《范文正公尺牍》卷下,《范仲淹全集》,第 688 页。

瑗"以经术教授吴中,范文正爱而敬之,聘为苏州教授,诸子从学焉"①。在饶州、润州知州任上,又延请李觏来讲学,②并向朝廷推荐:"李觏于经术、文章,实能兼富,今草泽中未见其比,非独臣知此人,朝廷士大夫亦多知之。……伏乞朝廷优赐就除一官。"③应该说,胡瑗、孙复、李觏诸人在士人群体中能产生学术影响,除了本人的经学成就之外,范仲淹的赏识和推荐也起了不小的作用。

庆历新政中推出的兴学校、改科举的措施,以及主导者范仲淹本人对通经人才的举荐,为庆历之际经学新变奠定了基础。值得注意的是,在范仲淹举荐的经学家中,各人的学术观点和关注点相当不同,胡瑗讲究"明体达用",孙复揭示《春秋》"尊王"大义,石介以经书为依据批判佛老和骈文,李觏从《周礼》中寻求"太平"和"富强"之道,这显示了庆历之际经学新变的一大重要特点,就是打破了经学定于一尊的局面,各种异说纷纷出炉,呈现出繁荣的局面。

庆历之后,宋代官方经学发展相对稳定,没有重大举措,但庆历时期所激发起来的民间经学的活力,使得经书的解释趋于多元,《五经正义》的权威性被破除,经学失去了统一的标准。从官方的角度而言,经书解释的不统一给科举考试和学校教育带来诸多不便。而且,并不是所有士人都赞赏异说纷呈的局面,比如王安石。早在神宗朝之前,王安石就通过讲学和著述的方式,在士林中,尤其是青年士人中积累了相当的学术声望。④熙宁二年(1069),王安石就"经术"和"世务"的关系发表如下看法:"经术者所以经世务也,果不足以经世务,则经术何所赖焉?"这段话,后人看来,是他将自己的经学与现实的政治目的牢牢挂钩,然而,王安石的初衷,是用"经术"来锻造和统一士人的思想。

---

① 黄宗羲、全祖望:《宋元学案》卷一《安定学案》,北京:中华书局,1986,第24页。
② 参见范仲淹:《李泰伯》,《范文正公尺牍》卷下,《范仲淹全集》,第390页。
③ 范仲淹:《荐李觏并录进礼论等状》,《范文正公文集》卷二〇,《范仲淹全集》,第451页。
④ 关于王安石早期的学术经历和声望,参见刘成国:《王安石江宁讲学考述》,《中华文史论丛》第73辑,上海:上海古籍出版社,2003,第224—252页。

在仁宗时期,改革科举取士制度的呼声就屡见于士人的奏札。这些呼声有一种总体的倾向,就是要加强儒家经书在科举考试中的地位。到了熙宁二年,更有发生了一场关于是否改革科举制和怎样改革的讨论。《文献通考》记其事甚详:

> 神宗熙宁二年,议更贡举法,罢诗赋、明经、诸科,以经义、论、策试进士。初,王安石以为古之取士俱本于学,请兴建学校以复古,其明经、诸科欲行废罢,取元解明经人数增进士额。诏两制、两省、待制以上,御史、三司、三馆议之。韩维请罢诗赋,各习大经,问大义十道,以文解释,不必全记注疏,通七以上为合格;诸科以大义为先,黜其不通者。苏颂欲先士行而后文艺,去封弥、誊录之法。①

在对科举改革发表看法的三人中,苏颂主张的改革幅度最小,韩维虽主张以经书"大义"代替诗赋,但并不主张废除诸科,他的看法与庆历以来的许多士人所认同的以大义代替诗赋的改革方向是比较接近的。而王安石的想法最极端,所主张的改革力度也最大,废除了明经科和诸科后,进士科就变成士人应试的主要科目,而彻底废除诗赋考试,代之以经义的做法,则使经义事实上成为最主要的取士方式。经义是新文体,而策、论考试虽被保留,却皆为唐代以来旧的考试文体,则经义、论、策三种考试文体中,经义的地位无疑是最高的了。王安石的看法遭到苏轼的反对。在《议学校贡举状》中,苏轼并没有正面对经义考试发表看法,他只是认为笼统地说考诗赋无用,考策论有用是不对的,因为"自文章而言之,则策论为有用,诗赋为无益;自政事言之,则诗赋、策论均为无用矣"②。苏轼的理由是诗赋、策论都是取士之法,士子受到利益驱动,即使是被认为与政事相关联的策论,照样可以通过事先精心准备的"策括"来对付,这样一来,其实在取人方面,诗赋和策论无所谓优劣或者有用无用。苏轼的这一看法,差

---

① 马端临:《文献通考》卷三一《选举考四》,北京:中华书局影印,1986,第293页。

② 《苏轼文集》卷二五,北京:中华书局,1986,第724页。此奏状实为熙宁二年四月上,见同书第726页。

一点对神宗产生影响,但王安石则作了一番有力的反驳,《文献通考》记载:

> 他日以问王安石,安石曰:"不然。今人材乏少,且其学术不一,一人一义,十人十义,朝廷欲有所为,异论纷然,莫肯承听,此盖朝廷不能一道德故也。故一道德则修学校,欲修学校则贡举法不可不变。"赵抃是轼言,安石曰:"若谓此科尝多得人,自缘仕进别无他路,其间不容无贤;若谓科法已善,则未也。今以少壮时正当讲求天下正理,乃闭门学作诗赋,及其入官,世事皆所不习,此乃科法败坏人才,致不如古。"①

从表面上看起来,王安石强调的仍是闭门学作诗赋无意于了解世事,不利于为官后从事各种事务。但他又说:"其学术不一,一人一义,十人十义,朝廷欲有所为,异论纷然,莫肯承听。"这几句话表明了王安石的真正目的,他要通过改革科举制度,用经义来试士,达到"一道德"的目的,使得朝廷的一系列改革措施能够顺利推行下去。

熙宁四年(1071)二月丁巳朔,朝廷下令改革科举,总的指导思想是"除去声病偶对之文,使学者得以专意经义,以俟朝廷兴建学校,然后讲求三代所以教育选举之法,施于天下,则庶几可复古矣",恢复上古"道德一于上,习俗成于下,其人材皆足以有为于世"的局面。考试的规定则是:

> 贡举新制进士罢诗赋、帖经、墨义。各占治《诗》、《书》、《易》、《周礼》、《礼记》一经,兼以《论语》、《孟子》。每试四场,初本经,次兼经,并大义十道,务通义理,不须尽用注疏,次论一首,次时务策三道,礼部五道,中书撰大义式颁行。②

分析这个新规,可以发现五个重要的变化:一是考试项目作了重大改革。长期以来进士科所试诗赋,诸科所试帖经、墨义都被罢废。这完全体

---

① 《文献通考》卷三一《选举考四》,第 293 页。
② 《续资治通鉴长编》卷二二〇,第 5334 页。

现了王安石的在两年前提出的科举改革设想;二是考试所涉及的经书有
了变化。唐代"五经"中《春秋》被换成了《周礼》,这也与王安石个人的偏
好有关。而增加《论语》、《孟子》作为兼经,则让《孟子》首次入经,从此由
子书变身为经书,取得了崇高的地位;三是经义(大义)、论、时务策成为进
士考试需要撰写的文体,这也与王安石最初的设想相符。很自然,改革
后,经义地位上升,成为最重要的考试项目。这与王安石"使学者得以专
意经义"的初衷是一致的;四是规定考试时各占治一经,就使得应试者只
需选择五种本经中的一种,可以放弃研习其他经书;五是中书所颁行的
"大义式",则成为朝廷颁布考试文章样式的首例。科举制度的一系列改
革,使儒家经书更加受到士子的重视,也改变了长期以来考经书只需死记
硬背的格局,经书的意义开始为人们所重视。

熙宁四年的科举改革,以经义代替诗赋,是宋代历史上的一个重大事
件,对以后的士风、文风都将发生深刻的影响。而王安石的意图,不单单
在于改革科举制。他并不喜欢士子读了经书之后,在考试写作经义之时
各抒己见。相反,他要的是"一道德",即统一他们的思想。所以,将经义
作为考试内容还是远远不够的,究竟如何解读经书,如何将解读的意思写
出来,这并不能全由士子作主,王安石希冀为他们提供权威的经书解释,
其目的,正如他在《周礼义序》中所说:"士弊于俗学久矣,圣上闵焉,以经
术造之,乃集儒臣,训释厥旨,将播之学校。"①其实,以经术造士的意图,
何尝只属神宗,它更属于身为宰相的王安石。

重新编纂经书注释的工作,从熙宁六年(1073)开始,至八年(1075)完
成并正式颁布。台湾学者程元敏曾撰文详考相关情况。②熙宁六年
(1073)三月,朝廷设立"国子监修撰经义所"(一般又称"经义局"),专门负
责新经义的编撰工作。《续资治通鉴长编》记载云:

---

① 王安石:《王文公文集》卷三六,第 426 页。
② 参见程元敏:《三经新义修撰通考》,《孔孟学报》37 期,1979 年 4 月,第 135—147 页;
《三经新义修撰人考》,《台静农先生八十寿庆论文集》,台北:联经出版事业公司,1981,第 153—
190 页。

　　（三月）庚戌，命知制诰吕惠卿兼修撰国子监经义，太子中允、崇政殿说书王雱兼同修撰。先是，上谕执政曰："今岁南省所取多知名举人，士皆趋义理之学，极为美事。"王安石曰："民未知义，则未可用，况士大夫乎！"上曰："举人对策，多欲朝廷早修经义，使义理归一。"乃命惠卿及雱，而安石以判国子监沈季长亲嫌，固辞雱命，上弗许。已而又命安石提举，安石又辞，亦弗许。①

　　据李焘注："丁卯，《旧纪》书诏王安石设局置官，训释《诗》、《书》、《周礼》义，即此事也，今不别出。"设经义局日期在熙宁六月丁卯日。综合《续资治通鉴长编》此条及以后的记载，可知经义局的人员组成名单：

　　提举：王安石，在经义局负总责。

　　修撰：吕惠卿（据《续资治通鉴长编》卷二五二，四月庚寅起为同提举）。

　　同修撰：王雱。

　　检讨：吕升卿（据《续资治通鉴长编》卷二四三，又据同书卷二五六，熙宁七年九月庚子起为同修撰）、余中、朱服、邵刚、叶唐懿、叶杖、练亨甫（据《续资治通鉴长编》卷二四四）、徐禧、吴著、陶临（据《续资治通鉴长编》卷二四八）、刘泾（据《续资治通鉴长编》卷二五三）、曾旼（兼编修删定官，据《续资治通鉴长编》卷二五四）、刘谷（据《续资治通鉴长编》卷二六四）。

　　熙宁八年（1075）六月，《三经新义》的编纂终于大功告成，神宗对王安石说：

　　　　卿修经义与修他书不类，有非特以卿修经义有劳也，乃欲以卿道德倡导天下士大夫。②

　　"以卿道德倡导天下士大夫"云云，可以看作《三经新义》编纂的真正

---

① 《续资治通鉴长编》卷二四三，第5917页。
② 《续资治通鉴长编》卷二六五，第6495页。

目的所在，是年七月"癸酉，诏要新修《经义》赐宗室、太学及诸州府学"①，《三经新义》便在全国推行，成为士子应试的标准，对北宋中后期直至南宋初年的士风、学风、文风产生了深刻影响。

庆历和熙宁是北宋官方经学发展过程中的两个重要的关节点，而使得官方经学发生变化的主要举措就是兴学校和改革科举制度。新经义的颁布和这两个举措密切相关。在梳理完基本的史实之后，这里还需要作一些补充。庆历经学是破除旧标准的经学，而熙宁经学是建立新标准的经学。官方经学最重要的是建立经书解释的标准，而宋代新标准的建立，其前提条件是前代旧标准的破除。从宋初开始，质疑《五经正义》的倾向已经出现，但由于没有一个新的标准可以替代它，朝廷刻印的仍是传统的经书注疏。但是，民间学者的经学研究一直延续着，并且生发出诸多派别，到了庆历之际，出现所谓"学统四起"的局面。这些学派对于儒家经书的不同诠释，以及彼此各异的学术思想，都在不断动摇着传统注疏的地位。事实上，到了此时，以《五经正义》为主的传统注疏已经没有办法统一经书的解释，继续扮演绝对权威的角色了。范仲淹不断举荐民间的经学家，正表现了他对于诸多经学派别、不同经学思想的重视，而不仅仅是主张谨守传统注疏。所以，庆历之际的经学标志着宋代经学发展的第一个高潮。熙宁的官方经学是由王安石主导的。既然官方经学的旧标准已经被打破，接下来必然要求建立新的标准。王安石的经学本来是庆历以来诸多学派中的一支，由于他有神宗的赏识和政治权力的庇佑，便具备了让一己之学成为官方经学的条件。以《三经新义》为标准的新的官方经学建立起来之后，官方经学迅速走向了一元化，它又借助科举制度向士人强推，从某种意义上说，熙宁经学终结了庆历以来经学多元并存的局面。然而，新标准虽然已经建立，但不是所有的人都甘心接受王安石的经学，加之其经学与政治的关系太过密切，最终也难免衰落的命运。

---

① 《续资治通鉴长编》卷二六六，第 6525 页。

第三节　北宋晚期新学在官学和科场的命运

从哲宗亲政到北宋灭亡,是北宋官方学术变化的重要时期,针对当时的复杂情况,目前相关研究成果还比较少。① 徽宗崇宁年间,新学影响力臻于巅峰,但其地位上升与政治权力密切相关。而道教进入官学之后,客观上对新学地位有所削弱。靖康之难发生,士大夫将矛头对准新学,视之为导致北宋灭亡的罪魁祸首。

以王安石为核心的新学,创始于神宗熙宁时期。此后一直享有官学地位。元祐年间旧党执政,新学的官学地位并未改变。只是一度恢复诗赋取士,而解经亦不再以《三经新义》为唯一标准,可以参用他说。这样一来,新学在科场上的权威性有所衰落。元祐九年(1094)四月癸丑,哲宗下诏改元"绍圣",明确表示绍述熙宁新法,次日诏王安石配享神宗庙。② 随着政局的变化,朝廷推行了一系列有利于强化新学地位的措施。如五月甲辰,"诏进士罢试诗赋,专治经术"③,实质上恢复了熙宁时期的科举法。当时甚至有人建议从王安石《诗义》、《书义》、《周礼义》中出直接考题,后因右正言邹浩反对而作罢。④ 虽然没能以命题,但这一建议的提出,本身就证明《三经新义》在当时享有的地位,可以说仅次于儒家经典本身。而王安石晚年所撰《字说》的官学地位,亦重获朝廷确认。元祐贡举敕规定进士不得引用《字说》,至绍圣元年(1094)六月癸未,除《字说》之禁。⑤ 十

① 伊佩霞(Patricia Buckley Ebrey)、毕嘉珍(Maggie Bickford)合编的 *Emperor Huizong and Late Northern Song China:the Politics of Culture and the Culture of Politics*(The Harvard University Asia Center, 2006)一书,作为西方近年来研究宋徽宗的力作,也未对其统治时期的学术状况作全面描述。
② 黄以周等:《续资治通鉴长编拾补》卷九,北京:中华书局,2004,第403页。
③ 《续资治通鉴长编拾补》卷一〇,第415页。
④ 《文献通考》卷三一《选举四》,第296页。
⑤ 《续资治通鉴长编拾补》卷一〇,第425页。

月丁亥，王安石弟子、时任国子司业的龚原提出《字说》"发明至理"，乞"就王安石家缮写定本，降付国子监雕印，以便学者传习"，朝廷从之。[①] 龚原其人对绍圣时期新学地位的提升功莫大焉。绍圣二年（1095）三月甲辰，他又提议将王安石之子王雱所撰《论语》、《孟子》义由国子监雕印颁行。[②] 所有这些提议，均获首肯。众所周知，王安石素不喜《春秋》，有"断烂朝报"之讥，故熙宁科举改制中罢《春秋》科。绍圣四年（1097）二月，又诏罢春秋科，[③]恢复了熙宁的做法。综上所述，在绍圣年间，无论是王安石本人还是新学诸著作，在"绍述"熙宁的政治气氛中，获得了很高的地位，和元祐时期的情况大为不同。

徽宗即位后，执政的向太后以"建中靖国"为年号，希望调和新旧两党的矛盾，但第二年（1102），徽宗亲政，即改元"崇宁"，表明崇尚熙宁之意。同时大肆扶持新党，打击旧党，政局亦为之一变。崇宁年间，王安石被抬升到极高地位。如崇宁三年（1104）六月戊申，"诏荆国公王安石配享孔子庙廷"[④]，次年五月学士院应诏为王安石撰国子监赞，称其为"优入圣域，百世之师"[⑤]。政和三年（1113）正月壬申追封舒王。[⑥]

一般认为，在徽宗朝，新学的地位臻于鼎盛。的确，徽宗也采取了巩固新学地位的措施，如政和元年（1111）十一月丙子，有臣僚提出，迩英阁讲经应"只点正经，其音释意义，并以王安石等所进经义为准"。朝廷从之。[⑦] 这是经筵中以新经义为权威经注的例证。应当承认，自哲宗绍圣以来抬升新学的一系列举措，其影响在徽宗朝是显而易见。如南宋陈善说："崇、观三舍，一用王氏之学，及其弊也，文字语言，习尚浮虚，千人一

---

① 《续资治通鉴长编拾补》卷一一，第 452 页。
② 《续资治通鉴长编拾补》卷一二，第 471 页。
③ 《续资治通鉴长编拾补》卷一四，第 555 页。
④ 《续资治通鉴长编拾补》卷二四，第 815 页。
⑤ 《续资治通鉴长编拾补》卷二五，第 840 页。
⑥ 《续资治通鉴长编拾补》卷三二，第 1050 页。
⑦ 《续资治通鉴长编拾补》卷三〇，第 1017 页。

律。"①宋人笔记中还有不少类似的记载,这里不一一列举。需要指出的是,除了上述经筵的变化之外,徽宗在确立新学的官学地位方面,并未再有大的举动。新学在徽宗朝崇宁之后一统天下的局面,更多是由绍圣以来抬升新学的举措所酿成。徽宗诚然支持新学,但这种支持首先是出于扶持新党、打击旧党的政治需要,其次可以看作在"崇尚熙宁"的政治导向下,在学术上必然作出的抉择。

我们认为,无论是王安石还是新学,都仅仅是徽宗和蔡京等打击异己的一个符号、一面旗帜而已,从学术上来说,他们并没有为新学的进一步发展提供新的可能性。这是新学本身在徽宗朝没有能够取得大进展的重要原因。

更值得注意的是,徽宗提升王安石与新学地位的举措,多发生在其当政的前期,即崇宁、政和年间。到了统治岁月的后期,在学术思想方面,徽宗显然别有钟情,他内心深处更喜欢的其实是道教。徽宗崇尚道教,本不是什么秘密,学界多有讨论。② 这里需要指出,徽宗对道教的热衷,不仅表现为自称道君皇帝,给道士们大建宫观、加官晋爵等等,更表现为他将道教引入官学系统。徽宗这样做,主观上并非要削弱新学的地位,然而道教进入官学之后,客观上打破了新学一家独尊的局面,使其影响力有所削弱。这个问题过去人们未尝注意。它主要体现在三方面:

首先,徽宗不用新学学派的《老子》诸注,而另撰《御注道德经》颁行,并允许考试时从御注中出论题。此事在重和元年(1118)八月。③ 徽宗极重《道德经》,曾将其改名为《太上混元上德皇帝道德真经》。但《道德经》也是新学学派深有研究的经典,王安石、王雱、吕惠卿、陆佃等代表人物均曾为《老子》作注。徽宗并没有从新学诸家《老子》注中选取一家作为官学著作颁行,而是另起炉灶,重新作注,并将注文纳入科举考试的命题范围。

① 陈善:《扪虱新话》上集卷三,《丛书集成新编》本,台北:新文本出版公司,1985,第 12 册,第 255 页。

② 参见金中枢:《宋代学术思想研究》第七章《论北宋末年之崇尚道教》,第 425－616 页。

③ 《续资治通鉴长编拾补》卷三七,第 1185 页。

蒙文通先生曾指出,王安石、王雱、吕惠卿、陆佃、刘泾等新学人物的《老子注》"与政和《御注》不无关系"①,但两者间的差异也是显而易见的。如徽宗注"治大国"章云:"治大国而数变法,则惑。"②这显然和王安石极力倡导变法的理念截然不同。又如释"三十辐"章,王安石批评老子"以为涉乎形器皆不足言也,不足为也,故大抵去礼乐刑政而惟道之称焉,是不察于理而务高之过也"③,徽宗则说:"妙用出于至无,变化藏于不累,如鉴无象,因物显照,至人用心,每解乎此。"④两者的分歧也是显而易见的。正如有论者指出:"王安石学派在阐释《老子》时,尚能主张无为而不废于有为,可叹这位立志要发黄老千年不传之秘的宋徽宗,却恰恰把黄老思想中最为可取的内核给丢掉了。"⑤徽宗亲撰并颁行《御注道德经》,使得新学学派王安石等人的《老子注》未能进入官学。这与熙宁时期朝廷直接颁行王安石等人《三经新义》的做法显然不同。作为皇帝自己的著作,当徽宗《御注》颁行并成为命题依据后,它的权威性毫无疑问已超过了新学学派诸人的《老子注》。

其次,徽宗颁行《亢桑子》、《文子》,但未颁行新学学者的《庄子》注。政和七年八月丙辰,蔡京之子蔡攸奏请将道家著作《亢桑子》、《文子》颁于国子学,与《老》、《庄》并行,朝廷从之。⑥ 这表明道家诸子著作在当时地位颇高。但新学学派中,王雱有《南华真经新传》、吕惠卿有《庄子义》、陈祥道有《庄子注》,这些著作在当时均未获颁行。

最后,重和元年八月庚午,徽宗将《黄帝内经》、《道德经》列为"大经",《庄子》、《列子》列为"小经","令天下学校诸生,于下项经添大、小一经,各

---

① 蒙文通:《道教史琐谈》,《蒙文通文集》第一卷《古学甄微》,成都:巴蜀书社,1987,第328页。

② 宋徽宗:《御解道德真经》卷四,《道藏》,北京:文物出版社影印,1988,第11册,第876页。

③ 蒙文通:《王介甫〈老子注〉佚文》,《蒙文通文集》第六卷《道书辑校十种》,成都:巴蜀书社,2001,第688页。

④ 《御解道德真经》卷一,《道藏》,第11册,第849页。

⑤ 刘固盛:《宋徽宗君臣的〈老子〉注疏》,收入氏著《老庄学文献及其思想研究》,长沙:岳麓书社,2009,第178页。

⑥ 《续资治通鉴长编拾补》卷三六,第1153页。

随所愿分治"①。这样,上述道家经典就正式进入官学,获得了与儒家经典相同的地位。这在宋代历史上还是第一次。这一举措看似与新学无关,但实质上打破了王安石《三经新义》、《字说》在学校中的垄断局面,客观上使诸生治经应试时多了一些选择,他们或可以不专习王安石的著作,而转习道家经典。

就整体而言,从哲宗亲政至于整个徽宗朝,新学的地位和影响力大大要超过其他学派。众所周知,官方打击旧党的行动从哲宗绍圣年间已经开始,至徽宗崇宁三年六月将三百〇九人的党人名单刻石朝堂达到高潮。在此政治情势下,苏、黄等元祐文人的著作毁版禁行,旧党人物的学术理所当然地遭受排斥。② 当时似乎没有任何学派势力能与新学抗衡。但正是由于徽宗本人对道教的热衷,使道家著作顺利进入官学,成为经典,并用来命题。新学的独尊地位实际上被削弱。后来,徽宗自己也意识到这个问题,于是在宣和七年下诏:"政和中,尝命学校分治黄、老、庄、列之书,实失专经之旨,其《内经》等书并罢治。"③但下诏之际,已近徽宗朝之末,几乎于事无补。由此可见,徽宗对新学著作的热情远没有道家经典那么高了,在其统治时期没有为新学的发展提供新的动力,这一点上远逊于神宗。虽然新学仍处官学地位,但业已埋下日后衰落的因子。

真正使新学官学地位发生动摇的,是靖康年间的学术之争。而这一场学术之争肇端于对蔡京等误国奸臣的清算。

金兵南下,威胁汴京,促使宋廷的政治生态急剧变化。宣和七年十二月二十三日,徽宗在危机之中禅位钦宗,二十七日,太学生陈东率数百太学生上书乞诛蔡京、王黼、童贯、梁师成、李彦、朱勔等六人,斥为"六贼"。之后,陈东又三次上书,要求对惩治奸臣,启用抗金将领。多次上书震动朝野,导致蔡京等人被杀或遭贬。陈东的上书言辞激烈,但从未将蔡京与

---

① 《续资治通鉴长编拾补》卷三七,第1186页。
② 旧党诸人学术遭受排斥的详情,参见拙著:《北宋新学与文学——以王安石为中心》,上海:上海古籍出版社,2008,第40页。
③ 《宋史》卷一五七《选举志三》,第3668页。

王安石其人其学联系起来。但其促使政局变化,言论禁锢得以解除,士大夫有了反思和批评学术的机会和空间。

批评起因于科举制的争议。熙宁科举改制后,以经义试进士,元祐又恢复诗赋取士,两种取士法各有拥护者。崇宁以来,更是争论不休。靖康之初,有臣僚上言:"科举取士,要当质以史学,询以时政。今之策问,虚无不根,古今治乱,悉所不晓。诗赋设科,所得名臣,不可胜纪,专试经义亦已五纪。救之之术,莫若遵用祖宗成宪。王安石解经,有不背圣人旨意,亦许采用。至于老、庄之书及《字说》,并应禁止。"①这样的说法,反映了熙宁改制后专试经义的消极影响,但其中并没有全盘否定《三经新义》。当时,钦宗诏礼部详议。时任谏议大夫兼国子祭酒的杨时便上疏痛斥蔡京"蠹国害民",并将其与王安石联系起来:

> 盖京以继述神宗皇帝为名,实挟王安石以图身利,故推尊安石,加以王爵,配享孔子庙庭,而京所为自谓得安石之意,使无得而议。其小有异者,则以不忠不孝之名目之,痛加窜黜,人皆结舌莫敢为言。而京得以肆意妄为,则致今日之祸者,实安石有以启之也。②

杨时是熙宁九年进士,先后师从二程兄弟,是道学中坚人物。他也是首次将靖康之祸归咎于王安石之人。他的整篇上疏可以分作几个层面来看。

首先,他指责道:"安石挟管、商之术,饰六艺以文奸言,变乱祖宗法度,当时司马光已言其为害当见于数十年之后。今日之事,若合符契。其著为邪说,以涂学者耳目,败坏其心术者,不可缕数,姑即其为今日之害尤甚者一二事以明之,则其为邪说可见矣。"关于王安石其人其学,及其变法的争议,早在王安石生前就已展开,此处杨时将王氏之学斥为"饰六艺以文奸言"、败坏人心术的"邪说",就不仅仅是批判其学术观点,而是对其人的基本道德品质、其学术的基本品格加以诋毁了。由于蔡京等人的恶行

---

① 《宋史》卷一五七《选举志三》,第3669页。
② 杨时:《上钦宗皇帝疏七》,《杨龟山先生集》卷一,《全宋文》,第124册,第96页。

导致政治腐败不堪,百姓怨声载道,而杨时毫不含糊地将这一切归咎于王安石的"邪说"。这样一来,早已去世的王安石成了今日祸乱的责任者,而其学说则成了祸乱源头。

其次,杨时将"邪说"的指责进一步坐实。他举了两个例子。一是神宗崇尚节俭,"为天下守财",而王安石劝他说:"竭天下以自奉不为过,守财之言非正理。"王安石的话被杨时拿了和当时"六贼"之一王黼提倡花石纲之事相联系,认为花石纲正是王安石观点的实践。二是举出王安石解释《诗经》中《凫鹥》末章"以道守成者,役使群众,泰而不为骄,宰制万物,费而不为侈,孰弊弊然以爱为事!"杨时认为王安石"独倡为此说,以启人主之侈心",蔡京以奢靡为事,正源于此说。

杨时直接颠覆了新学的道德根基,他对新学的攻击是釜底抽薪式的,和以往旧党对于新学的批评多有不同。作为旧党领袖、王安石最主要政敌的司马光在元祐元年曾批评说:"王安石不当以一家私学,欲掩盖先儒,令天下学官讲解及科场程试同己者取,异己者黜,使圣人坦明之言转而陷于奇僻,先王中正之道流而入于异端。若己论果是,先儒果非,何患学者不弃彼而从此? 何必以利害诱胁,如此其急也!"①很显然,他只是反对以王安石一家之学作为讲学、应试的标准,将王氏之学视为"奇僻"、"异端",前者主要指对经典解释的不同寻常,后者主要指接近佛老,这和杨时所谓"邪说"程度还是有所区别的。再看差不多同时的刘挚所言:"故相王安石经训经旨,视诸家议说,得先儒之意亦多。故先帝以其书立之于学,以启迪多士。而安石晚年溺于《字说》、释典,是以近制禁学者毋习此二者而已,至其所颁经义,盖与先儒之说并行而兼存,未尝禁也。……夫安石相业虽有间,然至于经术学谊,有天下公论在。"②这番话是针对当时国子司业黄隐主张尽废王安石经义而发,言语间充分肯定了王安石的经学成就,只是对其晚年学术不满而已。旧党吕陶也说:"经义之说,盖无古今新旧,

---

① 司马光:《乞先举经行札子》,见《续资治通鉴长编》卷三七一,第8976页。
② 刘挚:《劾黄隐》,《忠肃集》卷七,《全宋文》,第76册,第288页。

惟贵其当。先儒之传注既未全是,王氏之解亦未必尽非善,学者审择而已。"①由此可见,在元祐初年,尽管旧党对王安石有种种负面评价,但从未对其学术全盘否定,反而显示出一种将政治与学术分开评价的立场。较之杨时的说法,显得更为客观公允。

杨时的上疏犹如一石激起千层浪。《宋史》本传记载了上疏之后的情形:"疏上,安石遂降从祀之列。士之习王氏学取科第者,已数十年,不复知其非,忽闻以为邪说,议论纷然。谏官冯澥力主王氏,上疏诋时。会学官中有纷争者,有旨学官并罢,时亦罢祭酒。"②《宋史·选举志三》也记载:"诸生习用王学,闻时之言,群起而诋訾之,时引避不出,斋生始散。诏罢时祭酒。而谏议大夫冯澥、崔鹥等复更相辨论,会国事危,而贡举不及行矣。"③虽然王安石降为"从祀",但由于新学作为官学历时颇久,势力很大,因此面对学官中的强烈反弹,朝廷只能各打五十大板,将学官和杨时一并罢去。

更为重要的是,我们通过杨时上疏所引起的各方反应,可以观察到当时新学与"元祐之学"角力的真切情形。

简略言之,当时的意见分为两派。一派极力反对杨时的说法,力主王氏之学,也不截然排斥元祐之学,代表人物是左谏议大夫冯澥和御史中丞陈过庭。另一派则认同杨时,主要人物是右正言崔鹥和侍御史李光,痛斥王氏学,推崇元祐之学。两派发生激烈的争论。根据《靖康要录》中保存的诸人奏疏,我们得以了解争论的内情。冯澥先指出崇宁、大观以来士失所守,博士先生狃于党与,各自为说,附王氏之学者则丑化诋毁元祐之文,附元祐之学者则讥诮王氏之说,然后评论王安石的学术说:

> 安石之释经,固不能无失也。夫孟子所谓息邪说者,谓杨朱、墨翟之言。若以安石之说便同杨、墨之言为邪说,则复当禁之,此所以起学者之谤,而致为纷纷也。……凡学校科举考校去取,不得专主元祐

① 吕陶:《请罢国子司业黄隐职任状》,《净德集》卷四,《全宋文》,第73册,第157页。
② 《宋史》卷四二八《杨时传》,第12742页。
③ 《宋史》卷一五八,第3669页。

之学,亦不得专主王氏之学,或传注,或己说,惟其说之当理而已。①

冯氏的这番话中,我们尤其当注意其中两点。其一,他反驳了杨时的说法,否认王氏之学为"邪说"。并指"邪说"之称正是激起太学纷争的根由。其二,他认为科举取士不应专注哪一家学术,无论是王氏之学还是元祐之学,一切都应以是否"当理"的标准来衡量评判,他强烈反对有司以个人偏好决定去取的做法。

陈过庭的意见大抵与冯澥相近,但他上奏中生动描绘了当时学派纷争在太学中引发的谩骂斗殴:"今也学官相诟于上,诸生相殴于下,甚者诸生奋袂而竞前,祭酒奉头而窜避,败坏风教,一何甚耶!"学生各以其学为是,以别家之学为非,"又有时中斋生姓叶者党王氏之学,止善斋生姓沈者党苏氏之学,至相殴击,其人稍众,庠序事体固当如是耶"!② 可见当时不同学派之间的矛盾业已激化,引发肢体冲突,局面不可收拾。他分析其中原因道:

> 五经之训,义礼渊微,后人所见不同,或是或否,诸家所不能免也。是者必指为正论,否者必指为邪说,此乃近世一偏之辞,非万世之通论。自蔡京擅政,专尚王氏之学,凡苏氏之学悉以为邪说而禁之,近罢此禁,通用苏氏之学,各取所长而去所短也。祭酒杨时矫枉太过,复论王氏为邪说,此又非也。③

陈氏的这番话中,有一处和冯澥的说法不同。在谈及王氏之学的对立面时,冯氏用的是"元祐之学",而陈氏用的是"苏氏之学"。在这个语境里,两者显然意思相同,是可以互换的。这就提示我们,如何理解当时人所说的"元祐之学"。《宋史·徽宗纪一》曾记载:"(崇宁二年)十一月庚辰,以元祐学术、政事聚徒传授者,委监司举察必罚无赦。"④可见,在徽宗

---

① 汪藻撰、王智勇笺注:《靖康要录笺注》卷六,成都:四川大学出版社,2008,第754页。
② 《靖康要录笺注》卷六,第731页。
③ 《靖康要录笺注》卷六,第731页。
④ 《宋史》卷一九,第368页。

时代,元祐学术和元祐政事一样遭禁,禁毁的具体情况史学界多有论述,主要包括司马光一系以史学为主的"朔学",苏、黄一系以文学为主的"蜀学",二程一系以道学为主的"洛学"。① 而从陈过庭的论述看,当时太学中与王安石之学对垒的,主要是元祐学术中的苏氏之学。

我们再来看看另一派的主张,也就是拥护杨时言论,力反王氏之学的观点。右正言崔鷃靖康元年六月二日上奏中的冯澥的说法提出质疑,认作"奸言"。他进而分析道:

> 安石著《三经》之说,用其说者入官,不用其说者斥落,于是天下靡然雷同,不敢可否,陵夷至于今大乱,此无异论之大效也。而尚敢为此说以荧惑人主乎? ……自崇宁以来,京贼用事,以学校之法驭士人,如军法之驭卒伍,大小相制,内外相辖,一有异论居其间,则累及上下学官,以黜免废锢之刑待之。其意以为一有异论,则己之罪必暴于天下,闻于人主故耳。博士先生有敢诋诮王氏者乎? ……至如苏轼、黄庭坚之文集,范镇、沈括之杂说,畏其或记祖宗之事,或记名臣之说,于己不便,故一切禁之,坐以严刑,购以重赏,不得收藏,则禁士之异论,其法亦已密矣。澥言元祐之学诋诮王氏之说,其欺罔不亦甚乎! 欺罔之言,公行则实,是何从而见也?②

除了像杨时一样尽力诋毁王氏新学之外,崔氏特别指出崇宁以来,由于蔡京加强思想学术的控制,他所提倡的王氏之学完全统治了太学,没有人敢于提出不同的学术见解。因此所谓太学中"元祐之学诋诮王氏之说"的情况,是不可能发生的。蔡京"禁士之异论",禁毁旧党文集著述的做法,其实是出于私心,惟恐"于己不便"。

---

① 沈松勤:《论"元祐学术"与"元祐叙事"》一文对"元祐学术"作了精细辨析:"在内容上,它通过蜀、洛、朔三党'相羽翼以攻新说',糅合了蜀学、洛学、朔学三大学派中某些相通的经学思想,并辐射到了文学、史学、制度等多个文化层面……'元祐学术'虽然是一个十分驳杂和庞大的概念,但它作为对元祐时期政治与文化的总称,却具有完整的内涵与体系。"原载《中华文史论丛》2007 年第 4 期,后收入氏著《宋代政治与文学研究》,北京:商务印书馆,2010,第 94—95 页。

② 《靖康要录笺注》卷七,第 804 页。

  侍御史李光也赞同杨时的说法,他靖康元年五月所上《上钦宗论王氏及元祐之学》中说:"臣寮上言以王安石为名世之学,发明要妙,著为新经,天下学者翕然宗师。……以陛下圣明,未可遽欺,既以司马光与安石俱为天下之大贤,又云优劣等第自有公论,观言者之意,必不肯以光为优,以安石为劣。夫光与安石行事之是非,议论之邪正,皎若白黑,虽儿童、走卒粗有知识者莫不知之。……安石欲尽废祖宗法度,则为说曰:'陛下当制法,而不当制于法。'欲尽逐元老大臣,则为说曰:'陛下当化俗而不当化于俗。'蔡京兄弟祖述其说,五十岁间,搢绅受祸,生灵被害,海内流毒,而祖宗法度、元老大臣扫荡禁锢,几无余蕴矣。"①李光对王安石之学大肆攻击,并指出蔡京兄弟祖述王氏学说,才导致今天的局面。

  靖康元年新学与元祐之学的争论之所以如此激烈,当然跟外敌入侵的大趋势有关,但更是对徽宗崇宁以来学术禁锢的一次强烈反弹。主张王氏之学者并不截然排斥元祐之学,而力主元祐之学者则视王氏学为罪魁祸首,意欲灭之而后快。我们从相关言论中判断,由于失去了政治权力的庇佑,失去了道德根基,新学的官学地位终于动摇了。公开批评新学不再是禁忌,而元祐之学在此时重新获得了合法的地位。我们也注意到,当时人心目中作为新学对立面的元祐之学,主要还是指司马光之学和苏、黄之学,虽然第一个将王安石与蔡京相联系的杨时是二程门人,但道学此时在官学系统中的影响仍然十分有限,否则,上述诸人的奏议中根本不可能不提及二程的学术。

第四节 南宋初期官方学术格局的变化

  南宋初年,高宗选择"元祐之学"作为国家意识形态,士大夫对新学学理的批判深入展开。但由于秦桧偏向新学,高宗不得不作出某种妥协。

---

  ① 赵汝愚编:《宋朝诸臣奏议》卷八三,上海:上海古籍出版社,1999,第901页。

高宗执政共三十六年,对于学术史而言,这是承前启后的重要时期。① 高宗曾说过"朕最爱元祐",此语被当作观察这一时段学术取向的重要证据,然而我们不能根据高宗一语就草率断定他提倡元祐之学,排斥王氏新学,其实,他对两者的态度是有过一番变化的,而这一变化的发生,受制于南宋初年的学派消长。

新学在靖康间受到的严厉批判,特别是与蔡京等人相联系,使得它不可能在再被用作一种国家意识形态加以宣扬。但高宗必须选择一种学说作为新的意识形态,来凝聚人心,鼓舞士气。这时候,选择徽宗朝备受蔡京等人打击的元祐之学显然是顺理成章的。可以借之与徽宗朝的政策和蔡京等人的作为划清界限。同时,诚如余英时先生所指出的:"高宗的帝统直接得之于'元祐皇后',为了维护政权的合法基础,他事实上已非推尊宣仁和元祐之政不可。"②

元祐之学正是在这样的背景下重新受到重视。如建炎二年(1128)三月甲午,"诏经筵读《资治通鉴》,遂以司马光配飨哲宗庙庭"③。司马光其人其学获得平反。接下来《建炎以来系年要录》还记载,高宗"每称司马光","有恨不同时之叹"。④ 而以司马光配飨哲宗庙庭,显然是为了"收人心而召和气"⑤。当年五月丙戌,诏"后举科场讲元祐诗赋经术兼收之,制中书省请习诗赋举人不兼经义,习经义人止习一经,解试、省试并计数,各取通定高下",也就意味哲宗绍圣之后被废除的诗赋取士又重新恢复,从此试诗赋和试经义并行,关于这一诏令实出于礼部侍郎王绹"经义当用古注,不专取王氏说"的建议。⑥ 这两条措施,一条是认可了司马光史学的

---

① 这一时期新学与理学的关系,参见李华瑞:《南宋时期新学与理学的消长》,《史林》2002年第3期。

② 余英时:《朱熹的历史世界——宋代士大夫政治文化的研究》,北京:生活·读书·新知三联书店,2004,上册,第270页。

③ 李心传:《建炎以来系年要录》卷一四,北京:中华书局影印,1956,第297页。

④ 《建炎以来系年要录》卷一四,第297页。

⑤ 《建炎以来系年要录》卷二四,第494页。

⑥ 《建炎以来系年要录》卷一五,第316页。

地位,一条则恢复了苏、黄一系诗赋的地位。在这种情势之下,苏文受到追捧,陆游说:"建炎以来,尚苏氏文章,学者翕然从之,而蜀士尤盛,亦有语曰:'苏文熟,吃羊肉;苏文生,吃菜羹。'"①可以视为朝廷重新重视诗赋所引起的社会效应。

高宗朝,对王安石新学的批判和声讨非但在继续。胡寅是当时引人注目的积极人物,建炎三年(1129)闰八月庚寅,他上书中先批评王安石"斥绝君子"、"崇信小人","所以误国破家,至毒至烈,不知已时"②,接着又追究其学术之错误,"以佛、老之似,乱周公之实,绝灭史学,倡说虚无,以同天下之习",并将"二帝屈辱,羿、莽擅朝"的局面,全部归咎于新学。③"以佛、老之似,乱周公之实",几乎照抄苏轼《六一居士集叙》的话④。关于史学的衰落,宋高宗也将之与王安石以经义取士的做法联系起来,他说:"今士大夫知史学者几人?此皆王安石以经义设科之弊。"范宗尹说:"安石学术本不至是,由蔡京兄弟以绍述之说,敷衍被蔓,浸失其意,然自非卓然特立之士鲜不为误。"高宗深以为然。⑤ 从高宗的态度来看,他是认同范宗尹将王安石学术与蔡京等人所作所为分开来的说法的。也就是说,他并未对王氏之学作全盘否定,到了绍兴元年八月庚午,高宗说:"王安石之罪在行新法。"请注意,仅仅是"行新法",直龙图阁沈与求则说:"安石于汉则取雄,于五代则取道,是其心术已不正矣。施之学术,悉为曲说,以惑乱天下,士俗委靡,节义凋丧,驯致靖康之祸,皆由此也。"⑥

总之,以上高宗君臣对王安石的评论,基本未超出北宋末年杨时的见解,甚至于高宗本人也并未全盘否定新学本身。更为主要的是,高宗还没有正面表露他自己所欣赏的学术究竟是什么。一直到绍兴四年八月戊寅

---

① 陆游:《老学庵笔记》卷八,北京:中华书局,1979,第100页。
② 胡寅:《上皇帝万言书》,《斐然集》卷一六,《崇正辨 斐然集》,北京:中华书局,1993,第346页。
③ 《建炎以来系年要录》卷二七,第544页。
④ 《苏轼文集》卷一〇,第316页。
⑤ 《建炎以来系年要录》卷三四,第670页。
⑥ 《建炎以来系年要录》卷四六,第831页。

朔,高宗以修两朝(神宗、哲宗)大典事召宗正少卿兼直史馆范冲入见,范冲向他详细介绍了熙宁、元祐、绍圣以来的政事,并提出仁宗时"祖宗之法诚有弊处,但当补缉,不可变更",而"王安石自任己见,非毁前人,尽变祖宗法度,上误神宗皇帝,天下之乱,实兆于安石"的观点,高宗表态说:"极是,朕最爱元祐。"①这可以说是高宗学术取向第一次明显的表露。君臣之间,竭力为重新任用元祐老臣营造政治氛围,说什么"道君皇帝非恶元祐臣寮",显然是为徽宗开脱。两人接着谈到王安石:

> 上又论王安石之奸曰:"至今犹有说安石是者。近日有人要行安石法度,不知人情何故直至如此?"冲对:"昔程颐尝问臣安石为害于天下者何事。臣对以新法。颐曰:'不然,新法之为害未为甚,有一人能改之即已矣。安石心术不正,为害最大,盖已坏了天下人心术,将不可变。'臣初未以为然,其后乃知安石顺其利欲之心,使人迷其常性,久而不自知,且如诗人多作《明妃曲》,以失身为无穷之恨,至于安石为《明妃曲》则曰:'汉恩自浅胡自深,人生乐在相知心。'然则刘豫不是罪过也。今之背君父之恩,投拜而为盗贼者,皆合于安石之意,此所谓坏天下人心术。"上曰:"安石至今犹封王,岂可尚存王爵?"

我们可以看到,范冲在批判王安石之学的时候,引用的是程颐的"坏了天下人心术"的断语。对于这种说法,我们至少可以得出几点结论。其一,在范冲看来,新学的危害性要超过新法。而高宗听后没有反驳,证明他也认同。其二,范冲批评新学时,引用的是道学领袖程颐的话,说明此时道学可以用作批判新学的武器。其三,高宗在听范冲讲述新学的危害之后,直接想到废除王安石王爵之事,兹事体大,但在十三天之后就加以执行。八月丙申,诏:"追王安石舒王告毁抹。"②因为在靖康初,已诏追夺安石王爵,这里就毁其诏告,使得王安石"舒王"之号彻底废除。

政治上打击王安石的同时,学理上对新学的批判也不断引向深入。

---

① 《建炎以来系年要录》卷七九,第 1289 页。
② 《建炎以来系年要录》卷七九,第 1296 页

杨时的弟子、兵部侍郎王居正献《辩学》四十三篇。这部书是专论"王安石父子平昔之言不合于道者",共七卷,每卷的标题标示新学的一大罪状。①王居正非议新学,由来已久。《宋史》本传载其"入太学,时习《新经》、《字说》者,主司辄置高选,居正语人曰:'穷达自有时,心之是非,可改邪'"②,由此流落十余年,说明他是一位敢于坚持自己学术见解的士人。他为杨时弟子,其《辩学》一书直接受到《三经义辨》的影响和启发,本传记载:"其学根据《六经》,杨时器之,出所著《三经义辨》示居正曰:'吾举其端,子成吾志。'居正感厉,首尾十载为《书辩学》十三卷,《诗辩学》二十卷,《周礼辩学》五卷,《辩学外集》一卷。居正既进其书七卷,而杨时《三经义辨》亦列秘府,二书既行,天下遂不复言王氏学。"③王居正和乃师在南宋初年对新学的批判,主要从其与正统儒学的区别入手,而不是简单地进行道德评判了。《建炎以来系年要录》卷八七绍兴五年三月庚子记载王居正与高宗的对话:

> 至是因事请对,进言曰:"臣闻陛下深恶安石之学久矣,不识圣心灼见其弊安在,敢请。"上曰:"安石之学,杂以伯道,取商鞅富国强兵,今日之祸人徒知蔡京、王黼之罪,而不知天下之乱生于安石。"居正对曰:"祸乱之源,诚如圣训,然安石所学得罪于万世者不止此。"因为上陈安石训释经义无父无君者一二事,上作色曰:"是岂不害名教? 孟子所谓'邪说'者,正谓是矣。"居正退,即序上语系于《辩学》书首,上之。

高宗的话,基本上承袭了杨时靖康间上疏中的意思,而王居正所举出的"训释经义无父无君者一二事",才是新学的关键危害所在。

值得注意的是,在绍兴时期,高宗对新学的态度又有所变化。绍兴十二年六月癸未,有举子上书乞用王安石《三经新义》,为言者所论。上曰:

---

① 《建炎以来系年要录》卷八七,第 1449 页。
② 《宋史》卷三八一,第 11733 页。
③ 《宋史》卷三八一,第 11736—11737 页。

"六经所以经世务者,以其言皆天下之公也。若以私意妄说,岂能经世乎?王安石学虽博,而多穿凿以私意,不可用。"①从表面上看,不准用《三经新义》,显示了新学的官学地位没有恢复。但高宗说王安石之学"多穿凿以私意",没有再用"邪说"之类的判词,反而承认其学之"博",这就说明他的评价有些松动了。两年之后,绍兴十四年三月癸酉,高宗在与秦桧谈话中言及王安石,对其学术评价又有变化。他说:"王安石、程颐之学各有所长,学者当取其所长,不执于一偏,乃为善学。"②在这里,新学完全被当作一种学说来看待,其为一家之说,与道学并无二致。这可以说是自靖康以来,对新学的一个最客观公允的评论。高宗将它完全与导致北宋亡国的罪责脱钩。当然,因为高宗深知秦桧好新学,他也有可能是当着秦桧的面故意这样讲,作了某种妥协。几天之后,将作监丞苏籀乞取近世儒臣所著经说汇编成集,高宗对秦桧说:"此论甚当,若取其说之善者,颁诸学官,使学者有所宗一,则师王安石、程颐之说者不至纷纭矣。"③高宗赞成颁布经说集成,于王安石、程颐之学不再偏废,一并收入其中,可使学者互参,此举其实等于在一定程度上恢复了新学的官学地位。

由上述论述可知,南宋立国后,元祐之学取代新学,成为新的国家意识形态。史学和文学重新受到官方重视。对于王氏新学,南宋初的学者普遍采取批判态度,而这种批判从道德、政治的层面逐渐转向学理层面。至于高宗本人,在绍兴中叶以前,对新学基本上是全盘否定,严厉批评,到了绍兴后期,方将新学视为一家之说,可与其他学派并存。

至于道学一派,自北宋末年,作为元祐之学的一部分,受到官方打压。程颐的讲学活动也受到严密监控。其虽然在民间形成了一定的学术规模,政治上的迫害阻止了它在北宋末年的进一步发展。南宋初年元祐之学走红,道学作为其中的一部分,自然不再受到排斥。程颐伊洛之学也由

---

① 《建炎以来系年要录》卷一四五,第 2333 页。
② 《建炎以来系年要录》卷一五一,第 2431 页。
③ 《建炎以来系年要录》卷一五一,第 2432 页。

杨时传到南方。① 由于宰相赵鼎崇尚洛学，一度形成了道学集团。但绍
兴六年十二月己未，左司谏陈公辅上疏批判从"伊川学"者，谓"饰诈沽名
之徒翕然胥效，倡为大言，……狂言怪语，淫说鄙喻，曰此伊川之文也。幅
巾大袖，高视阔步，曰此伊川之行也。能师伊川之文，行伊川之行，则为贤
士大夫，舍此皆非也。……取颐之学，令学者师焉，非独营私植党，复有党
同之弊，如蔡京之绍述且将见。浅俗僻陋之习终至惑乱天下后世矣。"②
陈公辅的话说明，当时崇尚程颐学术已在臣僚中渐成风潮，形成了相当的
势力。但洛学复兴的阻力来自秦桧，他对王学的推崇使得高宗也不得不
作出某种妥协，正如李心传《建炎以来朝野杂记》甲集卷六"道学兴废"条
所言："（秦）会之再得政，复尚金陵，而洛学废矣。"③但道学的传承终于没
有被阻断，由杨时传罗从彦，罗氏传李侗，最后终于由朱熹发扬光大。由
于南宋"道学"复兴问题学界多有涉及，这里就不再详细讨论。

---

① 关于洛学的南传，何俊从学理层面进行过较详细的分析，见氏著《南宋儒学建构》，上海：上海人民出版社，2004，第25—51页。
② 《建炎以来系年要录》卷一〇七，第1748页。
③ 李心传：《建炎以来朝野杂记》甲集卷六，北京：中华书局，2000，第138页。

第二章　宋代士人的经学活动
与经学新变

宋代官方经学构成了士人经学活动和经学观念的大背景,就学术思想的发展和取得的成就而言,处于宋代经学舞台中央的并非皇帝、宰相,而是对经学深造有得的士人。宋代士人不一定都有经学著作流传下来,但他们中有不少人具有深厚的经学修养和经学研究造诣,他们往往又是宋代提倡和创作古文的中坚力量,有鉴于此,在简要梳理了宋代官方经学的发展脉络之后,本章将聚焦的对象移到宋代士人的经学活动和经学观念上。

第一节　宋初的经学传授与古文家群体

在一般的学术史叙述中,宋代经学的发端通常可以追溯到宋初"三先生"之胡瑗、孙复。这主要受到《宋元学案》的影响。全祖望说:"宋世学术之盛,安定、泰山为之先河,程、朱二先生皆以为然。安定沉潜,泰山高明,安定笃实,泰山刚健,各得其性禀之所近。要其力肩斯道之传,则一也。"① 其实,早在北宋初年,几乎在官方经学得到推动的同时,经学已经开始在师徒间传授。

其中开始较早的是象数《易》学的师徒传授。据《四库全书总目》卷二刘牧《易数钩隐图》提要云:"汉儒言《易》多主象数,至宋而象数之中复歧

---

① 《宋元学案》卷一《安定学案》,第23页。

出《图》、《书》一派。(刘)牧在邵子(雍)之前,其首倡者也。牧之学出于种
放,放出于陈抟。其源流与邵子之出于穆(修)、李(之才)者同。"①这里为
我们勾勒的宋初象数《易》学的两个传承系统。一是由陈抟传给种放,种
放再传刘牧;二是穆(修)、李(之才)传给邵雍。又进而指出这两个系统实
同出一源。《直斋书录解题》卷一邵雍《皇极经世》解题云:"其(邵雍)学出
于李之才挺之,之才受之穆修伯长,修受之种放明逸,放受之陈抟,盖数学
也。"②则证明了四库馆臣的说法。而两宋之际的朱震对北宋《易》学的传
授谱系曾有过概括,他说:

> 陈抟以《先天图》传种放,放传穆修,穆修传李之才,之才传邵雍;
> 放以《河图》、《洛书》传李溉,溉传许坚,许坚传范谔昌,谔昌传刘牧;
> 穆修以《太极图》传周惇颐,惇颐传程颢、程颐。③

则北宋《易》学源于陈抟,传种放,之后分为三个系统。一为《先天图》
系统,由种放传穆修,传李之才,再传邵雍;二为《河图》、《洛书》系统,由种
放传李溉,传许坚,传范谔昌,再传刘牧;三为《太极图》系统,由种放传穆
修,传周惇颐,再传二程。④ 其中第三个系统中二程的《易》学,已经不是
象数《易》学,而是义理《易》学了。在《易》学传授中,师徒相传是其主要方
式。如种放"别业在终南山,聚徒讲学,性嗜酒,常种秫自酿,林泉之景,颇
为幽胜",引得宋真宗非常向往。⑤ 而弟子也甚为钦慕,如刘孟节"少师种
放,笃古好学,酷嗜山水,而天姿绝俗",⑥在学术上和嗜好山水方面皆得

---

① 永瑢等:《四库全书总目》卷二,北京:中华书局影印,1965,第5页。
② 陈振孙:《直斋书录解题》卷一,上海:上海古籍出版社,1987,第16—17页。
③ 朱震:《进周易表》,《汉上易传》卷首,《通志堂经解》本,第1册,第194页。
④ 关于朱震所述《易》学传授系统是否完全属实,学界有不同看法。李申认为种放并不
在其中,见氏著《易图考》,北京:北京大学出版社,2001,第167页。而王铁认为种放受学于陈
抟可信,而穆修受学于种放亦可信。见氏著《宋代易学》,上海:上海古籍出版社,2005,第31
页。副岛一郎认为:"即使这个谱系作为学问的直接传授的谱系,是含有虚构的成份的,但他作
为思想的继承关系,则未必是不正确的。"见其《宋初的易学者与古文家》一文,载氏著《气与士
风——唐宋古文的进程与背景》,王宜瑗译,上海:上海古籍出版社,2005,第178页。
⑤ 《宋会要辑稿·崇儒》七之三九,咸平六年(1003)十月三日,第2308页。
⑥ 江少虞:《宋朝事实类苑》卷四一,上海:上海古籍出版社,1981,第541页。

乃师真传。

宋初官方的经学家，在其参与官方经学活动之前，大多也有过师徒授受的学术经历。如孙奭"幼与诸生师里中王彻，彻死，有从奭问经者，奭为解析微指，人人惊服，于是门人数百皆从奭。"①由此可知，孙奭经学得自师父王彻，而又传授给了数百门徒。又如天禧四年(1020)二月，以"讲《九经》书杨光辅为国子四门助教"，因为"光辅居山，聚徒讲学三十余年，时年七十余。知州王博文上言，而有是命"②。这是在民间讲学享有声誉而被纳入官学的例子。《宋史》中又记载彭城人刘颜"好古，学不专章句，师事高弁"，"居乡里，教授数十百人"，连自视甚高的石介读其书也"恨不在弟子之列"。③ 除了乡里的经学授受之外，还有些人是跟着自己的长辈学习的。如崔遵度"始七岁，授经于叔父宪，尝以《春秋》编年、《史》《汉》纪传之例问于宪"。④

那么，师徒之间经学究竟是如何传授的呢？我们可以从李之才、邵雍师徒的事例中获得一点感性认识。《宋史·李之才传》云：

> 之才初为卫州获嘉主簿、权共城令。时邵雍居母忧于苏门山百源之上，布裘蔬食，躬爨以养父。之才叩门来谒，劳苦之曰："好学笃志果何似？"雍曰："简策之外，未有迹也。"之才曰："君非迹简策者，其如物理之学何？"他日，则又曰："物理之学学矣，不有性命之学乎？"雍再拜，愿受业，于是先示之以陆淳《春秋》，意欲以《春秋》表仪《五经》，既可语《五经》大旨，则授《易》而终焉。其后雍卒以《易》名世。⑤

李之才字挺之，天圣八年(1030)同进士出身，其《易》学得之穆修，属于象数一派。在他将经学传给邵雍之时，先引导邵雍本人认识到"性命之学"较之"迹简策"、"物理之学"的重要性所在，继而从中唐新《春秋》学派

---

① 《宋史》卷四三一《孙奭传》，第12801页。
② 《宋会要辑稿·崇儒》二之二，第2188页。
③ 《宋史》卷四三二《刘颜传》，第12831页。
④ 《宋史》卷四四一《崔遵度传》，第13062页。
⑤ 《宋史》卷四三一《李之才传》，第12824页。

陆淳的学术入手,使其领悟"《五经》大旨",最后传授《易》学。这样一种传授方式,与单纯教会学生"章句"之学,从字词解释的层面牢记经书意义是不同的。

假如说,帝王推动官方经学是出于文治和教化的政治需要,那么经学本身在士人中的传授则进一步激活了人们对儒家经书的热情,也明确标示了他们的学术选择。在这些传授经学的士人中,尤其值得注意的是同时热衷于经学与古文的士人群体。

在考察宋初经学传授的过程中,可以发现,经学传承链条上有几位关键人物,同时也是北宋古文运动中不可忽视的研究对象。同样,宋初的古文提倡者,不仅对经学也有着相当的造诣,而且多从事相关著述和文本的写作。简而言之,有相当一些士人同时热衷于经学和古文。这种学术文化价值取向,对宋代经学和古文的发展具有重要的意义,也成为宋代士人区别于前代士人的重要特征之一。同时,还需要探究的是,究竟是哪些宋初士人同时热衷于经学和古文,究竟是在怎样的士人身上,经学家和古文家的身份发生了交叠。以下几个士人群体是应当重点考察的。

首先是隐士种放及其弟子。宋初不少经学家起先皆为隐士,从事经学讲授或著述,后受召入朝为官。这些人中,有好几位同时热衷于古文的写作。种放是这一群体中值得关注的第一个对象,是宋初《易》学传授的重要人物。种放字明逸,长安人,隐居于终南山之豹林谷。① 太宗淳化三年(992)八月,曾召种放入朝,然其不至②。至咸平四年(1001)"九月戊午,种放以幅巾入见,于崇政殿命坐与语,询以民政边事。放曰:'明王之治,爱民而已,惟徐而化之。'余皆谦让不对。即日授左司谏,直昭文馆。"③其在宋真宗心目中的地位,可由一个细节说明。种放于咸平六年

① 程大昌:《雍录》卷七:"豹林谷,在长安县,近子午谷,本朝种放隐此。"北京:中华书局,2002,第158页。

② 《续资治通鉴长编》卷三三,第738页。

③ 杨仲良:《皇宋通鉴长编纪事本末》卷二二《种放出处》,《宛委别藏》本,南京:江苏古籍出版社影印,1988,第593页。

(1003)三月乞暂归终南山,仅仅七个月后,十月三日,真宗"(对)辅臣于龙图阁,观种放《山居图》。放别业在终南山,聚徒讲学,性嗜酒,常种秫自酿,林泉之景,颇为幽胜。时帝遣使携画工图之而观焉。"①这位帝王所倾心企慕的隐士,大中祥符八年(1015)官终工部侍郎。其人"七岁能属文","博通经史","其学不喜释氏,常裂佛书以制帏帐,著《嗣禹说》、《表孟子》上下篇","在朝廷,有所启奏,必据经义"②。因为杨亿曾讥讽种放在朝循默,无所启奏,真宗曾"出其议十三篇以示辅臣"③,说明种放的贡献所在。关于此事,还有更详细的说法:"真宗诏种放至阙,韦布长揖,宰执杨大年嘲曰:'不把一言裨万乘,只叉双手揖三公。'上召杨曰:'卿安知无一言裨朕乎?'出皂囊十轴书,乃放所奏也。书曰《十议》,所谓《议道》、《议德》、《议仁》、《议义》、《议兵》、《议刑》、《议政》、《议赋》、《议安》、《议危》。亿曰:'臣当负荆谢之。'"④《郡斋读书志》说其"尝侍宴,真宗令群臣赋诗。杜镐以素不属辞,诵《北山移文》以讥之,真宗因出放所上《时议》十二篇,谓近臣曰:'放为朕言事甚众,但人无知者耳。'"⑤虽然两处记载对讥讽种放者和真宗所示《时议》的篇数上有所出入,种放其人既通经史,又善文章的特点是确凿无疑的,而且,从杜镐的讽刺举动来猜测,种放所上的《时议》并非《北山移文》这样的骈体文,而应该是古文。关于种放文章的评价,王禹偁在写给他的诗里不吝赞誉之词:"一览大雅文,起予亦何博。"⑥胡瑗的门人徐积则说:"种放文章极严,其诗文未尝不在云山,是可高也。"⑦种放弟子甚众,其中颇有兼善经学与古文者,我们尤当注意。如官至工部侍

---

① 《宋会要辑稿·崇儒》七之三九,第 2308 页。

② 曾巩:《隆平集》卷一三《侍从》,王瑞来:《隆平集校证》,北京:中华书局,2012,第 384—385 页。

③ 《郡斋读书志》卷一九《种明逸集》解题,《郡斋读书志校证》,第 975 页。

④ 孔平仲:《孔氏谈苑》卷四,《丁晋公谈录(外三种)》,北京:中华书局,2012,第 263 页。

⑤ 赵希弁:《郡斋读书附志》卷下《种隐君江南小集》解题,《郡斋读书志校证》,第 1176 页。

⑥ 王禹偁:《酬种放征君》,《小畜集》卷三,《全宋诗》,北京:北京大学出版社,1995,第 2 册,第 653 页。

⑦ 徐积:《节孝先生文集》附《语录》,明嘉靖四十四年(1565)刻本。

郎、精通兵法的杨偕"少师事种放学问,为文章长于议论"①,还有"南山三友"之一的高怿及高弁等人,都曾师从种放,同时也热衷于古文创作。前者是"幼能属文",后者则在学习经学的同时学习古文创作。据《宋史·高弁传》记载:"高弁字公仪,濮州雷泽人。弱冠,徒步从种放学于终南山,又学古文于柳开,与张景齐名。至道中,以文谒王禹偁,禹偁奇之。……所为文章多祖六经及《孟子》,喜言仁义。有《帝则》三篇,为世所传。与李迪、贾同、陆参、朱顿、伊淳相友善。石延年、刘潜皆其门人也。"②可惜的是,杨偕、高怿、高弁的古文并没有多少流传下来。而种放弟子中今存文章最多,而被认为是古文运动早期关键人物的,当属其《易》学的直接传人穆修。关于种放、穆修师徒的古文创作,学界已有所讨论,③其古文与经学之关联,则留待下文详论。

同时热衷于经学和古文的第二个士人群体,是以柳开、王禹偁为代表的古文家。所谓古文家,本是后世对他们的历史定位,在当时,这些人主要是五代末和宋初科举入仕的官僚,和应召入朝的隐士不同。宋初古文家群体主要有两个。一个是以柳开为首,包括同辈的高锡、梁周翰、范杲,以及门人张景、高弁,晚辈臧丙等人。《宋史·梁周翰传》云:"五代以来,文体卑弱,周翰与高锡、柳开、范杲习尚淳古,齐名友善,当时有'高、梁、柳、范'之称。"④这里说四人的"习尚淳古",主要是就文学领域而言的。因为其语境是"五代以来,文体卑弱"。这四个人的共同点是文学上的复古,他们之所以能形成慕古的倾向、复古的追求,与其经学修养大有关联。

柳开为宋代古文的首倡者,学界通常只注意其尊经重道的立场,而很少探究其在经学上的真正造诣。其实,从时间上看,他是先习经典,再学

① 欧阳修:《翰林侍读学士右谏议大夫杨公墓志铭》,《居士集》卷二九,《欧阳修诗文集校笺》,第781页。

② 《宋史》卷四三二《高弁传》,第12832页。

③ 参见马茂军:《宋代散文史论》,北京:中华书局,2008,第87—98页;杨庆存:《宋代散文研究》,北京:人民文学出版社,2002,第112—115页;祝尚书:《宋代文学探讨集》,郑州:大象出版社,2007,第289—302页。

④ 《宋史》卷四三九《梁周翰传》,第13003页。

古文。他自述"年始十五六,学为章句。越明年,赵先生指以韩文。"①这里的"章句"即"分章析句",是解释儒家经典的一种方法,也就是经学史上通常所说的"章句之学"。柳开虽学为章句,却没有固守先儒旧注,而是善于质疑,并从宏观上把握经义。据其门人张景追述:"公凡诵经籍,不从讲学,不由疏义,悉晓其大旨。注解之流,多为其指摘。"②。《宋史》本传亦称其"喜讨论经义"③。而讲论经典大义,不固守先儒注疏,这正与庆历以后经学新变的大方向相合。柳开的经学造诣,也为当世学者所重。张景说:"离其言于往迹,会其旨于前经,破昏荡疑,拒邪归正,学者宗信,以仰以赖"④。由此可见,柳开不只靠古文名世,也不仅仅是空喊道统口号的儒者,他自有经学实绩,足以骄人。我们又发现,当时与柳开齐名的高锡、梁周翰、范杲等古文家,皆与经学有着一定的关联。其中高锡"家世业儒"⑤,研究儒家经典自当是分内事;范杲"好古学,尤重(柳)开文,世称为'柳、范'"⑥。这里的"古学"主要指经学;梁周翰则盛赞孔子"删《诗》、《书》,定《礼》、《乐》,祖述尧、舜,宪章文、武"⑦的历史功绩。此外,柳开的晚辈臧丙,门人张景、高弁,亦钻研儒家经典,深造有得。柳开称臧丙"先师夫子之书,吾子皆常得而观之耳"⑧,这里的"先师父子之书",非六经而何?张景"覃思古今,为《洪范》、《王霸》二书。"⑨其书虽不存,但涉及经学无疑。⑩ 高弁曾问学于种放,又先后学古文于柳开、王禹偁,"所为文章多祖六经及《孟子》,喜言仁义"⑪。

———————————

① 柳开:《东郊野夫传》,《河东集》卷二,《全宋文》,第 6 册,第 391 页。
② 张景:《柳公行状》,《全宋文》,第 13 册,第 354 页。
③ 《宋史》卷四四〇《柳开传》,第 13024 页。
④ 张景:《河东先生集序》,《全宋文》,第 13 册,第 352 页。
⑤ 《宋史》卷二六九《高锡传》,第 9249 页。
⑥ 《宋史》卷四四〇《柳开传》,第 13024 页。
⑦ 《宋史》卷四三九《梁周翰传》,第 13001 页。
⑧ 《答臧丙第一书》,《河东集》卷六,《全宋文》第 6 册,第 295 页。
⑨ 宋祁:《故大理评事张公墓志铭》,《景文集》卷五九,《全宋文》,第 25 册,第 142 页。
⑩ 朱彝尊《经义考》卷七九著录张景《书说》,而注曰"未见",林庆彰等主编:《经义考新校》,上海:上海古籍出版社,2010,第 4 册,第 1480 页。
⑪ 《宋史》卷四三二《高弁传》,第 12832 页。

　　由此可知,在柳开周围,确曾聚集了一批具备一定经学修养,又热衷于古文的士人。范仲淹尝论唐宋古文变迁云:"唐贞元、元和之间,韩退之主盟于文,而古道最盛。懿、僖以降,浸及五代,其体薄弱,皇朝柳仲涂起而麾之,髦俊率从焉,仲涂门人能师经探道,有文于天下者多矣。"①这里用"师经探道"来指涉柳开为首的古文家群体对儒家经典的基本态度,并将这一态度与古文创作联系起来,应该说是符合事实的。

　　宋初另一个古文家群体以王禹偁为首。王氏也极重六经,并认为作文当取法之。他说:"今为文而舍六经,又何法焉?"②门人孙何的文章在王禹偁眼里是"格高意远,大得六经旨趣"③,而其对另一位门生丁谓的评价则是"其道师于六经,泛于群史,而斥乎诸子"④,又说晚辈黄宗旦的文章"辞理雅正,读之忘倦,若与故舍人论《春秋》书,述数千年事迹,议数十家得失,剖析明白,若抵诸掌,虽古作者无以过此。又《颜子好学论》援经而证事,义尽而语简,使薛邕生而自为之,未必至是,生道日益而文日新也"⑤。王氏还称赞友人谭尧叟"读尧、舜、周、孔之书,师轲、雄、韩、柳之作"⑥。从王禹偁的这些评论可以发现,他将直接古文批评与经学勾连起来,古文作者在创作时对儒家经典的汲取,成为王禹偁评论文章时关注的一个重要方面。当然,汲取儒家经典中的养料,是以研习和理解经典为基础的,王氏的评论从另一个侧面反映了其弟子对经典义理已有相当程度的理解和掌握。

　　除隐士和古文家的群体之外,宋初还有个别士人也同时热衷于经学与古文的写作。如自诩"以儒术为己任,以古道为事业"的蜀地文人田

---

① 范仲淹:《尹师鲁河南集序》,《范文正公文集》卷八,《范仲淹全集》,第183页。
② 《答张扶书》,《小畜集》卷一八,《全宋文》,第7册,第396页。
③ 《送丁谓序》,《小畜集》卷一九,《全宋文》,第7册,第425页。
④ 《谏丁谓与薛太保书》,《小畜集》卷一八,《全宋文》,第7册,第385页。
⑤ 《答黄宗旦书二》,《小畜集》卷一八,《全宋文》,第7册,第390页。
⑥ 《送谭尧叟序》,《小畜集》卷一九,《全宋文》,第7册,第428页。

锡，①师从杨徽、梁周翰、宋白，②撰论多篇，常探讨经义。又如胡旦撰《演圣通论》七十卷，以校正五经，③在文章方面亦师承宋白，④撰《义门记》等文，虽骈散相间，主旨皆弘扬儒道，多引五经文字为文章张本。⑤

综上所述，在宋初，虽然不是每个经学家都撰写古文，也并非所有古文家皆高倡经学，但在朝廷着意复兴儒学的大背景下，的确存在着这么一批士人，他们在学术上推崇、研习甚至反思儒家经书，另一方面则致力于提倡写作古文。虽然他们在经学和古文方面的成就参差不齐，因人而异，也未必留下精深的经学著述和精彩的文章，但同时热衷于经学和古文的实际表现，俨然构成了宋初学术文化方面的一道独特的景观。

第二节　庆历之际的经学新变

虽然宋初已经出现对经书旧注疏的质疑，但士人经学观念发生重大变化，对经学进行全面反思的关键时期是仁宗庆历时期。庆历四年(1044)三月，仁宗颁布兴学校与改革贡举的诏书，开头的一段话很值得注意："夫儒者通乎天地人之理而兼明古今治乱之源，可谓博矣。然学者不得骋其说，而有司务先声病、章句以牵拘之，则吾豪隽奇伟之士何以奋焉？"⑥它说明了兴学校和改革贡举的根本目的，是要让学者充分阐述他们自己关于"天地人之理"和"古今治乱之源"的各种学说，而当时注重"声病、章句"的考试方式不利于学者发表各自的见解。真宗时王旦因为贾边考试时舍注疏而立异论，而毅然将其黜落。这种不允许"立异论"的局面，

---

① 田锡：《贻杜舍人书》，《咸平集》卷三，《全宋文》，第 5 册，第 220 页。
② 田锡：《贻青城山著书》，《咸平集》卷三，《全宋文》，第 5 册，第 231—232 页。
③ 《续资治通鉴长编》卷一〇四，天圣四年(1026)正月，第 2399 页。
④ 参见《宋史》卷四三九《宋白传》，第 13000 页。
⑤ 参见《全宋文》，第 4 册，第 5—9 页。
⑥ 《宋会要辑稿·选举》三之二九，第 4276 页，参见《续资治通鉴长编》卷一四七，第 3563—3564 页。

到了仁宗朝就逐步瓦解。此时,士大夫"异论"纷起,再也无法遏制。对此,张方平有过一番描述:

> 国朝自真宗以前,朝廷尊严,天下私说不行,好奇喜事之人,不敢以事摇撼朝廷。故天下之士,知为诗赋以取科第,不知其它矣。谚曰:"水到鱼行。"既已官之,不患其不知政也。昔之名宰相,皆以此术驭下。王文正公(旦)为相,南省试《当仁不让于师赋》,时贾边、李迪皆有名场屋,及奏名,而边、迪不与。试官取其文观之,迪以落韵,边以师为众,与注疏异,特奏令就御试。王文正议:"落韵失于不详审耳,若舍注疏而立异论,不可辄许,恐从今士子放荡,无所准的。"遂取迪而黜边。当时朝论大率如此。仁宗初年,王沂公(曾)、吕许公(夷简)犹持此论。自设六科以来,士之翘俊者,皆争论国政之长短。二公既罢,则轻锐之士稍稍得进,渐为奇论以撼朝廷,朝廷往往为之动摇。庙堂之浅深,既可得而知,而好名喜事之人盛矣。①

不难看出,张方平内心是认同真宗以前"天下私说不行"局面的,也举了当年王旦"取迪而黜边"的例子,而对六科(制科)设立以来士人异议纷纭、以影响朝廷的情况深有不满,但他的叙述清楚地表明,仁宗初年以后,士人持各种不同的意见越来越多,绝无可能再回到不允许"舍注疏而立异论"的时代了。

事实上,各种私说的兴起,恰恰反映了当时的士人不满足于传统的价值观念和知识体系,不满足于对天人关系、治乱兴衰等问题的既有看法,他们需要发出自己的声音,力求学术的发展与创新。对此,全祖望用"学统四起"来形容,他总结道:

> 庆历之际,学统四起。齐、鲁则有士建中、刘颜夹辅泰山而兴。浙东则有明州杨、杜五子,永嘉之儒志、经行二子,浙西则有杭之吴存仁(当作"师仁"),皆与安定湖学相应。闽中又有章望之、黄晞,亦古

---

① 苏辙:《龙川别志》卷上引,《龙川略志　龙川别志》,北京:中华书局,1982,第81—82页。

灵一辈人也。关中之申、侯二子,实开横渠之先。蜀有宇文止止,实开范正献公之先。筚路蓝缕,用启山林,皆序录者所不当遗。①

这里提到的学者,包括泰山先生孙复一派的士建中、刘颜,与安定先生胡瑗相呼应的"明州五子"杨适、杜醇、王致、王说、楼郁,永嘉的王开祖、丁昌期,浙西杭州的吴师仁。古灵先生陈襄一派的章望之、黄晞,关学张载的先驱侯可、申颜,以及蜀学范祖禹的先驱宇文之邵。纷起的"学统",无疑给当时的学界吹来一股自由之风,使得人们从旧经学的传统中解放出来。

"庆历之际,学统四起",事实上打破了经学一元化的格局,形成了多元并存、共同发展的局面。这种局面的形成,首先源于士大夫对旧经学的不满,而不满的根本原因在于,旧经学无法担负起宋人试图通过经书来深究天人之理,探寻历代治乱之源,阐述自身价值观念,建构新的意识形态的任务。宋人对儒家之道的内涵以及传承有新的理解,对于本朝之区别于汉、唐也具有鲜明的意识。当士人试图在经书中寻找他们所注重的儒道时,却发现旧经学的解释问题重重。在他们看来,其中不少解释和解释的方法都是错误的。士人们甚至认为,儒家经书的文本本身以及某经书为某某著也有一些值得怀疑的地方。由此,疑经、疑传注成为一时学术风尚。关于宋代的疑经,学术界已有相当多的讨论,兹不赘述。②

既然对汉唐注疏多有不满,那么宋代士人自然要对经书重新加以解释。所以"疑经"只是第一步,关键是如何提供新的解释。李觏说:"世之儒者,以异于注疏为学。"③朱熹也曾说过:"旧来儒者不越注疏而已,至永叔、原父、孙明复诸公,始自出议论。如李泰伯文字亦自好。此是运数将开,理义渐欲复明于世故也。"④李觏是庆历之际经学新变的当事人,朱熹

---

① 《宋元学案》卷六《士刘诸儒学案》,第 251—252 页。
② 对宋代疑经的整体性研究可参见叶国良:《宋人疑经改经考》,台北:台湾大学出版委员会,1980;杨新勋:《宋代疑经研究》,北京:中华书局,2007;杨世文:《走出汉学——宋代经典辨疑思潮研究》,成都:四川大学出版社,2008。
③ 李觏:《寄周礼致太平论上诸公启》,《李觏集》卷二六,北京:中华书局,1981,第 276 页。
④ 黎靖德编:《朱子语类》卷八〇,北京:中华书局,1986,第 2089 页。

则是后来的追述者。非常巧合的是,李觏本人也名列朱熹所称赏的学者之一。而将两人的话前后映照,正好可以看出庆历之际新经学"异于注疏"的特点,用朱熹的话来概括,就是"自出议论"、"理义复明"。也就是说,士人获得了可以根据自己意愿和观点解经的学术空间,而其解经的着眼点则主要在于经书的义理,这两点是庆历之际新经学的核心特色。

以下我们举《周易》、《春秋》、《诗经》诠释的几个例子,来看经学是如何新变的。

孔颖达《周易正义》解释乾卦卦辞"元亨利贞"说:

> "元、亨、利、贞"者,是乾之四德也。子夏传云:"元,始也。亨,通也。利,和也。贞,正也。"言此卦之德,有纯阳之性,自然能以阳气始生万物而得元始亨通,能使物性和谐,各有其利,又能使物坚固贞正得终。此卦自然令物有此四种使得其所,故谓之四德:言圣人亦当法此卦而行善道,以长万物,物得生存而为"元"也。又当以嘉美之事,会合万物,令使开通而为"亨"也。又当以义协和万物,使物各得其理而为"利"也。又当以贞固干事,使物各得其正而为"贞"也。是以圣人法乾而行此四德,故曰"元、亨、利、贞"。①

胡瑗在《周易口义》中则作这样的解释:

> 元为乐,亨为礼,利为刑,贞为政。何则?盖元者始生万物,万物得其生,然后鼓舞而和乐。圣人法之,制乐以治天下,则天下之民,亦熙然而和乐,故以元为乐也。天下既以和乐,然而不节则乱,故圣人制礼以定之,使上下有分,尊卑有序,故以亨为礼也。夫礼乐既行,然其间不无不率教者,圣人虽有爱民之心,亦不得已乃为刑以治之,于是大则有征伐之具,小则有鞭朴之法,使民皆畏罪而迁善,故以利为刑也。夫天下既有乐以和之,礼以节之,刑以治之,不以正道终之,则不可也。故政者正也,使民物各得其正,故贞为政也。夫四者达而不

---

① 孔颖达:《周易正义》卷一,《十三经注疏》本,北京:中华书局影印,1980,第 13 页。

悖,则天下之能事毕矣。故四者在《易》则为元亨利贞,在天则为春夏秋冬,在五常则为仁义礼智,圣人备于《乾》之下,以极天地之道,而尽人事之理也。①

对照之下不难看出,虽然孔颖达也以"元、亨、利、贞"为四德,也提到圣人运此四德而长万物,但其阐说的核心在于"物",在于自然之物的生成和变化的状态,总体上恪守其所征引的子夏《易传》的解释。而胡瑗则在"圣人法之"四字之下,提供了全然不同的新解释。概括而言,胡瑗的关注点不再是"物",而转向"人",他据卦辞阐说了一番圣人以礼、乐、刑、政治理国家、统治人民的道理。正如胡氏最后说的,"极天地之道"目的在于"尽人事之理"。事实上,胡瑗通过对乾卦卦辞的解释,勾画出的不再是一幅万物变化的蓝图,而是一幅治国理政的路线图,其中非常明显地表达了注释者本人的政治理想和政治追求。而在胡瑗看来,并不是他自己主观上将这些义理强加到卦辞上去的,而是《周易》经文本身就包含了这些义理,诠释者只不过将它们发掘出来而已。

又如当时《春秋》学领域最重要的著作、孙复的《春秋尊王发微》一书开宗明义地指出:"孔子之作《春秋》也,以天下无王而作也,非为隐公而作也。"②有了这样的观念前导,孙复解释《春秋》当然就带上了明确的指向性,"尊王"之义成为该书最需要阐发的《春秋》义理。如释庄公二十二年正月癸丑"陈人杀其公子御寇"云:

> 《春秋》之义,非天子不得专杀。此言"陈人杀其公子御寇"者,讥专杀也。是故二百四十二年无天王杀大夫文,书诸侯杀大夫者四十七,何哉?古者诸侯之大夫皆命于天子,诸侯不得专命也。大夫有罪,则请于天子,诸侯不得专杀也。大夫犹不得专杀,况世子母弟乎?春秋之世,国无大小,其卿、大夫、士皆专命之,有罪无罪皆专杀之,其

---

① 胡瑗:《周易口义》卷一,文渊阁《四库全书》本,台北:商务印书馆影印,1986,第8册,第174页。

② 孙复:《春秋尊王发微》卷一,《通志堂经解》本,第8册,第289页。

无王也甚矣！故孔子从而录之，以诛其恶。称君、称国、称人，虽有重轻，而其专杀之罪则一也。①

这里被杀的御寇并非大夫，而是公子，但孙复借此事讲了一大套"大夫有罪，诸侯不得专杀"的道理。因为在孙复看来，大夫虽然地位低于诸侯，可他们是由天子任命的，由此一旦大夫有罪，应该惩杀他们的也不能是诸侯，而只能是天子。假如诸侯擅自杀了大夫，就是越权行事。而孙复郑重指出："春秋之世，国无大小，其卿、大夫、士皆专命之，有罪无罪皆专杀之，其无王也甚矣！"这里的"无王"二字，醒豁地点出了"专杀"问题的关键，也将孙复所看到的《春秋》"尊王"之义明确的阐发出来。这一层意思，无论是初唐官修之《春秋左传正义》，还是中唐啖、赵、陆学派的《春秋集传纂例》均未道及，可以看作孙复自己对"尊王"之义的大发挥。至于被诠释的《春秋》经文中到底有没有孙复所讲的意思，则又是另外一回事了。

再举《诗经》诠释中的一个例子。《卫风·氓》中有一句话："尔卜尔筮，体无咎言。"《小序》对全诗有整体解释："《氓》，刺时也。宣公之时，礼义消亡，淫风大行，男女无别，遂相奔诱。华落色衰，复相弃背。或乃困而自悔，丧其妃耦，故序其事以风焉。美反正，刺淫泆也。"②而对于诗中此句，郑玄《笺》、孔颖达《正义》与欧阳修《诗本义》的诠释不同。《笺》云："尔，女也。复关既见此妇人，告之曰：我卜女筮，女宜为室家矣。兆卦之繇，无凶咎之辞，言其皆吉，又诱定之。"《正义》云："此男子实不卜筮，而言皆吉无凶咎者，又诱以定之。前因贸丝以诱之，今复言卜筮以诱之，故言又也。"③显然，两者都将此句解释成男子对女子说的话：我为你卜筮，结果是吉利的，你很适合做我的妻子。这样说目的是为了诱骗该女子，使之从己。《正义》干脆认为男子根本就没有卜筮，只是说这话来欺骗女子的。但欧阳修《诗本义》云："《氓》据《序》是卫国淫奔之女色衰，而为其男子所弃，困而自悔之辞也。今考其诗，一篇始终皆是女责其男之语，凡言'子'

---

①　《春秋尊王发微》卷三，《通志堂经解》本，第 8 册，第 299 页。
②　《毛诗正义》卷三，《十三经注疏》本，上册，第 324 页。
③　《毛诗正义》卷三，《十三经注疏》本，上册，第 324 页。

言'尔'者,皆女谓其男也。郑于'尔卜尔筮'独以谓'告此妇人曰:我卜汝宜为室家',且上下文初无男子之语,忽以此一句为男告女,岂成文理? 据诗所述,是女被弃逐,怨悔而追序与男相得之初殷勤之笃,而责其终始弃背之辞。"①他不同意《笺》的说法,认为这里的"尔"不是诗中男子指女子,而是女子指男子。他认为,"尔卜尔筮,体无咎言"是诗中女子对男子说的话,是女子被男子抛弃后,回忆男子当初如何甜言蜜语诱骗她。

　　欧阳修和郑玄、孔颖达在解释"尔卜尔筮,体无咎言"这句话时的分歧显而易见。他们都想对这句话作出正确的解释,而欧阳修和郑、孔之见显然只有一方是正确的,因为这句话不可能既是用女子口吻说,又是用男子口吻说的。力求准确地解释这句经文,或者判断谁的解释更准确,为什么准确,这就是经学应当回答和解决的问题。从经学的角度看,我们认为欧阳修的解释更有说服力。其一,他根据《小序》的说法,说明这首诗是女子被抛弃后"困而自悔之辞",全诗是以女子责备的口吻写成。其二,正因为如此,诗中的人称代词"子"、"尔",都是女子称其男子,而不是相反。其三,此句上下文中并没有男子的话,通篇都是女对男说,这里假如忽然插进一句男子对女子说的话,就显得非常突兀,不合文理。因此,从经学的角度而言,可以说,欧阳修在解释此句时,以富有说服力的推断,纠正了郑玄和孔颖达的错误之处,这是欧阳修之经学成就所在。

　　而当我们的关注点转向欧阳修与郑、孔二人经学思想的差异时,对诗句解释的准确与否不再是问题的关键,焦点在于,郑、孔与欧阳修是从何种视角、以何种方式解释经文的。郑玄是从字("尔")的释义出发,然后用散句将诗中原句加以复述,来解释经文的。孔颖达与郑玄略有不同,认为"此男子实不卜筮",但总体上仍遵循郑《笺》。欧阳修的解释,则是从诗歌文本整体的意义出发的。他先以《小序》对此诗主旨的概括为自己的说法张本,然后是从通篇("一篇始终"、"上下文")的"文理"的连贯性出发,来驳斥郑玄之说。也就是说,欧阳修认为整首诗歌的文本是一个有机整体,

---

① 欧阳修:《诗本义》卷三,《四部丛刊》本,第58—59页。

其中自有"文理"。判断"尔卜尔筮,体无咎言"这一句是男对女说还是女对男言,不能孤立来看,而是必须将其放置在诗歌文本的整体之中来考察,用通篇的文理,也即文章逻辑的连贯性来衡量这句话究竟用谁的口吻写成。欧阳修的解释从《小序》对此诗主旨的概括出发,以自己对此诗内容的总述作结,充分说明他诠释经书的方法立足于经书文本整体意义和内在逻辑的连贯性,这一立足点正显示出他的经学思想。

第三节　欧阳修本于人情事理的经学观

欧阳修可以作为庆历时期兼擅经学与古文的士人代表,当然他的经学活动不仅仅在庆历时期。元代欧阳玄对欧阳修在经学史上的地位这样评价:"欧阳氏经学,我六一公《易》有《童子问》,《诗》有《本义》,凡宋儒以通经学古为高,实公倡之。"①欧阳修的经学,与庆历经学新变的学术大背景密切相关,是新经学的重要组成部分。在活跃于庆历及稍后的经学家中,欧阳修的研究实绩非常突出,除《诗本义》、《易童子问》外,他还留下了研讨《尚书》、《周礼》、《春秋》及三传、《论语》等经典的单篇文章,可谓成果丰硕。对于欧阳修经学的具体成就,学术界近年来颇有研究,这里主要讨论其经学观念。

欧阳修之子欧阳发在《先公事迹》中概括乃父经学特色云:"其于经术,务明其大本,而本于情性,其所发明,简易明白。"②这一概括虽然简明,但十分准确。我们认为,"明其大本"主要指彰显经书的大旨,也就是根本精神,而不是斤斤于一字一句的训诂阐释;"本于情性",指的是立足于通常的人情事理,而不是刻意探求稀奇古怪的意义;"简易明白"则是指表述方式而言,语言简练,明白易懂,而不是故作艰深,佶屈聱牙。欧阳修

---

①　欧阳玄:《易问辨》,《圭斋文集》卷七,李修生主编:《全元文》,南京:凤凰出版社,2004,第34册,第430页。

②　《欧阳修全集》附录卷二,北京:中华书局,2001,第2626页。

经学的这三个特点,从上文引述其解释《氓》的文句中都可以看出来。

欧阳修的经学之所以能够"有所发明",和他对于当时经学的看法有密切的关系。首先,他认为经学研究的困难主要在于经书文本传承日久,过程复杂,因此难免错谬,而纠正这种错谬又十分困难。他在至和二年(1055)《答宋咸书》中说:"世无孔子久矣,六经之旨失其传,其有不可得而正者,自非孔子复出,无以得其真也。儒者之于学博矣,而又苦心劳神于残编朽简之中,以求千岁失传之缪,茫乎前望已远之圣人而不可见,杳乎后顾无穷之来者,欲为未悟决难解之惑,是真所谓劳而少功者哉。然而六经非一世之书也,其传之缪非一日之失也,其所以刊正补缉亦非一人之能也。使学者各极其所见,而明者择焉,十取其一,百取其十,虽未能复六经于无失,而卓如日月之明。然聚众人之善以补缉之,庶几不至于大缪,可以俟圣人之复生也。然则学者之于经,其可已乎?"①关于儒家经典在传承过程中出现的错谬,其中有些问题,恐怕永远梳理不清了。欧阳修在一千年前能对这一问题有清醒的认识,实属可贵。其次,他认为过去的传注,尤其是章句训诂之学存在诸多错误,妨碍学者对于经典本义的探求。《答徐无党第一书》云:"凡今治经者,莫不患圣人之意不明,而为诸儒以自出之说汩之也。今于经外又自为说,则是患沙浑水而投土益之也。不若沙土尽去,则水清而明矣。"②欧阳修对汉唐以来的经学研究方法有着深刻的反思,虽然这种意见并非欧阳修的独创,但这无疑是推动其自身经学研究的强大动力。再次,他自认为富有矫革旧注、树立新说的历史责任,而其经学观点在后世也必将遭遇同道知音。在这一点上,欧阳修的表述看似低调,实充满自信。嘉祐六年(1061)四月十六日作《廖氏文集序》云:"余尝哀夫学者知守经以笃信,而不知伪说之乱经也,屡为说以黜之。而学者溺其久习之传,反骇然非余以一人之见,决千岁不可考之是非,欲夺众人之所信,徒自守而世莫之从也。余以谓自孔子殁,至今二千岁之间,有一欧阳修者为是说矣。又二千岁,焉知无一人焉,与修同其说也?又二

---

① 《居士集》卷四七,《欧阳修诗文集校笺》,第 1185—1186 页。
② 《居士外集》卷一八,《欧阳修诗文集校笺》,第 1823 页。

千岁将复有一人焉。然则同者至于三,则后之人不待千岁而有也。同予说者既众,则众人之所溺者可胜而夺也。夫六经非一世之书,其将与天地无终极而存也,以无终极视数千岁,于其间顷刻尔。是则余之有待于后者远矣,非汲汲有求于今世也。"①欧阳修清醒地意识到,要矫革汉唐以来的经学旧习殊非易事,学风的改变非一人之力所能完成,但学术史终将认可其个人的成就。以上三方面可以看作欧阳修研究经学的基本指导思想。

欧阳修的经学中,有许多是对先儒传注的质疑,甚至怀疑经书本身,但这只是北宋疑经之风在欧阳修身上的体现,并不能说是欧阳修经学的独特之处。我们认为,欧阳修经学最独特的地方,在于他秉持着以人情事理为本的经学观念,故而,可以将欧阳修的经学,称为"人本的经学"。

欧阳修认为:"六经之所载,皆人事之切于世者,是以言之甚详。"②其经学以人情事理为本,有几个表现。首先,当他质疑经书本文或前人传注时,依据的主要不是文献考证,而是人情事理。用人情事理来推断经书记载真实可信与否,这是欧阳修治经常采用的方式。如《易童子问》卷三云:"童子问曰:'《系辞》非圣人之作乎?'曰:'何独《系辞》焉,《文言》、《说卦》而下,皆非圣人之作,而众说淆乱,亦非一人之言也。'"③这里对《易传》为孔子作提出大胆的质疑,认为非但不是孔子所为,而且是成于众手。欧阳修举了其中不少说法自相矛盾的例子,尤其是关于八卦的产生,《易传》中竟有三种说法,他最后总结说:

> 人情常患自是其偏见,而立言之士莫不自信,其欲以垂乎后世,惟恐异说之攻之也,其肯自为二三之说以相牴牾而疑世,使人不信其书乎?故曰非人情也。凡此五说者自相乖戾,尚不可以为一人之说,其可以为圣人之作乎?④

在这段话中,"人情"一词出现了两次,这里的人情显然指的是人之常

---

① 《居士集》卷四三,《欧阳修诗文集校笺》,第 1101 页。
② 《答李诩第二书》,《居士集》卷四七,《欧阳修诗文集校笺》,第 1169 页。
③ 《欧阳修全集》,第 1119 页。
④ 《欧阳修全集》,第 1121 页。

情。也就是说，一位作者在著述之时，对于书中内容、观点一致性的追求，是人之常情。如果书中呈现自相矛盾之说，则非但不足以取信于人，反而会授人以柄，给人留下攻击的口实。一般的作者尚且如此，更不用说圣人撰作经书了。又如《泰誓论》一文反驳文王在商朝统治下能"受命称王十年"的说法，欧阳修是从这样的角度来论证的：

> 以纣之雄猜暴虐，尝醢九侯而脯鄂侯矣，西伯闻之窃叹，遂执而囚之，几不免死。至其叛己不臣而自王，乃反优容而不问者十年，此岂近于人情邪？由是言之，谓西伯受命称王十年者，妄说也。①

商纣王个性猜忌暴虐，处置臣下向来手段残忍，从人之常情来推断，他怎么可能容忍文王在"叛己不臣"的情况下"称王十年"呢？这既不符合纣王的性格逻辑，也不符合人情事理，因此欧阳修判定"称王十年"为"妄说"。从上述两个例子可以看出，欧阳修经学观念中有这样一种倾向，他习惯于用他所体会的人情事理来衡量儒家经书，凡是被认为不合乎人情常理的，欧阳修往往不考虑经书记载本身的复杂性和时代差异，而是质疑经书内容的真伪有问题。

在欧阳修的《诗本义》中，"人情"一词共出现了 23 次，而且经常含有"近于人情"、"不近人情"、"岂近人情"之类的表述，可见"人情"也是欧阳修判断毛、郑解释《诗经》文本正确与否的依据。之所以可以用"人情"作为解经的依据，是因为欧阳修对"人情"有着自己的认识。他说：

> 诗文虽简易，然能曲尽人事，而古今人情一也。求《诗》义者，以人情求之则不远矣。然学者常至于迂远，遂失其本义。②

欧阳修之所以会从人情事理的角度来看待和解释经书，和他对经书性质的认识有关。既然六经所载是"人事之切于世者"，那么其"本义"必然是平易的，文辞必然是直白的，而不可能是奥曲费解，新奇怪异。欧阳

---

① 《居士集》卷一八，《欧阳修诗文集校笺》，第 558 页。
② 《诗本义》卷六，《四部丛刊》本，第 128 页。

修曾这样分析经和传的区别：

> 经简而直，传新而奇，简直无悦耳之言，而新奇多可喜之论，是以学者乐闻而易惑也。予非敢曰不惑，然信于孔子而笃者也。经之所书，予所信也；经所不言，予不知也。①

除了再次重申经书的权威地位，欧阳修尊经而黜传的倾向也在这段话里表露无遗。在另一篇文章中，欧阳修说："余尝哀夫学者知守经以笃信，而不知伪说之乱经也，屡为说以黜之。而学者溺其久习之传，反骇然非余以一人之见决千岁不可考之是非，欲夺众人之所信，徒自守而世莫之从也。"②可见，欧阳修尊经而黜传的理由，是认为传可能增加了人们对经书理解的混乱，而不是更清晰地阐明经书本义。在对孙复《春秋》学的评论中，欧阳修实际上阐明了自己推崇的经学研究方法：

> 先生治《春秋》，不惑传注，不为曲说以乱经。其言简易，明于诸侯、大夫功罪，以考时之盛衰，而推见王道之治乱，得于经之本义为多。③

这里的"不惑传注"，是指不被前人的解说所迷惑，"不为曲说以乱经"则是指自己也不臆造迂曲之说来歪曲经书。"其言简易"是欧阳修提倡的解释经书的方式，简要平易。"明于诸侯、大夫功罪，以考时之盛衰，而推见王道之治乱"虽然是专指阐释《春秋》而言，但可见欧阳修要求解经有鲜明的问题意识和政治关怀。"得于经之本义为多"是评论孙复《春秋》阐释的效果，得经书之本义也是欧阳修解经的最终目标。所以，针对孙复的这段话，比较简明地概括了欧阳修的经学观念，其意义不容小觑。

欧阳修注重人情事理、注重探求本义的经学观念，令欧阳修在经学与文章之间建立了一座桥梁。因为好文章更需以人情事理为本，而欧阳修认为经书文本具有简易明白的特点，也对其文章写作产生了影响。因为

---

① 《春秋论上》，《居士集》卷一八，《欧阳修诗文集校笺》，第 546 页。
② 《廖氏文集序》，《居士集》卷四三，《欧阳修诗文集校笺》，第 1101 页。
③ 欧阳修：《孙明复先生墓志铭》，《居士集》卷二七，《欧阳修诗文集校笺》，第 747 页。

经书是文章的楷模,既然经书文字是简易明白的,那么文章自然也应当以简易明白为尚。总之,欧阳修的人本经学使经学对古文的立意、情感抒发、文辞表达等层面的具体影响成为一种可能,关于欧阳修经学与古文的密切关系,后文还将详述。

第三章　经学与宋代古文理论及创作

宋代经学博大精深,前两章论述官方经学与士人经学,其目的并不在于经学本身,而主要在于探讨经学对宋人古文理论和古文创作的影响。古文理论属于文学批评的范畴,包括宋人对于古文性质和地位的认识、创作方法的探讨、写作艺术的评价等等,古文创作则主要指宋人古文写作的实践,涵盖多个文体。经学与宋代古文理论及创作的关系问题比较宏大,本章主要选取一些重要时段和人物,以之为对象加以探求。

第一节　宋初尊经前提下古文理论之分歧

柳开与王禹偁的古文理论存在明显的分歧,这是文学史家所屡屡强调的,"重道派"与"重文派"的划分亦由此而来。细究宋初这两位代表性的古文家的理论,我们发现,他们的古文理论很大程度上受到尊经观念的支配,而支配的结果却并不相同。简而言之,同样是尊经,却将这两位的古文理论引导往不同的方向。

就柳开而论,他对文章的重视,与尊经观念紧密相连。他说:"天之文章,日月星辰也;圣人之文章,《诗》《书》《礼》《乐》也。"①将儒家经典视作圣人之"文章",无疑是为抬升古文地位张本。他又对臧丙说:"吾子之言诚为多也,独能于古者,则吾子取之于六经,六经之辨其文,兼其政,遂

---

① 《上王学士第三书》,《河东先生集》卷五,《全宋文》,第 6 册,第 283—284 页。

其用简于人,其功扶于时,……吾子取之于六经,诚是也。"①这里显示出将儒家经典当作文章典范之意。正因为文章与儒家经典有着内在的一致性,所以作文必须认真,不能苟且,所谓:"文哉文哉,可苟也已,如可苟也已,则《诗》、《书》不删去其伪者也。"②

　　将儒家经典作为文章的典范,必然导致在古文创作方面向经典靠拢的主张。在这方面,柳开的主张可以分为两个层面来理解。其一是要求古文的内容(义理)必须与儒家经典相符,比如面对这样的问题:"杂乎经史百家之言,苦学而积用,不有其功且大乎?"柳开的答案是:"君子之文,简而深,淳而精,若欲用其经史百家之言,则杂也。"③他非但要求古文的义理深刻,而且思想能够淳一,掺入了"经史百家之言"的古文不符合柳开的标准,因此以"杂"贬之;其二是形式层面,他希望古文尽量简练,反对踵事增华:"吾子取之于六经,诚是也,辞之于我,诚将报其可而已矣,文取于古,则实而有华,文取于今,则华而无实,实有其华。"④对于不追求经典中圣人之道,而专尚华辞之文,柳开很是鄙薄:"夫删《诗》、《书》,定《礼》、《乐》,赞《易》道,修《春秋》,孔子知其道之不行也,故存其教之在其中,乃圣人之事业也。后之学者著一文、撰一书,皆失其正,务尚于辞,未能知其圣人述作之意,又安可出于《诗》、《书》、《礼》、《乐》、《大易》、《春秋》之外欤?"⑤在骈文尚炽的宋初,柳开崇尚简练质实的文风,反对文辞浮华,这样一种观念,显然是有功于文坛的。

　　柳开曾为古文下过定义:"(古文)非在辞涩言苦,使人难读诵之,在于古其理,高其意,随言短长,应变作制。"⑥然而,由于尊经过甚,他又认为古文"不可伦于经,伦则乱也,下而辅之,张其道也。"⑦并赞叹道:"大乎,

---

①　《河东先生集》卷六,《全宋文》,第 6 册,第 296—297 页。

②　《上王学士第三书》,《河东先生集》卷五,《全宋文》,第 6 册,第 283—284 页。

③　《上王学士第四书》,《河东先生集》卷五,《全宋文》,第 6 册,第 284—285 页。

④　《答臧丙第二书》,《河东先生集》卷六,《全宋文》,第 6 册,第 296 页。

⑤　《答臧丙第三书》,《河东先生集》卷六,《全宋文》,第 6 册第 296—297 页。

⑥　《应责》,《河东先生集》卷一,《全宋文》,第 6 册,第 367 页。

⑦　《上王学士第四书》,《河东先生集》卷五,《全宋文》,第 6 册,第 284—285 页。

圣人之经也,数其五。……百子,鸟兽也,经,其龙也。……诵其经则知其百子之说乱矣。"①柳开将五经捧得如此之高,视古文为辅助儒道的工具,并彻底将诸子百家的丰富思想拒之古文创作之门外。这样一来,古文作家就被尊经观念束缚住了手脚,古文从思想内容到形式文辞都以儒家经典为唯一标杆,结果反而限制了古文的发展。据柳开自传《东郊野夫传》所述,他二十四岁时"所著文章与韩(愈)渐异,取六经以为式"②。事实上,柳开自身的古文创作历程正印证了其古文理论的局限性。

尊经观念对古文理论的影响十分复杂,尊经不必然导致古文家的作茧自缚。宋初以王禹偁为代表的一批古文家,他们同样秉持尊经观念,也主张为文应取法六经,并以儒家经典作为衡量和批评古文的标准。但在究竟怎样取法六经,尤其是如何看待六经的语言形式这一点上,王禹偁的观点与柳开颇不相同。故而,作为宋初提倡古文的代表人物,柳、王虽同样尊经,但尊经观念对两者古文理论的导向却截然相异。

儒家经书虽然被认为体现了圣人之旨,但每种经书从内容到形式都存在着不小的差异。就形式而论,经书内容的差异毋须赘论,单就形式而言,诸经中有韵文,有散文,文字风格、难易程度也各异。这就是韩愈所谓的"周《诰》殷《盘》,佶屈聱牙;《春秋》谨严,《左氏》浮夸;《易》奇而法,《诗》正而葩"③。不同的形式和语言风格铸就了儒家经书的不同面目。但就总体来说,五经义理古奥,文字艰深,不容易读懂。假如从复古的角度看,古文家师法六经,就应该尽力模拟其既深且奥的义理和文字。而王禹偁恰恰反对这样做。他认为,文章作用在于"传道而明心",作家们"惧乎言之易泯","不得已而为之"④,才写作文章。也就是说,一旦将古文写得古奥难读,则根本起不到传承儒道和表明作者的心迹的作用。本来惧怕自己的言论泯灭,才发为文章,假如连文句的意思都难以让人理解,文章岂

---

① 《答陈昭华书》,《河东先生集》卷六,《全宋文》,第 6 册,第 293—294 页。
② 《河东先生集》卷二,《全宋文》,第 6 册,第 392 页。
③ 《进学解》,《韩昌黎文集校注》卷一,第 26 页。
④ 《答张扶书》,《小畜集》卷一八,《全宋文》第 7 册,第 395 页。

不更是"易泯"了吗？适与作文的初衷相背。

　　由乎此，王禹偁赋予了尊经观念以崭新的意义。他所要强调的不是六经之艰深，而恰恰是其浅易。他举例道：

　　　　《诗》三百篇，皆俪其句，谐其音，可以播管弦，荐宗庙，子之所熟也。《书》者，上古之书，二帝三王之世之文也，言古文者无出于此。则曰："惠迪吉，从逆凶。"又曰："德日新，万邦惟怀；志自满，九族乃离。"在《礼·儒行》者，夫子之文也，则曰"衣冠中，动作慎，大让如慢，小让如伪"云云者，在《乐》则曰："鼓无当于五声，五声不得不和；水无当于五色，五色不得不彰。"在《春秋》则全以属辞比事为教，不可备引焉。在《易》则曰："乾道成男，坤道成女，日月运行，一寒一暑。"夫岂句之难道邪？夫岂义之难晓邪？今为文而舍六经，又何法焉？若弟取其《书》之所谓"吊由灵"、《易》之所谓"朋合簪"者模其语而谓之古，亦文之弊也。①

　　"今为文而舍六经，又何法焉"这一表述，表明王禹偁仍是尊经观念的信奉者，但他从六经的每一部中挑出浅易的例句，以证明六经的文句并非一味地艰深难解。这又是为何呢？因为六经各有其具体功用，而它们的文本形态正由各自不同的功用所决定。"句之难道"、"义之难晓"并非六经的本质特征，因此，古文家不能仅仅着眼于单纯模拟六经古奥的语言形式，而是要如韩愈告诫樊宗师、薛逢的那样："惟师是尔。"当张扶在回信中以扬雄之文为据，质疑王禹偁"句易道、义易晓"的说法时，王氏进一步申说，斥扬雄之《太玄》为"空文"，并认同"六经之文语艰而义奥者十二三，易道而易晓者十七八，其艰奥者非故为之语"②说法。简言之，六经的古奥是时代决定的，今之古文家再一味模拟，恐怕就难逃"空文"之讥了。

　　由尊崇六经而要求古文能够"句易道、义易晓"，王禹偁的这种观点，在宋初亦颇有响应者，如孙冲在景德元年（1004）九月所撰的《重刊绛守居

------

①　《答张扶书》，《小畜集》卷一八，《全宋文》，第 7 册，第 395—396 页。
②　《小畜集》卷一八，《全宋文》，第 7 册，第 397 页。

园池记序》中说:"夫圣人文章,若八卦、彖、繇、爻、象之体,虽不肤浅,然圣人之文,终能传解。孔子《系辞》,则皎然流畅,其《诗》、《书》、《礼》、《乐》之文,披之皆可见意。是圣人于文章,本在达意垂法而已,不必须奇怪而难入也。……独扬雄《太玄》,准《易》而为之,当时之人或不肯一览。"①众所周知,唐代樊宗师的《绛守居园池记》是一篇佶屈聱牙的古文,孙冲觉其晦涩难读,故予以批评。同时,他认为圣人编纂《易》、《诗》、《书》、《礼》、《乐》诸经,目的在于"达意垂法",因而所追求的是明白晓畅,而非奇怪难入。他对扬雄《太玄》的批评,与王禹偁的"空文"之讥如出一辙。在《与晋守何亮书》中,孙冲更明确指出:"文之如《周礼》,则使人易为耳。苟如樊生(宗师),乃周公之道无以教人也。是樊生迂言吃句,独取异于当时乎? 不深思之邪? 夫六经者,盖垂教者也,欲后人诵其言而思其所为也。六经之外,百氏之说,立言导意,亦未有刻于樊生者矣。"②正因为六经有"垂教"的功用,所以应该"使人易为",而不是故作艰深,有意与读者过不去。当时孙冲的身份是晋州通判,而《宋史》称其"历通判晋、绛、保州"③,而其《重刊绛守居园池记序》自述通判绛州在咸平六年(1003)七月,则与何亮书应写于此前。孙冲的话表明,王禹偁的观点在宋初并非孤立,同时也证明,古文家在尊经的前提下,仍然能够阐发出有利于古文健康发展的文学理论来,而不一定要像柳开那样,最终走入偏狭的理论误区。

以上是对柳开、王禹偁为代表的古文家群体观念分歧的论述,这一群体的观点,在文学批评史上是十分值得注意和讨论的对象。

相对而言,另一群体,也就是前文述及的以种放和穆修为代表的隐士及其弟子,他们关于经学与文章关系的论述,不如柳、王来得详细,但同样是应当纳入我们视野的。种放对于经书也有鲜明的尊从态度,他说:"大

---

① 《山右石刻丛编》卷一一,《全宋文》,第 14 册,第 60 页。
② 《山右石刻丛编》卷一一,《全宋文》,第 14 册,第 57—58 页。
③ 《宋史》卷二九九《孙冲传》,第 9946 页。

抵圣人之旨,尽在乎经,学者不当舍经而求百家之说。"①关于经和文的关系,则有以下一段总体性论述:

> 圣人之旨,总著乎经;经之旨,咸隐乎词。求圣人之旨,则穷乎经而味其辞,湛乎思而一其信,斯所以索圣人之道者也。观乎《易》,则知道集乎天地,通诸变而不私,《春秋》元经,则知帝尊乎万物,谪其邪以守正;《书》训诰,则严规戒、慎德业;《诗》雅颂,则劝忠信、讽淫惑。然爱其旨、嗜其辞也,独先元经。何哉? 盖文武变化,皆本乎正。正者,正天子之尊者也。盖元经大意,在乎奖正王室,抑弱臣妾,亟削强乱,故日而月之,则称王正以冠其首;夷而狄之,则称王礼以黜其爵,岂非圣人立正之微旨耶? 今之文求乎正者,必宗乎经;宗乎经,必尊乎天子,立国家为事,斯得其正矣。②

此中对于文"必宗乎经"的诉求,将经书作为文章之轨范,与柳、王诸人并无二致。但值得注意的是,种放在这里提出了"经之旨"和"经之词(辞)"这一对概念,大致相当于经书的内容和文字形式,并且在"宗经"、"元经"的大前提下,同时肯定了"爱其旨"和"嗜其辞"作为对待经典的合理方式。虽然种放仍将文章的功能定位为"尊天子"、"立国家",没有摆脱经书附庸的地位,对于文辞究竟应该是怎样的形式,或艰深,或浅易,也没有如柳、王那样提出明确的见解,但种放对文辞的肯定,事实上避免了自己的理论观点走向极端。就对待经与文的态度而言,种放可以说是居于柳开、王禹偁之间。种放不排斥、甚至是重视"文",还可以找到一个旁证。王辟之《渑水燕谈录》卷六云:

> 青州寿光张荷若山,早依田告为学。告卒,入终南,师事种放,而吴遁、魏野、杨朴、宋瀚皆友也。性高洁,为文奇涩。初,高弁公仪作

---

① 种放:《辩学》,《国朝二百家名贤文粹》卷一六,《全宋文》,第 10 册,第 218 页。这种观点在北宋颇有渊源,参见拙文:《北宋学术一元化暗流与实用文学观——以古文家为中心》,《文艺理论研究》2004 年第 3 期。

② 种放:《送张生赴举序》,《国朝二百家名贤文粹》卷一六四,《全宋文》,第 10 册,第 214 页。

《帝形》五篇以示放,放叹曰:"隋、唐以来,缀文之士罕能及之。"学者翕然竞传其文。及荷著《过非》九篇成,放见之,曰:"又在《帝形》之上矣。"终以连蹇不遇卒。子孙流落,荷之文散亡无几。捃收其遗,得文若诗凡一百一十五篇,为三卷,藏于家,将以遗荷之子孙焉。①

这里介绍的是种放弟子张荷的简况,皆围绕"文"展开。先说张荷"为文奇涩",接着是种放对另一弟子高弁之文《帝形》五篇的评价:"隋唐以来缀文之士罕能及之。"之后谈到《帝形》被学者竞相传阅的情况,最后是种放对张荷《过非》的评价:"又在《帝形》之上矣。"从这段记载中不难发现,种放对于弟子的文章非常重视,对于他认为出色的文章不吝褒奖之词,甚至于认为弟子的文章已能超迈隋唐作者。可以说,种放对"文"的这一重视态度,与他在强调宗经的同时不偏废文章有着一脉相承的联系。

种放弟子中有一人被视为古文运动早期的关键人物,他就是穆修。穆修,字伯长,郓州人。在学术上,他继承种放《易》学,在古文方面,《宋史》本传给予很高评价:"自五代文敝,国初,柳开始为古文。其后,杨亿、刘筠尚声偶之辞,天下学者靡然从之。修于是时独以古文称,苏舜钦兄弟多从之游。修虽穷死,然一时士大夫称能文者必曰穆参军。"②穆修在提倡古文和刻印柳宗元文集方面的功绩,学界已多有关注。相比种放,他对古文的推崇更为直接,在那封著名的《答乔适书》中,他用"夫学于古者,所以为道;学夫今者,所以为名"这样极端的话来为古文张目,但全文却无一语正面道及儒家经书,仅说:"今世士子,习尚浅近,非章句、声偶之辞不置耳目。"③将章句之学和声偶之文一并加以批判。在《唐柳先生文集后序》中,大肆表彰韩愈、柳宗元之文,也没有直接涉及经学。然而,值得注意的是,穆修在颂扬韩、柳时说了这样的话:

> 至韩、柳氏起,然后能大吐古人之文,其言与仁义相华实而不杂。

---

① 王辟之:《渑水燕谈录》卷六,北京:中华书局,1981,第71页。

② 《宋史》卷四四二《穆修传》,第13070页。

③ 穆修:《答乔适书》,《穆参军集》卷中,《全宋文》,第16册,第20页。

　　如韩《元和圣德》、《平淮西》,柳雅章之类,皆辞严义伟,制述如经。

　　由此可见,虽然穆修没有尊经观念的直截了当的表述,但他在赞扬韩、柳二人诗文时,仍用了"制述如经"这样的评价。证明在穆修的意识里,"经"依然是"文"的典范,文的最高境界还是类似于"经",和"经"靠拢。

　　总之,无论是以柳开、王禹偁为中心的古文家群体,还是以种放、穆修为代表的隐士及其弟子,他们的尊经态度是相一致的。虽然对于怎样才能尊经,以及文章和经书的关系有不同看法,但他们无一例外的将"文"与"经"加以联系,并视经书为文章之典范。

　　与古文理论很大程度上受尊经观念支配不同,宋初古文家的古文创作,不可能被经学完全笼盖,但与他们的经学造诣以及对经学的兴趣显然有所关联,其中比较引人注目的是柳开与王禹偁的经论。

　　柳开的写作实践主要是"补亡",即补写儒家经典中亡佚的篇章。关于"补亡"的动机,他在自传《补亡先生传》里有如下交代:

> 　　先生始尽心于《诗》、《书》,以精其奥,每当卷叹曰:"呜呼,吾以是识先师之大者也,不幸其有亡逸者哉,吾不得见也,未知圣人之言复加如何耳?"尤于余经博极其妙,遂各取其亡篇以补之。凡传有义者,即据而作之;无之者,复己出辞义焉。故号曰"补亡先生"也。[①]

　　可见,柳开为经书"补亡",分为两种情况,对于经书中亡佚,传注又无所交代的内容,他"复己出辞义"式地补充,可以视为原创性写作;即使"传有义者",他也不是完全据以补经,而是对传的解释有所质疑。该文中共举了三个例子:其一是对《尚书·虞书·尧典》中"日中星鸟,以正仲春"一句的通常解释提出疑义;其二是"大以郑氏笺《诗》为不可";其三是对何晏《论语集解》"阙注者过半"表示不满。不难发现,柳开的补经实质上是一种不折不扣的文学创作活动,而"补亡"本身也包含了对先儒传注反思和质疑。柳开的《补亡篇》今已不可见,我们无法确知这些篇章的内容与形式。

---

　　①　《河东先生集》卷二,《全宋文》,第 6 册,第 394 页。

　　柳氏文集中尚存一篇《太甲诛伊尹论》，该文虽非出自《补亡篇》，却是柳开现存直接讨论儒家经典的唯一古文作品。该文用《尚书》证明《竹书纪年》"太甲诛伊尹"说的错误。《纪年》说商王太甲无道，被伊尹流放于桐，伊尹自立为君，太甲潜出桐宫将其诛杀，立其二子为相。这与《尚书》中太甲悔过，最终被伊尹复奉为王的记载矛盾。柳开引《尚书》中《太甲》、《说命》的经文、传文以及《沃丁》序，证明《竹书纪年》的说法与事实不符。① 柳开的论证虽然有力，然从文学的角度来考量，这篇议论文还谈不上是什么出色的古文作品，甚至显得质木无文。

　　在与经学相关的古文写作中，王禹偁的贡献丝毫不弱于柳开。他以古文的形式，对六经的传注提出质疑。王氏文集中，专门讨论儒家经义的古文共有五篇，分别为《既往不咎论》、《死丧速贫朽论》、《明夷九三爻象论》、《省试四科取士何先论》、《五福先后论》。王禹偁也是宋初古文家中留下此类古文数量最多的一位。虽然五篇文章在王氏整个古文创作中仍只占很小的比重，显得微不足道，但其重要性却是不可忽视的。因为自熙宁科举改制后，经义成为进士科考试的主要项目，经义文创作也蔚为大观，成了古文中非常重要的一种文体。近年来，经义作为文体，已备受学界关注。然而经义文不是突然产生的，在熙宁之前，讨论儒家经典义理的单篇古文，皆可看作熙宁经义的雏形。从这个意义上说，王禹偁创作这五篇文章，不折不扣是着人先鞭。

　　五篇文章中，《明夷九三爻象论》讨论的是《周易》王弼注之误。② 王弼解释"明夷"卦中"明夷于南狩，得其大首，不可疾贞"一句，认为"既诛其主，将正其民，民之迷也，其日固已久矣，化宜以渐，不可速正"，即武王诛杀商纣后，又对百姓施行逐渐教化的政策；而王禹偁认为，经文其实是说，文王在"三分天下有其二"的大好形势下，仍然"率诸侯以事纣"，表现了文王恪守臣道，做到了最大限度的克制。因孔《疏》尊王《注》，因此王禹偁也一并质疑了孔颖达的说法。写作此文时，王禹偁的驳论是逐层展开：首

① 参见《河东先生集》卷三，《全宋文》，第 6 册，第 357—360 页。
② 见《小畜外集》卷九，《全宋文》，第 8 册，第 48—49 页。

先,引用《尚书·泰誓》的记载,证明《明夷》是文王之卦,而非武王之象,文王没有诛杀商纣,此卦当然也就与"诛主"之事无关了;接着又引《武成》伪孔《传》的记载,说明周王迁商顽民于洛邑,教化不可谓不迅速,所以王弼"化宜以渐,不可速正"的说法是不合历史事实的。王禹偁在该文中提倡的是"文王以文明之德,晦明事纣"的克制精神,而不是"以臣伐君"的做法。细读文本,我们完全可以体察作者在质疑旧注时,流露出来的某种关怀,即提倡恪守君臣之道。同时,在论证方式上,作者注重引用同一种文献中的相关记载,即通常所谓的"内证",来厘清历史事实,以证明自己的观点,使文章更具说服力。此文比较集中地反映了王禹偁解经之文的写作技巧,堪称典型。

王禹偁的另外四篇讨论经义之文,可以分为两种类型。一类是强调经典中的某些话语是圣人在一定的语境下,针对某种具体情况而说的。王氏认为,假如脱离了具体语境来理解这些话语,就容易产生谬误。比如在《既往不咎论》中,王禹偁主要对《论语·八佾》中孔子"成事不说,遂事不谏,既往不咎"一语作了解释。[①] 作者将孔子的话放回到具体的语境中来理解,鲁君问社于宰我,宰我回答说:"夏后氏以松,殷人以柏,周人以栗,因使民战栗。"孔子认为宰我的说法纯属无稽之谈,上述"既往不咎"之语即为此而发。孔子并不是要人们放弃社会责任,在"睹国家昏乱,政教缺失,不能扶救"的情况下,以"事已成矣,吾不说矣;事已遂矣,吾不谏矣;且既往不咎,圣人之旨也"这样的话来作推卸;《死丧速贫朽论》则是针对《礼记·檀弓》中曾子、子游转述的孔子论丧之语"丧欲速贫,死欲速朽"而作。[②] 王禹偁认为,孔子的话并非表达了他对丧礼的一般看法,而是针对具体事件而言:"死欲速朽"针对的是宋国司马桓魋"自为石椁,三年不成"的劳民伤财之举,"丧欲速贫"则是对南宫敬叔失去官位后回国,必定满载财宝朝见国王之事。作者认为,孔子这样说主要是为了批评桓魋和南宫敬叔之流的贪得无厌,而不是真的认为"丧欲速贫,死欲速朽"。

---

① 见《小畜集》卷一五,《全宋文》,第 8 册,第 40—41 页。
② 见《小畜集》卷一五,《全宋文》,第 8 册,第 41—42 页。

王氏另一类讨论经义之文,则针对经典中文字的次序和由此而生的涵义作了解说。其中《省试四科取士何先论》作于太平兴国八年(983),是应省试之文。该文从取士的角度,对《论语·先进》中"德行、言语、政事、文学"四科的排列顺序作了解释,强调取士以德行为先,因为"修其德,立其行者,则言语、政事、文学可以兼而有也"①。《五福先后论》则是讨论《尚书·洪范》中"寿、富、康宁、攸好德、考终命"五福的顺序应该孰先孰后。王氏认为当以德为先,还举出诸多历史人物的事迹,说明当"以德冠五福之先"②,否则五福中寿、富、康宁、考终命四者都谈不上是真正的"福"。文中对五福的顺序提出疑义,其实也就是对儒家经典中的文字加以质疑,虽然文章重在阐发"好德"的意义,但作者对经典文字的批判精神还是难能可贵的。

王禹偁的这四篇文章,在写作方法上有一些共性。论证时,注重引用其他儒家经典和历史人物的事迹作为佐证,观点平正,推理合乎逻辑,可谓入情入理,论证简练节制,追求的是点到为止,发人深思的效果。

柳开、王禹偁的经论虽然数量不多,却体现了古文家对经义和传注的质疑精神,并开启了通向熙宁经义的创作之路。故而,这部分文章,既是宋初古文研究中不可忽视的重要内容,也代表了宋人探究经学问题的一种新的文本形态的诞生。

宋初部分士人对于经学与古文的同时热衷,反映了他们内心深处对于古人的言语、行为和处世方式的深切认同。即使是在尊经这个大前提下,出于对经书,尤其是经书语言形式的不同理解,士人对究竟该如何取法经书来写作古文,其观点并不一致,而直接关乎经学的文类——经论的写作,在宋初也远未成气候,但这批士人敏锐地将经学与古文两个领域联结起来,为后来人们进一步的开拓奠定了基础。

---

① 《小畜外集》卷九,《全宋文》,第 8 册,第 52 页。
② 《小畜外集》卷九,《全宋文》,第 8 册,第 53 页。

第二节　范仲淹、孙复、石介的经学与古文

　　庆历之际经学风气的转变,导致了各家学者都热衷于根据自己的意见诠释经书。由此而形成学者纷纭的局面。单就疑经这一点而论,据考察,宋代疑经的学者就有 165 位之众。① 更为重要的是,士人对经学相对自由的研究和思考,对经书义理的揭示和阐发,尤其是他们将经书义理与人情事理相联系的做法,客观上推动了古文理论和创作的发展。也是从这一时期开始,一般的记、序等文体引用经书并加阐发的情况开始多见。以下用范仲淹、孙复、石介三人作为代表,来讨论其时经学与古文的关系。

　　范仲淹之所以如此重视淹通经学的人才,除了缘于他早年在书院的学习经历之外,还由于在其本人的政治理想和理念中,尊经重文的观念本就是非常重要的组成部分。在“庆历新政”之前,范仲淹已经比较明确地提出过自己的政治主张,他把经学和国家对人才的培育联系起来看待,同时也将其与文章的盛衰挂起钩来。他认为:“夫善国者,莫先育材,育材之方,莫先劝学,劝学之要,莫尚宗经,宗经则道大,道大则才大,才大则功大,盖圣人法度之言存乎《书》,安危之几存乎《易》,得失之鉴在乎《诗》,是非之辩存乎《春秋》,天下之制存乎《礼》,万物之情存乎《乐》,故俊哲之人入乎六经,则能服法度之言,察安危之几,陈得失之鉴,析是非之辨,明天下之制,尽万物之情,使斯人之徒辅成王道,复何求哉?”在宗经这一大原则下,范仲淹进一步将经学的重要性与文章盛衰相联系,指出“为学者不根乎经籍,从政者罕议乎教化,故文章柔靡,风俗巧伪,选用之际常患才难”②。在这里,范仲淹将经学、文章、风俗与选材四者的因果关系表述得非常清晰。而在其他一些地方,范氏也不乏类似的阐述,并皆明确将“虞

---

① 杨新勋:《宋代疑经研究》,第 1 页。
② 范仲淹:《上时相议制举书》,《范文正公文集》卷一〇,《范仲淹全集》,第 237－238 页。

夏之书"与"南朝之文"相对立,作为正反两方面的典范。① 由此可见,范
仲淹的态度十分鲜明,就是提倡以上古经典的文本作为典范,反对南朝的
骈文。范仲淹于经学非但提倡,而且身体力行从事研究,尤擅长《易》学。
今存范氏《易义》二十七则,解释了《周易》六十四卦中的二十七卦,是北宋
经学新变发生时期的重要经学著作。从其解《易》的路数看,当属于义理
派,而要言不烦,重视用《易》来阐述天子、君臣、孝悌等儒家核心范畴的意
义。其中时见范氏的寻求变革的思想。如释"革"曰:"火水相薄,变在其
中,圣人行权革易之时也。夫泽有水则得其宜,今泽有火,是反其常矣。
天下无道,圣人革之以反常之权。然而反常之权天下何由而从之?以其
内文明而外说也。以此之文明易彼之昏乱,以天下之说易四海之怨,以至
仁易不仁,以有道易无道,此所以反常而天下听矣。"②虽然范仲淹的《易
义》将《易》的内容与现实社会所作的联系显得较为直接,从更高的层面
说,尚缺乏对《易》的形而上的诠释,但他的解说通俗易懂,体现解释者主
观意图的地方也极为明显,这反而为《易》学对文学施加影响提供了更大
的可能性。如范仲淹本人就撰写过以《周易》经传文字命名的十篇赋,③
同时他也是北宋时期较早将《易》理融入古文创作的作者。除了在奏章中
引用《周易》为自己张目外,范仲淹还将《易》语引入杂记文中。如宝元二
年(1039)知越州时所作《清白堂记》,记述了作者在州署边废井中重获嘉
泉之事,照例这是极为平常之举,可文中除去描写清泉之甘洌外,在最后
点题时不忘引用《周易》:

> 观夫大《易》之象,初则井道未通,泥而不食,弗治也;终则井道大
> 成,收而勿幕,有功也。其斯之谓乎?又曰"井,德之地",盖言所守不
> 迁矣;"井以辨义",盖言所施不私矣。圣人画井之象,以明君子之道

① 参见范仲淹:《奏上时务书》,《范文正公文集》卷九,《范仲淹全集》,第 200 页。
② 范仲淹:《易义》,《范文正公文集》卷七,《范仲淹全集》,第 148 页。
③ 这十篇赋分别题为《蒙以养正赋》《贤不家食赋》《穷神知化赋》《易兼三才赋》《乾
为金赋》《体仁足以长人赋》《制器尚象赋》《天道益谦赋》《圣人大宝曰位赋》《水火不相人而
相资赋》,对它们的详细分析参见李凯:《范仲淹与〈易〉学》,《内江师范学院学报》2004 年第 5 期。

焉。予爱其清白而有德义,为官师之规,因署其堂曰"清白堂"。①

作者从身边之井联系到《周易》的"井"卦,并据《周易》经文概括出"井"的两大象征意义:"所守不迁"、"所施不私"。很明显,前者对应了士大夫所应具备的人格操守,后者对应了士大夫良好的道德品质。作者最后所说的"清白而有德义",显然不是单就井水而言,而是指向了其对士大夫理想人格的理解。这样一来,这篇寻常的杂记文就具备了鲜明的时代气息,在宋代士大夫人格形成的关键时期,作者借《易》理来呼唤一种"清白而有德义"的士大夫人格楷模。作者之所以在文章中如此应用《周易》,和他的《易》学本身是分不开的。在其所撰二十七则《易义》中,恰好有一则对"井"卦作了解释:

> 水为泉之底,井道治而其施外彰,君子居德迁惠之时也。夫井居其地而不可改,其泉之出也无所不利。君子居于德而不可移,其惠之迁也无所不仁。唯井也,施之而不穷,存之而不溢,惟德也,常施于人而不见其亏,独善于身而不见其余,故曰:"井,德之地。"不其然乎?②

这里就将作者对卦义的理解讲得更明白了,而与《清白堂记》对"井"卦意义的发挥完全一致。其中讲到君子的"居德迁惠",正与《清白堂记》中"所守不迁"、"所施不私"相对应,只不过《易义》中解释得更为具体而已。

而在《邠州建学记》一文的末尾,作者也同样引用《周易》:

> 予尝观《易》之大象,在"小畜"曰"君子以懿文德",谓其道未通,则畜乎文德,俟时而行也。在"兑"曰"君子以朋友讲习",谓相说之道,必利乎正,莫大于讲习也。诸生其能知吾君建学,圣人大《易》之旨则庶几乎! 故书之。③

---

① 范仲淹:《清白堂记》,《范文正公文集》卷八,《范仲淹全集》,第193页。
② 范仲淹:《易义》,《范文正公文集》卷七,《范仲淹全集》,第148页。
③ 范仲淹:《邠州建学记》,《范文正公文集》卷八,《范仲淹全集》,第196页。

　　作者将建学讲习的意义,用《小畜》和《兑》两卦之义来阐发,可谓别出心裁,又相当贴切。我们今天仍可从《易义》释《兑》卦时所云"上下皆说之时,必内存其刚正"①,来返照文中的"相说之道,必利乎正"一语,证明范氏引《易》理入文章,并非随意而为,而是以其对《易》理的重新诠释为基础的。

　　在评论古文时,范仲淹也时以儒家经书为标准。最为著名的是其对古文家尹洙的一段评论:

　　　　而师鲁深于《春秋》,故其文谨严,辞约而理精,章奏疏议,大见风采,士林方耸慕焉,遽得欧阳永叔从而大振之,由是天下之文一变,而其深有功于道欤。②

　　在这里,范氏不但精到地总结出尹洙古文"辞约而理精"的特点,并且把这种特点的形成与其人"深于《春秋》"联系起来,可见其将《春秋》的行文视作文章典范的倾向。

　　范仲淹的经学著作不多,古文观念和创作中涉及经学的内容也比较有限,但庆历之际著名士人兼擅经学与古文的特征,在范氏身上得到明显的体现,加上他积极推荐经学人才,对北宋经学新变与古文发展可以说厥功甚伟。他在古文创作时引入《易》理的写法,也为欧阳修等人频繁用《易》提升古文立意的做法提供了先导。

　　在范仲淹向朝廷推荐的经学人才中,对经学贡献甚大而又兼备古文造诣者,当数孙复。而孙复弟子石介,虽然没有受到过范氏的直接举荐,但在庆历新政中,对于范仲淹等革新派的支持是非常明显的。孙复、石介在当时颇有学术声望,又都曾担任过国子监直讲。孙复在经学上地位更高,所撰《春秋尊王发微》是北宋新经学的最重要著作之一,石介对于儒家学说和经书的推崇不遗余力,见于文章之中。值得注意的是,两人继范仲淹之后,将对经书的尊崇和对当时文风的批判更为具体地联系起来,经学

---

　　①　范仲淹:《易义》,《范文正公文集》卷七,《范仲淹全集》,第151页。
　　②　范仲淹:《尹师鲁河南集序》,《范文正公文集》卷八,《范仲淹全集》,第183页。

本身成为他俩批评声律对偶之文的重要理论资源。

　　读孙复、石介的著述,不难发现他们对于当时的文风相当不满,曾经给予非常猛烈的批判,这样一种批判往往并非在文章写作传统的内部展开,而是与学术文化相联系,尤其是以作者在经学上的观念和主张为依据的。虽然孙复本人的经学著作《春秋尊王发微》,与其文章观念似乎并不直接相关,石介也没有专门的经学著述,但他们以经学为依据,对当时文风展开的批评,是观察庆历之际经学与古文关系不可忽视的历史维度。

　　孙复对文章的性质和功能有明确的表述,他在《答张洞书》中说:

　　　　夫文者,道之用也;道者,教之本也。故文之作也,必得之于心而成之于言。得之于心者,明诸内者也,成之于言者,见诸外者也。明诸内者,故可以适其用;见诸外者,故可以张其教。是故《诗》、《书》、《礼》、《乐》、《大易》、《春秋》之文也,总而谓之经者,以其终于孔子之手,尊而异之尔,斯圣人之文也。后人力薄,不克以嗣,但当左右名教,夹辅圣人而已。[①]

　　在孙复看来,文章并非是抒发主观情志的作品,而是"道之用",也就是"道"的器用、应用。文章的这种性质决定了它的功能:"适其用"和"张其教"。在对文章的性质和功能作出如此认定之后,作为"道"的文字载体的六经当然是地位最高的"圣人之文",而后世所有的写作所要做的和所能做的只是"左右名教,夹辅圣人"。孙复高举起"斯文"的概念,他这样教导张洞:

　　　　明远无志于文则已,若有志也,必在潜其心而索其道,潜其心而索其道,则其所得也必深,其所得也既深,则其所言也必远,既深且远,则庶乎可望于斯文也。不然,则浅且近矣,曷可望于斯文哉!

　　　　噫! 斯文之难至也久矣。自西汉至李唐,其间鸿生硕儒摩肩而起,以文章垂世者众矣,然多杨、墨、佛、老虚无报应之事,沈、谢、徐、庾妖艳邪侈之言杂乎其中,至有盈编满集,发而视之,无一言及于教

[①]　孙复:《答张洞书》,《孙明复小集》卷二,《全宋文》,第 19 册,第 293—294 页。

化者,此非无用瞽言,徒污简册者乎? 至于始终仁义、不叛不杂者,惟董仲舒、扬雄、王通、韩愈而已。①

孙复所说的"斯文",主要指文章而言,他认为文章作者必当潜心索道,写出的文字才能意涵深远。他检视了西汉以来的文章,认为其在内容上夹杂了很多异端思想,而文章形式上已被南朝的骈文家们所污染,所以前代纵然留下大量文章,但对于教化是毫无作用的。他只推崇董、扬、王、韩四人,因为只有他们能做到思想上"不叛",行文上"不杂"。

对于"斯文"的衰落,孙复是极其痛心的,他说:"国朝自柳仲涂开、王元之禹偁、孙汉公何、种明逸放、张晦之景既往,虽来者纷纷,鲜克有议于斯文者,诚可悲也,斯文之下衰也久矣。"②我们发现,他在这里所推崇的柳开、王禹偁、孙何、种放、张景五人,背景虽然不尽相同,但都隶属于宋初同时热衷于经学和古文的士人群体之中。显然,孙复要将复兴"斯文"的希望寄托在这些兼擅经学与古文的文化前辈身上。

斯文的颓坏,是有着深刻的历史原因和时代原因的,孙复对此作了分析。总括他的说法,从历史上说,非儒学的异端思想充斥于文章,"战国迄于李唐,空阔诞谩、奇险淫丽谲怪之说,乱我夫子之道者数矣。非一贤殁,一贤出,羽之翼之,则晦且坠矣。"③假如以儒家为时间参照,这里的异端,既包括"乱之于前"的杨朱、墨翟思想,也包括"杂之于后"的申不害、韩非的法家思想,更指向至今"横乎中国"的佛、老思想。孙复认为,异端横行,实为"儒者之辱"。④ 而孙复眼中,驱除异端的办法,无外乎董仲舒式的"推明孔氏,抑黜百家","熄灭邪说";⑤从现实来看,斯文的衰落,则与取士制度有关。孙复对当时所施行的辞赋取士制度深为不满,他曾向范仲淹指出:"国家踵隋唐之制,专以辞赋取人,故天下之士,皆奔走致力于声

---

① 《孙明复小集》卷二,《全宋文》,第 19 册,第 294 页。
② 孙复:《上孔给事书》,《孙明复小集》卷二,《全宋文》,第 19 册,第 293 页。
③ 《孙明复小集》卷二,《全宋文》,第 19 册,第 292—293 页。
④ 孙复:《儒辱》,《孙明复小集》卷三,《全宋文》,第 19 册,第 309 页。
⑤ 孙复:《董仲舒论》,《孙明复小集》卷一,《全宋文》,第 19 册,303 页。

病对偶之间,探索圣贤之阃奥者,百无一二,向非挺然持古、不徇世俗之士,则孰克舍于彼而取于此乎?"①在给范仲淹的另一封信中,孙复更为全面阐述了自己的经学主张。首先,他提出,虞夏商周之治,皆在于六经,而"六经之旨,郁而不章也久矣"。其次,对前代的注疏,尤其是官方颁行天下、作为考试标准的汉唐注疏,孙复持明确的批评态度。在逐一评述后,他进而轻蔑地反问道:"彼数子之说,既不能尽于圣人之经,而可藏于太学,行于天下哉?"最后,他向范仲淹郑重提出重新注释经书的建议:

> 执事亟宜上言天子,广诏天下鸿儒硕老,置于太学,俾之讲求微义,殚精极神,参之古今,覆其归趣,取诸卓识绝见大出王(弼)、韩(康伯)、左(氏)、穀(梁)、公(羊)、杜(预)、何(休)、毛(苌)、范(宁)、郑(玄)、孔(安国)之右者,重为批注,俾我六经廓然莹然,如揭日月于上,而学者庶乎得其门而入也。如是则虞夏商周之治,可不日而复矣,不其休哉!②

应该说,相对于孙复本人文章所受经学的影响,他的经学观念和文章观念更值得重视。他的论述虽然不多,但所提出的变革经学、取士制度、文风的要求,都针对并切中了他那个时代学术文化之弊端。并且,这些要求又是相互关联的,背后则是面对佛、老思想挑战而产生的深深的危机意识。

由这种危机意识所触发,在言论上更走向极端的,是孙复的弟子石介。石介尝撰《怪说》三篇,反对佛、老和杨亿,在上篇中,石介斥佛、老为"汗漫不经之教"、"妖诞幻惑之说",认为其严重冲击和扰乱了"礼乐"、"道德"、"五常"等儒家核心价值观念和行为准则。中篇则集中反对杨亿的文风,其中对这种文风特征的概括,如"穷妍极态,缀风月,弄花草"等等表述,常为文学史家所征引,但我们需要特别指出,石介批判杨亿文风是以儒家经书为标准和依据的,在石介看来,杨亿的罪状在于对儒家经书的破坏,这里不妨完整引用石介的文字:

---

① 孙复:《寄范天章书一》;《孙明复小集》卷二,《全宋文》第 19 册,第 290 页。
② 孙复:《寄范天章书二》,《孙明复小集》卷二,《全宋文》,第 19 册,第 291-292 页。

夫《书》则有《尧》《舜典》、《皋陶》、《益稷谟》、《禹贡》、箕子之《洪范》,《诗》则有《大小雅》、《周颂》、《商颂》,《春秋》则有圣人之经,《易》则有文王之《𦅻》、周公之《爻》、夫子之《十翼》,今杨亿穷妍极态,缀风月,弄花草,淫巧侈丽,浮华纂组,刓锼圣人之经,破碎圣人之言,离析圣人之意,蠹伤圣人之道,使天下不为《书》之《典》、《谟》、《禹贡》、《洪范》,《诗》之《雅》、《颂》,《春秋》之经,《易》之《𦅻》、《十翼》,而为杨亿之穷研极态,缀风月,弄花草,淫巧侈丽,浮华纂组,其为怪大矣![1]

显然,石介首先以《书》、《诗》、《易》、《春秋》这四部儒家经书的文字作为文章的最高标准,然后指斥杨亿所追求的文风,表面华丽,实质是对以上经书内容和文字形式的毁坏,所谓"刓锼圣人之经,破碎圣人之言,离析圣人之意,蠹伤圣人之道"。更为严重的是,杨亿的文章,竟被作为新的典范,妄图或者已经取代上述儒家经书所树立的文章典范,这才是问题的关键所在。也正是在这个意义上,杨亿文风对于儒家的危害,对于经书正统地位所构成的挑战,并不下于佛、老,故而被石介拿来与后者相提并论了。

经书之所以被石介视为文字的典范,除了作为圣人之道的载体之外,其文辞的确富有深意。如《周易》是圣人救乱而作,"乱有深浅,故文有繁省","文王、夫子非以衒辞,明易也"[2]。《春秋》的编纂主旨在于"明帝王之道",故"其文要而简,其道正而一"[3]由此看来,经书的文辞并非随意而为,其形式背后有圣人的旨意存焉,因而它的典范性是不容动摇和毁坏的。

不难发现,无论是石介对当时文风进行激烈批评,还是他在给"文"下定义时,其所使用的理论资源,主要来自经书。其中尤其值得关注的,是他在两处重复引用了某些经书中的相关论述。其《上赵先生书》云:

今之为文,其主者不过句读妍巧、对偶的当而已,极美者不过事实繁多、声律调谐而已,雕锼篆刻伤其本,浮华缘饰丧其真,于教化仁

---

[1]　石介:《怪说中》,《徂徕石先生文集》卷五,北京:中华书局,1983,第62—63页。
[2]　石介:《辨易》,《徂徕石先生文集》卷七,第78—79页。
[3]　石介:《录蠹书鱼辞》,《徂徕石先生文集》卷七,第81页。

义、礼乐刑政则缺然无髣髴者。《易》曰："文明以正,观乎人文,化成天下。"《春秋传》曰："经纬天地曰文。"尧则曰："钦明文思。"禹则曰："文命敷于四海。"周则曰："郁郁乎文哉!"汉则曰："文章尔雅,训辞深厚。"今之文何其衰乎![1]

在《上蔡副枢书》中说:

> 文之时义大矣哉! 故《春秋传》曰："经纬天地曰文。"《易》曰："文明刚健。"《语》曰："远人不服,则修文德以来之。"三王之政曰："救质莫若文。"尧之德曰："焕乎其有文章。"舜则曰："浚哲文明。"禹则曰："文命敷于四海。"周则曰："郁郁乎文哉!"汉则曰："与三代同风。"故两仪,文之体也;三纲,文之象也;五常,文之质也;九畴,文之数也;道德,文之本也;礼乐,文之饰也;孝悌,文之美也;功业,文之容也;教化,文之明也;刑政,文之纲也;号令,文之声也。[2]

上述两段话中,非但引用了《周易》、《左传》、《尚书》、《论语》等经书中对于"文"的论述,而且其中引《左传》"经纬天地曰文"、《论语》"郁郁乎文哉"、《尚书》"文命敷于四海"这三句话还是重复的。虽然以上经书所言之"文"有时指文化、文献,并不能简单地完全等同于文章,但石介对于文章性质、功能、形态等方面的理解,无疑深受儒家经书中关于"文"的这些论述的影响,经书中的表述可以说是石介文章观念的主要来源。

由于文献留存的关系,以上三人古文创作中所受经学具体影响的痕迹还比较有限,在欧阳修的古文创作中,经学尤其是《易》学的影响就更为明显。需要特别补充的是,欧阳修之所以能将经学成功地化用于古文的写作之中,与其观念上摆脱了对经书语言形式的机械模仿有关,更与其对经书内容和义理的体认有关,对于儒家经书,他关注的重心很大程度上从道德转向了情感,这种转向使得经书义理不再是抽象的原则和道理,而与士人人生命运与情感世界连结为一体,在欧阳修的古文写作中,最终落实

---

[1]　石介:《上赵先生书》,《徂徕石先生文集》卷一二,第 136 页。
[2]　石介:《上蔡副枢书》,《徂徕石先生文集》卷一三,第 143—144 页。

为理想境界与现实人生之间的某种张力,欧文招牌式的"感慨"很大程度上即由此而生。

第三节 经学对欧阳修古文理论及创作的影响

在古文方面,欧阳修作为北宋古文运动的领袖人物,其功绩彪炳史册,自不待言。关于欧阳修的经学观念,在上一章已经有所论述。但经学和文学的性质毕竟不同。经学研究主要依靠学识和理性思维,无论是儒家经书中词汇名物的考释,还是义理的阐发,皆是在理性的驱使下进行。古文创作则主要是一种感性的思维活动,尤其是像欧阳修那样注重情感抒发、追求情韵兼胜的古文家,在创作古文时分外尊重和珍视古文作为文学作品的感性特质。因此,从某种意义上说,经学家与古文家虽然同为欧阳修的文化身份,但这两重身份原是不必然相互关涉和牵连的。

故而,无论是其子欧阳发所撰的《先公事迹》,还是一般的历史传记,都会将欧阳修的这两重身份分得清清楚楚。如苏辙在《欧阳文忠公神道碑》中说:"公之于文,天材有余,丰约中度,雍容俯仰,不大声色而义理自胜。短章大论,施无不可。有欲效之,不诡则俗,不淫则陋,终不可及。是以独步当世,求之古人,亦不可多得。公于六经,长于《易》、《诗》、《春秋》;其所发明,多古人所未见。"①这段话中推崇其文为多,关涉经学为少,但分而论之的倾向十分明显。

我们注意到,另有一种意见,是将欧阳修的经学与古文联系起来看待的。如黄庭坚看了《刘敞侍读帖》中"文忠公文字畔经术,背圣人意"一语,反驳说:"曾不知文忠公著文立论及平生所设施,无一不与经术合也。"②也就是说,欧阳修的为文为人,都与经术相合,皆在经术的统领之下。粗

---

① 《栾城后集》卷二三,《苏辙集》,北京:中华书局,1990,第 1135 页。
② 《跋刘敞侍读帖》,《宋黄文节公全集·别集》卷七,《黄庭坚全集》,成都:四川大学出版社,2001,第 1603 页。

看起来,这话有些夸张,但其实恐怕是说,经学对于欧阳修更多是一种内在的修养。衡量欧阳修为文为人之短长,不必斤斤于其某一句话是否符合圣人之意,而是应该从总体上看经学对他的深刻影响。关于欧阳修经学与其"平生所设施"之关系,这里暂不讨论。我们关注的是其"著文立论"与经学的关系。

因为除了欧阳玄举出的《易童子问》《诗本义》这两部经学专著之外,欧阳修另外的探讨经学的文章,皆以古文写作,而其古文作品中,亦多见经学之影响。因此欧阳修之经学与古文,其实是既相互独立,又彼此交错的两个对象。对于两者间的关系,学术界以往的探讨主要集中在其古文理论的宗经明道倾向上①,而其实经学对欧文的影响是多方面的。

首先是其古文立意根植于六经。与欧阳修同时代的名僧契嵩,曾这样评价欧文:"欧阳氏之文,言文耳。天下治在乎人文之兴,人文资言文发挥,而言文藉人文为其根本。仁、义、礼、智、信,人文也;章句文字,言文也。文章得本,则其所出自正,犹孟子曰'取之左右逢其原'。欧阳氏之文,大率在仁、信、礼、义之本也。诸子当慕永叔之根本可也,胡屑屑徒模拟词章体势而已矣?"②这里所说的"人文",大致相当于思想,而言文则大抵指文章。欧阳修文章杰出之处在于,它是根植于儒家仁、义、礼、智、信这些最基本的思想观念和信条,而其词章体势只不过是为表现儒家思想服务的。明代王祎也称"其为言根乎仁义,而达之政理,所以羽翼六经,而载之于万世"③。而仁、义等儒家思想观念都体现于六经之中,因此,说得更具体一点儿,欧文其实是根植于六经。北宋张舜民曾说:"本朝自明道、景祐间,始以文学相高。故子瞻、师鲁兄弟,欧阳永叔,梅圣俞为文皆宗主六经,发为文采。"④清人魏裔介也说:"唐宋之间有韩、欧诸君子起衰振

---

① 参见顾永新:《欧阳修学术研究》,北京:中华书局,2003,第71—112页。
② 《文说》,《镡津文集》卷八,《大正藏》,第52册,第681页。
③ 《孔子庙庭从祀议》,《王忠文公集》卷一二,《金华丛书》本,第3页。
④ 王正德:《余师录》卷二引,王水照主编:《历代文话》,上海:复旦大学出版社,2007,第1册,第367页。

弊,盖必得经之意以为文,而后其文足以传。"①

这些评论者皆注意到欧文与经学之关联,至于欧阳修如何将"经之意"融入古文,则未遑细论。其实,经学对欧文的最明显的影响,即在于助其深化主题。这里不妨举两篇杂记文为例。作于景祐三年(1036)的《泗州先春亭记》,写张侯守泗州,为民修建淮河堤防,竣工后又筑先春亭。文中总结其政绩云:"盖城郭道路,旅舍寄寓,皆三代为政之法,而《周官》尤谨著之,以为御备。今张侯之作也,先民之备灾,而及于宾客往来,然后思自休焉,故曰善为政也。"②借《周礼》重视城市基础设施建设的论述,来凸显张侯所作所为的意义,即对儒家政治思想的践行,这样文章的立意一下子提升了不少。而景祐四年贬谪峡州夷陵时所作《峡州至喜亭记》说:"夷陵固为下州,廪与俸皆薄,而僻且远,虽有善政,不足为名誉以资进取。朱公能不以陋而安之,其心又喜夫人之去忧患而就乐易,《诗》所谓'恺悌君子'者矣。"③此处引《诗经》表现地方官朱公的仁厚与亲民。欧文中这些引经据典之处,看似信手而及,其实反映了宋代士大夫注重儒家思想实践化的倾向,以及当时官员的社会责任感。

众所周知,欧阳修久历官场,不少广为传诵的古文佳作,都创作于贬谪时期。他对于宦海风波,仕途顺逆,有着深切细腻的体会。创作古文时,他常会通过引用和解释儒家经典,来表现自己的仕宦心理。如庆历二年(1042)作于滑州通判任上的《画舫斋记》云:"《周易》之象,至于履险蹈难,必曰涉川。盖舟之为物,所以济险难,而非安居之用也。今予治斋于署,以为燕安,而反以舟名之,岂不戾哉?"④正因为作者对身在官场"履险蹈难"有着清醒认识和切身体会,所以借《周易》"利涉大川"之说,来表明自己以"画舫"名斋,实有居安思危之意。

而贬谪生涯中,欧阳修常以儒家经典中的说法来说明自己的改过自

---

① 《古文欣赏集序》,《兼济堂文集》卷四,北京:中华书局,2007,第76页。
② 《居士集》卷三九,《欧阳修诗文集校笺》,第992页。
③ 《居士集》卷三九,《欧阳修诗文集校笺》,第998页。
④ 《居士集》卷三九,《欧阳修诗文集校笺》,第1002页。

赎的心理，不过这实质上是在人生逆境中所采取的自我宽解和自我慰，并非真正的悔罪。《答孙正之第二书》云："《书》曰：'改过不吝。'《书》不讥成汤之过，而称其能改，则所以容后世之能自新者。圣人尚尔，则仆之改过而自赎，其不晚也。"①《与荆南乐秀才书》写于贬谪夷陵时，作者是"仆有罪之人，人所共弃"，而乐秀才却屡次来信，请教为文之道。在这封回信中欧阳修说："在《易》之《困》曰：'有言不信。'谓夫人方困时，其言不为人所信也。今可谓困矣，安足为足下所取信哉？"②《周易》中一个"困"字，又暗含了作者内心的多少愤懑与牢骚！

在古文写作技巧上，欧文也被认为多取法于六经。如《醉翁亭记》中多用"也"字，被说成是模仿《周易·杂卦传》的文体。南宋叶寘云："朱新仲评《醉翁亭记》终始用'也'字结句，议者或纷纷，不知古有此例。《易·杂卦》一篇终始用'也'字。"③王楙对此说得更为具体："欧公作《滁州醉翁亭记》，自首至尾多用'也'字，人谓此体创见欧公，前此未闻。仆谓前辈为文必有所祖，又观钱公辅作《越州井仪堂记》亦是此体。……此体盖出于《周易·杂卦》一篇。"④也有人认为，这种通篇用"也"字的写法，是模仿《论语》和《孟子》的。元代白珽说："《诗》有全篇用也字者，《墙有茨》、《君子偕老》是也。文亦有全篇也字者，如韩公《祭潮州大湖神文》、欧阳《醉翁亭记》。然却是祖《语》、《孟》。《语》云：'吾见其居于位也，见其与先生并行也，非求益者也，欲速成者也。'又云：'回也，视予犹父也，予不得视犹子也。非我也，夫二三子也。'《孟》云：'我非爱其财而易之以羊也，宜乎百姓之谓我爱也。'曰'无伤也，是乃仁术也，见牛未见羊也'云云，'是以君子远庖厨也'之类，《荀子·荣辱篇》全用'也'字，余篇亦多。"⑤无论《醉翁亭记》的写法来自《周易》还是《语》、《孟》，它受儒家经典的影响这一点应该

---

① 《居士外集》卷一八，《欧阳修诗文集校笺》，第 1812 页。
② 《居士集》卷四七，《欧阳修诗文集校笺》，第 1174 页。
③ 《爱日斋丛抄》卷四，见《爱日斋丛抄 浩然斋雅谈 随隐漫录》，北京：中华书局，2010，第91 页。
④ 《野客丛书》卷二七，北京：中华书局，1987，第 312 页。
⑤ 《湛渊静语》卷二，《丛书集成新编》本，第 12 册，第 602 页。

不存异议。关于《醉翁亭记》的结句，也有人认为是源自《诗经》。如李耆卿《文章精义》云："永叔《醉翁亭记》结云：'太守谓谁？庐陵欧阳修也。'是学《诗·采蘋》篇'谁其尸之，有齐季女'二句。"其实，这一结句不过是一般设问，倒未必一定来自《诗经》。洪迈还认为《泷冈阡表》中"回顾乳者，剑汝而立于旁"一语，是受了《礼记·曲礼》"负剑辟咡诏之"一句的影响①。这些说法提醒我们，经学对欧阳修古文创作的影响，大到立意，小到用词，几乎是无处不在的，有时作者自己都未必觉察。

反过来，欧阳修杰出的古文写作技巧，也对他的经学研究有所助益。朱熹尝云："便如《诗本义》中辨毛、郑处，文辞舒缓，而其说直到底不可移易。"②这"文辞舒缓"是欧文的一贯风格，不想在辩驳毛传、郑笺时竟也有所体现。欧阳修的《春秋论》是十足的论经之文，可吕祖谦一眼洞穿其写作技巧："此一篇是反题格，与韩文《谏臣论》相类，排斥之辞。大抵要斥人，须多方说，教他无逃处。此前数段可见。"③这是从经论中总结出驳论文的写法了。

总而言之，经学在欧阳修古文写作中的作用万不可小觑，正是经学，或古人所谓"经术"，使欧阳修的古文表现出深厚的学养和独特的人文意趣。

欧阳修对《周易》尤其重视。其《张令注周易序》云："《易》之为书无所不备，故为其说者，亦无所不之。盖滞者执于象数以为用，通者流于变化而无穷，语精微者务极于幽深，喜夸诞者不胜其广大，苟非其正，则失而皆入于贼，若其推天地之理以明人事之始终，而不失其正，则王氏超然远出于前人，惜乎不幸短命，而不得卒其业也。"④由此可见，欧阳修认为《周易》的功能在于"推天地之理以明人事之始终"，也就是推原天地自然变化

---

① 《容斋随笔》卷五，北京：中华书局，2005，第 71 页。

② 《朱子语类》卷八〇，第 2089 页。

③ 《古文关键》卷上《春秋论下》评语，黄灵庚、吴战垒主编：《吕祖谦全集》，杭州：浙江古籍出版社，2008，第 11 册，第 48 页，

④ 《居士外集》卷一四，《欧阳修诗文集校笺》，第 1727 页。

的法则,来阐明人事变化的规律。因此他不主张用象数解《易》,而认同王弼的诠释方式。

对于《周易》,欧阳修有《易童子问》三卷,采用问答式,阐述《周易》的卦义及《易》学史上的若干重要问题。童子提出的问题很短,答语部分,前两卷比较简短,第三卷篇幅较长,有些全然相当于一篇古文了。但相较而言,我们更为关注的是欧阳修以《易》为讨论对象的几篇古文。

写于景祐四年(1037)的三篇《易或问》,为欧阳修早年所撰。第一篇和第三篇告诫学者不必过于重视"大衍之数",因为它只是"占法";而习《易》最重要的不是"占法",而是"占辞",即"六爻之文",这才是圣人之言。欧阳修说:"《易》者,文王之作也,其书则六经也,其文则圣人之言也,其事则天地万物、君臣父子夫妇人伦之大端也。大衍,筮占之一法耳,非文王之事也。……得其大者可以兼其小,未有学其小而能至其大者也,知此然后知学《易》矣。"①虽然欧阳修并不否认《周易》为占卜之书,但他更重视其中所包含的天地万物之理,以及关乎人文的内容。《易或问》的第二篇讨论《系辞》、《文言》等篇的作者问题。欧阳修认为《文言》中"元者善之长,亨者嘉之会,利者义之和,贞者事之干"在《左传》中为襄公九年鲁穆姜所言②,而孔子当时尚未出生,因此《文言》不可能是孔子所作。《明用》一文则解释了《乾》、《坤》两卦的"用辞",其释《乾》卦的"用九"说:"'群龙无首,吉'者:首,先也,主也,阳极则变而之他,故曰'无首'也。凡物极而不变则弊,变则通,故曰'吉'也。物无不变,变无不通,此天理之自然也。"文章最后说:"阴阳反复,天地之常理也。圣人于阳尽变通之道,于阴则有所戒焉。"③表明欧阳修最注重《周易》所包含的自然变化的规律。

欧阳修讨论《周易》的篇幅最长的一篇古文是《传易图序》。我们格外关注此文,不仅仅由于其篇幅,更因为其文体。它完全不采取《易或问》、

---

①　《居士集》卷一八,《欧阳修诗文集校笺》,第535页。

②　《左传·襄公九年》原文作:"元,体之长也;亨,嘉之会也;利,义之和也;贞,事之干也。"《春秋左传正义》卷三〇,《十三经注疏》本,第1942页。

③　《居士集》卷一八,《欧阳修诗文集校笺》,第542—543页。

《易童子问》中那种一问一答的方式,而是一篇结构完整、说理透辟的古文。该文可以看作作者《易》学主要观点的浓缩。从内容上说,可以分为以下几方面:今本《周易》不是完整之书;今存《文言》为汉代讲师之作,而非原始的《文言》;《系辞》肯定不是孔子所作。最后还简要回顾了汉代以来的《周易》诠释史。这些观点,在《易或问》、《易童子问》中也有所表述,这里只不过将意见综合了一下,并无特别之处。但在行文方式上,逐条问答式和整篇古文作品显然不是一回事。后者要求结构的完整、文气的连贯。我们注意到,同样是讨论《易》学,《传易图序》表现出作者对古文写作技巧的自觉运用,而这在文章的开头部分尤为明显:

> 孟子曰:"尽信《书》,不如无《书》。"夫孟子好学者,岂独忽于《书》哉?盖其自伤不得亲见圣人之作,而传者失其真,莫可考正而云也。然岂独无《书》之如此。余读经解,至其引《易》曰"差若毫厘,谬以千里"之说,又读今《周易》有"何谓"、"子曰"者,至其《系辞》则又曰"圣人设卦"、"系辞焉",欲考其真而莫可得,然后知孟子之叹,盖有激云尔。①

通篇讲《易》,却以孟子论《书》之语开头。这看似不合理的写法,可以用晚清学者王葆心的一番话来解释:

> 欧文入手多配说,故逶迤不穷,相配之妙,至于旁正错出,几不可分。②

所谓"配说",就是要写一个对象,却故意用另一对象作陪衬,这样文章开头可以不显得突兀,而具迂回含蓄之美。这的确是欧阳修古文常用的一种艺术手法。此书谈《易》以孟子论《书》之语作陪,也体现了欧氏古文"多配说"的艺术特征。欧阳修行文之高妙处在于,转入正题后,他并没有将孟子的话撇在一边,文中论述了对《文言》、《系辞》作者问题的看法

---

① 《居士外集》卷一五,《欧阳修诗文集校笺》,第 1735—1736 页。
② 王葆心:《古文辞通义》卷一一《识途篇七·文家格法之析分》,《历代文话》,第 8 册,第 7565 页。

后,便呼应道:"《文言》、《系辞》有可考者,其证如此,而其非世常言无可考者,又可知矣。今徒从夫臆出之说,果可尽信之邪? 此孟子所叹其不如亡者也。"①再次提及孟子,正见行文之针脚细密。

在那些文学性较强的古文里,《易》学的影响也时有所见。如《送王陶序》(一名《刚说送王先辈之岳阳》),主要解说《周易》中"刚"的观念,作者认为:"夫君子之用其刚也,有渐而不失其时,又不独任,必以正、以礼、以说、以和而济之,则功可成。此君子动以进而用事之方也。"②之所以会将这篇赠序写成《刚说》,是因为王陶个性刚直,"常嫉世阴险而小人多",而文中想要说明"圣人之戒用刚也",显示出对王陶的告诫之意。归有光评论道:"凡文字引用经传,易失之陈腐。惟欧阳永叔《送王陶序》全用《易》象默化疏通,而议论亦好。文章似此,方成文章。"③

同时,赠序中用《周易》,还可以起到勉励后辈的作用,如《送张唐民归青州序》:

> 予读《周礼》至于教民兴学、选贤命士之法,未尝不辍而叹息,以谓三代之际,士岂能素贤哉! 当其王道备而习俗成,仁义礼乐达于学,孝慈友悌达于家,居有教养之渐,进有爵禄之劝,苟一不勉,则又有屏黜不齿戮辱之羞。然则士生其间,其势不得不至于为善也,岂必生知之贤。及后世道缺学废,苟伪之俗成,而忘其教养之具,至于爵禄黜辱之法,又失其方而不足以劝惧。然则士生其间,能自为善卓然而不惑者,非其生知之性、天所赋予,其孰能至哉? 则凡所谓贤者,其可贵于三代之士远矣。故善人尤少。幸而有,则往往饥寒困踣之不暇,其幸者,或艰而后通。
>
> 夫贤者岂必困且艰欤! 盖高世则难合,违俗则多穷,亦其势然也。呜呼! 人事修,则天下之人皆可使为善士,废则虽天所赋予,其

---

① 《居士外集》卷一五,《欧阳修诗文集校笺》,第 1937 页。
② 《居士集》卷四二,《欧阳修诗文集校笺》,第 1086 页。
③ 归有光:《古文举例·化用经传第十六》评语,转引自洪本健编:《欧阳修资料汇编》,北京:中华书局,1995,第 2 册,第 548 页。

贤亦困于时。夫天非不好善,其不胜于人力者,其势之然欤? 此所谓天人之理,在于《周易》否泰消长之卦。能通其说,则自古贤圣穷达而祸福,皆可知而不足怪。

　　秀才张生居青州,其母贤而知书,三子丧其二,独生最贤,行义闻于乡,而好学,力为古文,是谓卓然而不惑者也。今年举进士,黜于有司,母老,而贫无以养,可谓困且艰矣。嗟乎! 予力既不能周于生,而生尤好《易》,常以讲于予,若归而卒其业,则天命之理,人事之势,穷达祸福,可以不动于其心。虽然,若生者岂必穷也哉? 安知其不艰而后通也哉? 庆历二年三月十九日序。①

本文的展开,依赖经学甚多。要了解其巧妙构思,我们不妨将文章倒过来读。青州张唐民是一位年轻的读书人,在庆历二年的进士考试中落第还乡。他与欧阳修皆钟情于《易》,便有了交往。从文体来说,这是一篇赠序。在唐宋各体古文中,赠序是写作特别自由的一体。照例它要表达对被赠予者的劝勉之意,而作者常常借题发挥,在赠序中阐述自己对学术、文学、艺术、时政等的看法,使赠序文甚为可读。写作赠序常成为作者借他人之酒杯,浇心中之块垒的一种手段。赠序虽然较少受限制,但写作中存在这样一个难题:作者必须在自己倾吐的想法和被赠予者的经历之间建立联系,否则文章难以组织成篇。在写作《送张唐民归青州序》时,欧阳修首先从自己和张生都喜爱《周易》这一点出发,设想张生虽面临仕途挫折,但"天命之理、人事之势、穷达祸福可以不动于其心"。因为在欧阳修看来,《易》就是专门研究天命人事、穷达祸福各种变化的经典。明了《易》理,也就能通达地看待挫折。由此出发,欧阳修进而思考士大夫个人作为、命运与时世环境的关联,结论是:"夫天非不好善,其不胜于人力者,其势之然欤? 此所谓天人之理,在于《周易》否泰消长之卦。能通其说,则自古贤圣穷达而祸福,皆可知而不足怪。"欧阳修努力想通过《周易》所蕴含的"天人之理",主要是祸福消长的道理,来解释贤者必困且艰这样一个

---

① 《居士集》卷四二,《欧阳修诗文集校笺》,第1083—1084页。

经常发生的现象。可贵的是,作者没有将士大夫的善与不善完全归结为个人品行,而是更看重社会环境对人的塑造和影响,他认为即使是上古三代,也不可能每个人都是善士贤人,而是由于社会环境好,"王道备而习俗成,仁义礼乐达于学,孝慈友悌达于家",才造就了诸多善士。

在本文中,对《周易》的阐释为文章的写作提供了动力。无论是对张生落第这一现象的解释,还是对士人命运的探究,抑或是对天命、人事以及时势的思考,无不与《易》提供的"天人之理"密切相关。可以说,假如没有作者对《易》的这番理解,假如没有张生和作者对《易》的共同兴趣,这篇赠序就很有可能流于表达一般的劝慰之意了。

总而言之,宋代经学对古文创作的影响,在欧阳修这样杰出的经学家兼古文家身上,表现得尤为明显。古文家在创作古文时,自觉或不自觉地运用"经术",来深化文章主题,在遣词造句时,也留下了儒家经典行文风格的某些印记。而古文写作技巧的进步,反过来对经学家探究经典义理有所助益。

第四节　熙宁科举改革与所谓"经术派"古文家

从神宗时期开始,在经学方面有着更高地位,并且能够施加更大影响力的人无疑是王安石。

熙宁科举改制和《三经新义》颁布后,科场试经义一以新经义为准,"由是独行于世者六十年"[1]。可以说,熙宁八年之后,一直到北宋末,整个官学系统都被王安石新学所占据,"学者争传习之,日以经试于有司,必宗其说,少异,辄不中程,先儒传注既尽废,士亦无复自得之学"[2]。即使在旧党执政的元祐年间,新学的官学地位也未根本改变。本来,宋代经学

---

① 《郡斋读书志校证》卷一,第 57 页。

② 王稱:《东都事略》卷七九《王安石传》,《二十五别史》本,济南:齐鲁书社,2000,第 14 册,第 666 页。

以辩驳旧注、直探本义的怀疑精神为特色,现在形成新学一家独尊的局面,对学术界和一般士人造成的冲击不难想见。新学对古文的影响主要有二,首先是古文与经义的分野,进而导致古文对新学的疏离。

在熙宁贡举改革之后,进士科只考经义、策论,策论为原有项目,考经义则为王安石所首创。关于经义的体制、形态和程式化问题,学者多有讨论①,兹不赘述。需要指出的是,宋代经义本可视为古文的一部分,"原与论体相似,不过以经言命题,令天下学出于正,其法较严耳"②。然因其在内容上需严守《三经新义》,形式上又以中书所颁"大义式"为准,很大程度上束缚了文章的创造性与写作的自由度。于是,其弊端逐渐显露,为人所不齿,或斥之为"荒唐诞怪,非昔是今,无所统纪"③。

宋初以来,经学素为古文之发展提供助推力,古文家以尊经为号召,大力提倡古文,进而以经学义理提升文章的立意与格调,可是到了北宋后期,随着新学的一家独尊,应试者在利益驱动下对经义趋之若鹜,真正有追求的古文家反而不屑于此。苏轼评价当时的文章说:"文字之衰,未有如今日者也。其源实出于王氏。王氏之文,未必不善也,而患在于好使人同己。自孔子不能使人同,颜渊之仁,子路之勇,不能以相移。而王氏欲以其学同天下!地之美者,同于生物,不同于所生。惟荒瘠斥卤之地,弥望皆黄茅白苇,此则王氏之同也。"④他承认王安石之文的优长,但"黄茅白苇"比喻王氏强制尚同的恶劣后果,文章形式刻板,单调乏味,对文风造成负面影响。

苏轼本人早在嘉祐二年(1057)中进士,熙宁时已功成名就,作文不必受制于王氏之学。在熙、丰及以后考进士的文人看来,到底是学作经义时

① 参见拙文:《"经义"考》,《华东师范大学学报(哲社版)》2002年第6期;黄强:《现存宋代经义考辨》,《扬州大学学报(人文社科版)》2005年2期,后收入氏著《八股文与明清文学论稿》,上海:上海古籍出版社,2005,第218—230页。

② 俞长城:《宋七名家经义》,清光绪壬寅麟书阁刊本。

③ 钱景谌:《答兖守赵度支书》,引自邵伯温:《邵氏闻见录》卷一二,北京:中华书局,1983年,第134页。

④ 《答张文潜县丞书》,《苏轼文集》卷四九,第1427页。

文,还是拒绝时文、赓续古文,确实成为一道难题。如吕南公熙宁间举进士不第,其《与汪秘校论文书》云:"当今文与经家分党之际,未知秘校所取何等之文耳? 若尧、舜以来,扬、马以前,与夫韩、柳之作,此某所谓文者。若乃场屋诡伪劫剽、穿凿猥冗之文,则某之所耻者。往时尝为之矣,然未尝以之比数于文也。"①很明显,当时古文家与经学家已经"分党",而古文家只愿意承认先秦和韩、柳那样的文章为"文",他们不承认场屋之文(即应试的经义)也是古文。而拒绝经义,实际上也就使古文与新学日益疏离。当时像吕南公这样将古文与时文相别者不乏其人,秦观向苏轼汇报自己如何准备应试:"尽取今人所谓时文者读之,意谓亦不甚难及,试就其体作数首,辄有见推可者,因以应书,遂亦蒙见录,今复加工如求应举时矣。"②在他看来,时文与古文体制有别,而作时文完全是为了应试。同为"苏门六君子"的陈师道虽然"为文精深雅奥",然"熙宁中,王氏经学盛行,师道心非其说,遂绝意进取"③。

新学盛行之时,专攻经术者的古文水平亦不敢恭维。南宋王明清追述:"宣、政中,有两地,早从王荆公学,以经术自任,全乏文采。"④在新学的笼罩下,士子的文才究竟如何呢? 不妨看一个例子:"崇宁以后,王氏《字说》盛行,学校经义、论、策,悉用《字说》。有胡汝霖者,答《用武策》,其略云:'止戈为武,周武王伐商,一戎衣而天下大定,归马放牛,偃武修文,是识武字者也。尊号曰武,不亦宜乎! 秦始皇、汉武帝、唐太宗既得天下,而穷兵黩武不已,是不识武字者也。'榜出,遂为第一。虽用《字说》而有理。"⑤这样的时文,比之当年苏轼兄弟应试之时文,其水准下降了不知多少,真沦为苏轼所言"黄茅白苇"了。

---

① 吕南公:《灌园集》卷一一,《全宋文》,第 109 册,第 204 页。

② 秦观:《与苏公先生简》其四,徐培均:《淮海集笺注》卷三〇,上海:上海古籍出版社,2000,第 991 页。

③ 《宋史》卷四四四《陈师道传》,第 13115 页。

④ 王明清:《挥麈录·余话》卷二,上海:上海书店出版社,2001,第 253 页。

⑤ 曾慥:《高斋漫录》,《全宋笔记》,上海师范大学古籍整理研究所编,第四编第五册,郑州:大象出版社,2008,第 107 页。

　　到了宋徽宗崇宁二年(1103)四月,朝廷干脆下诏:"三苏集及苏门学士黄庭坚、张耒、晁补之、秦观及马涓文集,范祖禹《唐鉴》、范镇《东斋记事》、刘攽《诗话》、僧文莹《湘山野录》等印板,悉行焚毁。"① 从在政治上惩治元祐党人,到在学术上焚毁他们的著作,文化专制的手段日趋严酷,这样全面封杀的时代,当然就再也难以产生杰出的古文家了。

　　王安石本人的经学对古文创作的影响,笔者已有过讨论,这里不再赘述。② 有些论者将王安石归入"经术派"古文家之列,本节就此问题作一辨正。

　　文学和史学两个领域的学者皆认为有"经术派"的存在。如杨庆存在《宋代散文研究》一书中认为欧苏古文派分出"文章派"、"经术派"、"议论派",而"经术派以王安石为宗主,王氏由文风的宗经复古推进到取法经术,提出'通经致用'。"③ 刘海峰在《八股文百年祭》一文中认为:"唐宋时期,科举考试中长期存在着经术与文学之争,经术派主张考试内容应以儒家经典为重,文学派主张应以诗赋等文学辞章为重,……宋代的范仲淹、司马光、王安石等属于经术一派,……宋代的欧阳修、苏轼等属于文学一派。"④

　　"经术派"这样一个提法,并非当下学者首创,史学家钱穆早就认为:王安石、程颢等人的政治见解,"可以称之为'经术派',或'理想派'。他们主张将理想来彻底改造现实,而古代经籍,则为他们理想辩护之根据"⑤。罗根泽《中国文学批评史》下编设《王安石及其他经术派的政教文学说》一章,认为:"完成经术派的是王安石,创始经术派的应推范仲淹。"⑥并将李觏、祖无择、曾巩、刘弇皆归入"经术派"。

　　我们认为,"经术派"的提法主要来源于南宋人的两处论述。一是陈

---

①　《续资治通鉴长编拾补》卷二一,第 741 页。

②　参见拙文:《论"经术"与王安石古文之关系》,《文艺理论研究》2008 年第 3 期。

③　杨庆存:《宋代散文研究》,第 141 页。

④　刘海峰:《八股文百年祭》,《厦门大学学报》2001 年第 4 期。

⑤　钱穆:《国史大纲》,北京:商务印书馆,1991,第 590 页。

⑥　罗根泽:《中国文学批评史》,上海:上海古籍出版社,1984,第 3 册,第 80 页。

善所言:"唐文章三变,本朝文章亦三变矣;荆公以经术,东坡以议论,程氏以性理,三者要各立门户,不相蹈袭。然其末流,皆不免有弊。"①二是周必大所言:"至和、嘉祐中,文章尔雅,议论正平,本朝极盛时也。一变而至熙宁、元丰,以经术相高,以才能相尚。回视前日,不无醇疵之辨焉。"②周必大仅言熙、丰间为文之风尚,没有提及文派的问题。而陈善所谓"文章",概指学术文化而言③,并非专指散文或古文。因此,"文章三变"并非仅指文风变化,而是泛指学风变化。

罗根泽是从文论观点相近的角度来定义"经术派"的,他举出的从范仲淹到刘弇这些人,只能说其部分文学观念比较接近,都尊崇经典和经学。然由于诸人所处政治环境前后不同,学术观念颇有差异,如曾巩后来并不认同王安石学术,李觏与王安石在对待孟子学说方面态度也正好相反。再就古文创作而言,他们的风格差异更大,似乎很难一并归入"经术派"这样一个古文流派之中。

至于说王安石开创了"经术派",那么他的后继者主要应是新党文人。但王氏后学吕惠卿、龚原、陆佃以及后来的章惇、曾布、蔡京等新党要人,都很难被称为真正的古文家。沈松勤在考察新党文人群体之后得出结论:"王安石虽然追求文学的经术根底,'务为有补于世',并在变法中自为盟主,使之薪尽火传,但事实上,作用于王安石及其结盟的新党作家的,已非文学本身,而是政治;维系他们的文学实践的,主要不是文学自身的运行规律,而是政治权力。"④由此看来,将王安石作为"经术派"古文家之宗主,并构造出这样一个"流派",这种文学史叙述,恐怕未必符合宋代文学发展的实际情形,而是大有讨论余地的。

---

①　陈善:《扪虱新话》上集卷三,《丛书集成新编》本,第 12 册,第 23 页。

②　周必大:《苏魏公文集后序》,祝尚书编:《宋集序跋汇编》,北京:中华书局,2010,第 1 册,第 474 页。

③　参见王水照:《王安石的散文理论与写作实践》,《王水照自选集》,上海:上海教育出版社,2000,第 514 页。

④　沈松勤:《论王安石与新党作家群》,《杭州大学学报》1998 年第 1 期。

第五节 "三苏"经论的写作实践

在北宋学术文化领域,苏洵、苏轼、苏辙父子集经学家与古文家于一身。经学方面,苏洵对《洪范》有独到见解,尝撰《洪范论》三篇,晚年更是潜心《周易》。欧阳修在其墓志铭中写道:"盖晚而好《易》……作《易传》未成而卒。"①张方平为其撰《墓表》,称其著述中有"《易传》十卷"②而其为《易》作传的未竟之业,终由长子苏轼来完成。苏辙《亡兄子瞻端明墓志铭》这样叙述《易传》的成书过程:"先君晚岁读《易》,……作《易传》,未完。疾革,命公述其志。公泣受命,卒以成书,然后千载之微言,焕然可知也。"③由此可见,最先对《周易》产生兴趣的是苏洵,而苏轼的《易传》其实是在苏洵所作的基础上完成的。④《易传》与苏辙也有关系,从其孙苏籀所记《栾城先生遗言》中不难发现。该书云:"初,二公少年,皆读《易》,为之解说。各仕它邦,既而东坡独得文王、伏羲超然之旨,公乃送所解予坡。今《蒙卦》犹是公解。"⑤由此可见,苏氏一门对《周易》皆有兴趣,今传《东坡易传》与三苏亦咸有关联,并非苏轼一人独著。

至于苏轼、苏辙兄弟,于经学则各有建树。除《东坡易传》外,苏轼尚有《书传》、《论语说》(已佚),此三书历时多年精心结撰,于东坡晚年定稿,是宋代经学史上不可忽略的重要著作。苏辙的经学,近年来也开始受到学界重视,其所撰《诗集传》、《春秋集解》等著作,以及对于《论语》、《孟子》

---

① 欧阳修:《故霸州文安县主簿苏君墓志铭并序》,《居士集》卷三四,《欧阳修诗文集校笺》,第 903 页。

② 张方平:《文安先生墓表》,《乐全集》卷三九,《张方平集》,郑州:中州古籍出版社,1992,第 719 页。

③ 《栾城后集》卷二二,《苏辙集》,第 1127 页。

④ 谢建忠《苏轼〈东坡易传〉考论》认为苏辙在《亡兄端明墓志铭》中"未言轼续其父未完之书",故《易传》当为苏轼独立撰著,见《文学遗产》2000 年第 6 期。金生杨《也论〈东坡易传〉的作者和系年》一文反驳了这种说法,见《文学遗产》2003 年第 1 期。我们认为当以金说为是。

⑤ 苏籀:《栾城先生遗言》,《全宋笔记》,第三编第七册,第 151 页。

的诠释和研究,受到关注。①

　　至于说到三苏在古文方面的成就,其杰出自不待言。自从嘉祐二年(1057)苏轼兄弟进士及第起,三苏文名逐渐远播士林,最终苏轼成为欧阳修之后的又一位文坛领袖。假如将苏氏父子放到北宋古文的发展历程中来看,不难发现,他们对于经学和古文的并重兼善可以说是继承了宋初以来的传统。古文家在最初提倡古文时,无一不借重于经学之膂力。历数之前我们论述过的北宋古文大家,从柳开、王禹偁到孙复、石介、穆修,再到欧阳修、王安石诸人,无一不是处于经学与古文的交集之中。他们或撰著一种或多种经学著作,或在古文中频频涉及经学。由于六经本身的崇高地位,以及古文家们自身的经学兴趣和修养,他们的古文中总会有关涉经学之处,引经据典也是他们论述问题的重要方式,这可以视作宋代士大夫一般的经学知识和修养在古文创作中的体现。而其中一部分人,如孙复、欧阳修、王安石等,皆有经学专著。经学在他们的知识系统中并不仅仅是作为一般的学术文化和应付科举考试的工具,而是这些士人学术创获的重要组成部分。故而他们堪称经学家,而不是一般意义上具有经学素养的士人。毫无疑问,三苏亦属于经学家之列,除了单独的著作,其古文中也多有直接讨论经学的篇章。而本节所要讨论的,主要是经学与古文在三苏那里形成的交集,这个交集,也就是三苏的经说和经论。②

　　苏轼有几篇直接以《周易》为讨论对象的古文作品,包括《御试重巽以申命论》、《物不可以苟合论》、《易解》。其中《易解》是对《系辞传》中“十有八变而成卦”一语作的详细解释,属于纯粹的易学论文,这里暂不涉及。

　　《御试重巽以申命论》为苏轼应试之作,论题出自《易》之《巽卦》的《彖传》:“重巽以申命。”本卦的卦辞是:“巽:小亨。利有攸往。利见大人。”巽

　　① 参见李冬梅:《苏辙〈诗集传〉新探》,成都:四川大学出版社,2006;刘茜:《苏辙的〈春秋〉学与〈诗经〉学》,杭州:浙江大学博士论文,2007;谷建:《苏辙学术研究》,北京:光明日报出版社,2009。

　　② 全面探讨苏轼经学与古文关系的成果迄今未见。朱刚的《唐宋四大家的道论与文学》、冷成金的《苏轼的哲学观与文艺观》(北京:学苑出版社,2003)两书或多或少涉及这一问题。谢建忠的《苏轼〈东坡易传〉考论》一文讨论过《东坡易传》与苏轼文学思想的关联。

是谦卑恭顺的意思,《正义》说:"巽者,卑顺之名。"①《说卦传》云:"巽,入也。"②对于这种解释,《正义》申说道:"盖以巽是象风之卦,风行无所不入,故以'入'为训。若施之于人事,能自卑巽者,亦无所不容。然巽之为义,以卑顺为体,以容入为用,故受'巽'名矣。上下皆巽,不为违逆,君唱臣和,教令乃行,故于重巽之卦,以明申命之理。虽上下皆巽,命令可行,然全用卑巽,则所通非大,故曰'小亨'。"③这里需尤其注意巽施于人事之后的意义,概括起来就是"以卑顺为体,以容入为用"。而《象传》所谓"重巽",是指重卦"上下皆巽",为两个巽卦相叠加,引申到人事中,指上下应当采取卑顺宽容的态度,君臣姿态都放得很低,这样教令就能通行无阻。王弼注云:"命乃行也,未有不巽而命行也。"《正义》曰:"此卦以卑巽为名,以申命为义。故就二体上下皆巽,以明可以申命也。上巽能接于下,下巽能奉于上,上下皆巽,命乃得行,故曰'重巽以申命也'。"④应该说,王注和《正义》所言都并不复杂,一目了然。

《御试重巽以申命论》的基本观点与旧注并不相悖,只是在写作技巧上明显可以发现古文的艺术特征。文章认为,"重巽之道"的关键在于"上下顺",也就是圣人"以至神之化令天下,使天下不测其端;以至详之法晓天下,使天下明知其所避。天下不测其端,而明知其所避,故靡然相率而不敢议也,上令而下不议,下从而上不诛,顺之至也"⑤。为了论证这样一种"申命"的境界,苏轼采用了文学化、形象化的手法,他从巽卦"配于风"这一传统说法出发,从中找到与圣人"申命"的共同点。他说:

> 天地之化育,有可以指而言者,有不可以求而得者。今夫日,皆知其所以为暖;雨,皆知其所以为润;雷霆,皆知其所以为震;雪霜,皆知其所以为杀。至于风,悠然布于天地之间,来不知其所自,去不知

---

① 《周易正义》卷六,《十三经注疏》本,第69页。
② 《周易正义》卷九,《十三经注疏》本,第94页。
③ 《周易正义》卷六,《十三经注疏》本,第69页。
④ 《周易正义》卷六,《十三经注疏》本,第69页。
⑤ 《苏轼文集》卷二,第35页。

其所入，嘘而炎，吹而冷，大而鼓乎大山乔岳之上，细而入乎窍空蓏屋之下，发达万物，而天下不以为德，摧败草木，而天下不以为怒，故曰天地之化育，有不可求而得者。此圣人之所法，以令天下之术也。①

这段文字，将风与大自然其他天气现象相比较，抓住了风无形无相，影响力又无所不在的特点，来比喻圣人的"令天下之术"，也就是一种和缓委婉的命令方式。这样使得老百姓在接受君命时不致产生抵触情绪，君民矛盾也不容易产生，此所谓"上下顺"。苏轼在这里使用比喻手法，生动地阐发了儒家注重教化、采用柔性统治方式的特点。这样的比喻、描述和阐释，不见于《周易》旧注，是古文家运用古文写作技巧对"重巽以申命"一语加以发挥的产物。由此可见，古文家论《易》，的确与纯粹的经学家不大相同。此篇文笔之挥洒自如，已初见苏轼一代文豪的风范了。

在《东坡易传》中，苏轼对"重巽以申命"是这样解释的："君子和而不同，以巽继巽，小人之道也。无施而可，故用于申命而已。"②因为《东坡易传》最终在儋州定稿，因此这一解释可以看作苏轼晚年对此语的理解。"重巽"之道由圣人之道变成了小人之道，和早年写作《御试重巽以申命论》时的说法迥然相异了。我们没有文献的证据来回答这种变化的缘由，只能推测说，由于苏轼一生历经党争、文字狱等政治磨难，他对持一味卑顺态度的人抱有了某种警觉和鄙夷，倾向于视之为小人。

《物不可以苟合论》一文论题取自《周易·序卦传》，为了说明问题，我们把相关的上下文引录于此："嗑者，合也。而已，故受之以《贲》。贲者，饰也。"王弼注云："物相合则须饰，以修外也。"③苏轼此文说："天下之事，如是足以成矣，如是足以得矣，如是足以合矣，而必曰未也，又从而节文之，绸缪委曲而为之表饰，是以至于今不废。"④这里所说的"表饰"，其实是制定礼节，使得人与人之间的关系不仅仅止于苟合，而是更加稳固，不

---

① 《苏轼文集》卷二，第 35 页。
② 《东坡易传》卷六，文渊阁《四库全书》本，第 9 册，第 106 页。
③ 《周易正义》卷九，《十三经注疏》本，第 96 页。
④ 《苏轼文集》卷二，第 41 页。

容易发生变化。这一层意思,在《东坡易传》解释"物不可以苟合"一语时表述得更为明白:"君臣、父子、夫妇、朋友之际,所谓合也,直情而行谓之苟,礼以饰情谓之贲,苟则易合,易则相渎,相渎则易以离;贲则难合,难合则相敬,相敬则能久。"①但是,怎样通过"礼以饰情"来避免"直情而行"呢?《易传》中并没有进一步详细交代,这自然是受到经注本身体例的限制。而在《物不可以苟合论》这样一篇古文中,作者就完全可以畅所欲言,类似的限制不复存在了。文中说:

> 圣人之始制为君臣、父子、夫妇、朋友也,坐而治政,奔走而执事,此足以为君臣矣。圣人惧其相易而至于相陵也,于是为之车服采章以别之,朝觐位著以严之。名非不相闻也,而见必以赞。心非不相信也,而出入必以籍。此所以久而不相易也。杖屦以为安,饮食以为养,此足以为父子矣。圣人惧其相亵而至于相怨也,于是制为朝夕问省之礼,左右佩服之饰。族居之为欢,而异宫以为别。合食之为乐,而异膳以为尊。此所以久而不相亵也。生以居于室,死以葬于野,此足以为夫妇矣。圣人惧其相狎而至于相离也,于是先之以币帛,重之以媒妁。不告于庙,而终身以为妾。昼居于内,而君子问其疾。此所以久而不相狎也。安居以为党,急难以相救,此足以为朋友矣。圣人惧其相渎而至于相侮也,于是戒其群居嬉游之乐,而严其射享饮食之节。足非不能行也,而待摈相之诏礼。口非不能言也,而待绍介之传命。此所以久而不相渎也。天下之祸,莫大于苟可以为而止。夫苟可以为而止,则君臣之相陵,父子之相怨,夫妇之相离,朋友之相侮久矣。圣人忧焉,是故多为之饰。②

这段文字主旨与《易传》并无不同,只是铺写得更具体,尤其是将圣人为君臣、父子、夫妇、朋友这四种最常见的人际关系所制定的种种礼仪,以及背后的良苦用心表现出来,作者本人对"物不可以苟合"的理解在文中

---

① 《东坡易传》卷九,文渊阁《四库全书》本,第9册,第150页。
② 《苏轼文集》卷二,第41—42页。

更加准确地阐发出来。而且,从形式来看,苏轼在论述君臣、父子、夫妇、朋友四者时,采用句式相类的文字,使文章结构显得严整和紧凑,具有一定的审美意味。

　　在经学史上,苏轼《尚书》学比其《易》学有着更高的地位。《东坡书传》中不少解释都与王安石的《尚书义》唱对台戏。关于这一点,晁公武为《东坡书传》作解题云:"熙宁以后,专用王氏之说进退多士。此书骇异其说为多,又以《胤征》为羿篡位时,《康王之诰》为失礼,引左氏为证,与诸儒之说不同。"①熙宁科举改制之后,由王安石主持编纂的《三经新义》成为应试的标准经注,《郡斋读书志》说其中的《尚书义》"颁于学官,用以取士,士或少违异,辄不中程,由是独行于世者六十年"。② 可见该书整个统治了北宋中后期的科场。而苏轼的解释很多地方与《尚书义》针锋相对。③

　　那么,当苏轼以单篇古文的方式来讨论《尚书》的时候,其在义理和写作方面又有何特色呢? 姑以其十篇《书义》(又称《尚书解》)与《论好德锡之福》为例来考察一番。这些文章皆以《尚书》中某句话为题,通过对其的解释和阐发展开议论,提出作者自己的看法和评断。这些文章写作年代不明,估计应作于苏轼应试或者准备应试之时,所以是经义程文。这些经义与熙宁科举改制后的经义不同,形式上还比较自由,也敢于抒发自己在《尚书》诠释上的见解。我们不妨先来分析其在诠释上与旧注之差异,然后再一探其主要写作技巧。如《乃言底可绩》一文,文题出自《虞书·舜典》,原是尧将禅位于舜时,经过考察,认为"汝(舜)言致可以立功"④,所以才将帝位传给舜。这是尧对舜的一个评价,本身不涉及什么形而上的内容,但苏轼在文章中联系《易·说卦传》"穷理尽性,以至于命"的说法,探讨了"中庸"的问题。他说:"呜呼! 极之为至德也久矣。箕子谓之皇极,子思谓之中庸。极则非中也,中则非极也,此昧者之论也。故世俗之

---

① 《郡斋读书志校证》卷一,第 58 页。
② 《郡斋读书志校证》卷一,第 57 页。
③ 详见拙文:《王安石〈尚书新义〉初探》,《华东师范大学学报》2007 年第 1 期。
④ 《苏轼文集》卷六,第 165 页。

学,以中庸为处可否之间,无过与不及之病而已,是近于乡原也。若夫达者之论则不然,曰:'喜怒哀乐未发谓之中,发而皆中节谓之和,致中和,天地位焉,万物育焉。'非舜、禹、皋陶之成功,其孰能与于此哉!故愚以谓穷理尽性,然后得事之真,见物之情。以之事天则天成,以之事地则地平,以之治人则人安。此舜、禹、皋陶之言,可以底绩者也。"①这里显示出苏轼对"中庸"的理解不同于当时大多数人的看法,他将"穷理尽性"、"中庸"与《尚书》中的"乃言底可绩"三者贯通起来,使我们认识到,儒家思想从形而上的哲学层面到形而下的政治实践领域原来是一以贯之,通融无碍的。苏轼对《尚书》的这一解释,为旧注所无,宋学的学术特征在这里展露无遗。再如《墍谗说殄行》一文,文题亦出自《舜典》。这是舜任命龙为纳言之官时说的话,意思是自己最厌恶"谗说殄行"。旧注多将解释的重点放在"谗说"上,如《正义》云:"谗人以善为恶,以恶为善,故言'我疾谗说绝君子之行'。众人畏其谗口,故为谗也。"②对于"殄"字,伪孔《传》解释为"绝",《正义》也没有更详尽的说明。苏轼则认为"凡行之不可传继者,皆殄行也",指出有悖人之常情的行为,都是殄行,"君子之所贵,必其可传、可继者也,是以谓之经,经者,常也。君子苟常之为贵,则彼苟难殄行,无为为之矣"。③ 这就将旧注中未能充分解释之处详加阐述了。

在写作方式上,苏轼的《书》论大致有以下几个特点。

首先是援史证经。虽然讨论的都是《尚书》中语句的解释,但这些古文中频繁地援引史书来加强论证,也使文章更加丰润耐读,避免了经义文通常流于枯涩的弊端。如上文提及的《墍谗说殄行》中,就举了管仲评论竖刁、易牙、开方三人的话:"三子者自刑以近君,去亲杀子以求合,皆非人情,难近。"④这三人虽得桓公信任,但管仲从其不合常理、不近人情的行为中看出他们的真实面目,而后来事实证明了管仲的预见。苏轼举出这

---

① 《苏轼文集》卷六,第165页。
② 《尚书正义》卷三,《十三经注疏》本,第132页。
③ 《苏轼文集》卷六,第166页。
④ 《苏轼文集》卷六,第166页。

个例子,目的是让读者对"眚行"有更加感性的认识。再如《庶言同则绎》一文说:"晋王导辅政,每与客言,举坐称善。而王述责之曰:'人非尧舜,安得每事尽善。'导亦敛衽谢之。"①这一典故出自《晋书·王述传》,虽然作者接下来说:"古之君子,其畏同也如此。"似乎将这一故事与"同则绎"扯上一些关系,但主要是为了使文章读起来更丰富有味,更加漂亮。有时,苏轼的"援史证经"语句十分简练,如《王省惟岁》一文结尾云:"文王不兼庶狱,陈平不治钱谷,邴吉不问斗伤,此所为不易者也。秦皇衡石程书,光武以吏事责三公,此易岁月而乱日时者也。"②寥寥数语,既显示了作者腹笥之博,又给文章以恰到好处的点缀。在经义文中,引用其他经书来解释经义的情况比较多见,援引经书同时代史事证明经书的情况也时有所见,但引用后世史书来证明经书的情况则甚为鲜见了。苏轼的《书义》在这一点上可谓突破常例。

其次是善用比喻和类比手法。如《终始惟一时乃日新》一文,文题出自《商书·咸有一德》,是伊尹告诫商王太甲的话,希望他道德始终如一,日日更新,才能担负起君王的责任。但道德的更新与守一,从字面来看适相背反,苏轼解释道:"物之无心者必一,水与鉴是也。水、鉴惟无心,故应万物之变。物之有心者必二,目与手是也。目、手惟有心,故不自信而托于度量权衡。己且不自信,又安能应物无方日新其德也哉?"③这段文字通过巧妙的比喻,将日常生活中的水和镜子,眼睛和手作为喻体,形象地阐明了物之"无心"和"有心"的利弊所在,最终论证了"新"与"一"之间并不矛盾,而是相辅相成的关系。在《东坡书传》中,苏轼也通过比喻来解释这句话:"圣人如天,时杀时生,君子如水,因物赋形。天不违仁,水不失平,惟一故新,惟新故一,一故不流,新故无斁。"④两相比照,《终始惟一时

---

① 《苏轼文集》卷六,第 171 页。
② 《苏轼文集》卷六,第 169 页。
③ 《苏轼文集》卷六,第 168 页。
④ 《东坡书传》卷七,曾枣庄、舒大刚主编:《三苏全书》,北京:语文出版社,2001,第 2 册,第 31 页。

乃日新》中的比喻显然更接近读者的认知世界,更容易为人所接受。又如《论好德锡之福》一文对"极"这样来解释:"极之于人也,犹方之有矩也,犹圆之有规也,皆有以绳乎物者也。"①这些比喻,将抽象的概念化为具体的物象,使说理文字更富神采。苏轼在《书义》中,还常常使用类比的手法,以增加说理的形象性,如:

> 探夜光于东海者,不为鲵桓而回网罗;求合抱于邓林者,不以径寸而枉斧斤。苟志于远,必略近矣。(《视远惟明听德惟聪》)

> 毫末之木,有合抱之资;滥觞之水,有稽天之势,不可谓无是理也。(《惟圣罔念作狂惟狂克念作圣》))②

这些以骈句写成的类比文字,富有文学色彩,假如不是特意标出,读者恐怕很难相信是出自解释《尚书》的经义文之中。

苏轼讨论经学的古文作品,还有一二篇零星之作论及《论语》和《孟子》,在写作的方式上与《书义》相差不多。而其论《春秋》的文章,虽然有十篇之多,但属于比较纯粹的经学考证,与古文的创作关系不大,限于篇幅,这里就不再另作讨论了。

三苏经论中,最引人注目的是苏洵的"六经论"和二苏的"五经论"。据考,苏洵"六经论"作于皇祐三、四年(1051、1052)至嘉祐元年(1056)春之间,③作者为苏洵确然无疑。但苏轼、苏辙的文集中,同时收录了《易论》、《礼论》、《诗论》、《书论》、《春秋论》这五篇经论,内容完全相同,分别见于《栾城应诏集》和明刻本的《东坡先生全集》。这"五经论"著作权到底属于苏轼还是苏辙,学界向有争议。有学者认为,"五经论"当为苏辙年轻时应制举所上进卷的一部分内容,而后被误认为苏轼的作品而收入《东坡大全集》之类的别集中。④ 但也有学者通过进一步考证和文句、文意的比

---

① 《苏轼文集》卷三,第 65 页。
② 《苏轼文集》卷六,第 167 页、第 170 页。
③ 曾枣庄、金成礼:《嘉祐集笺注》卷六,上海:上海古籍出版社,1993,第 144 页。
④ 顾永新:《二苏"五经论"归属考》,《文献》2005 年第 4 期。

对,认定"五经论"实出苏轼之手。① 也有学者推测,苏轼、苏辙兄弟应制科举时的进卷属于相互配合,苏辙写了"五经论",苏轼就写了《中庸论》三篇与之相配合补充。② 三种说法各有文献方面的依据,兹不赘述。相较而言,我们更倾向于认同第三种说法,"五经论"是以苏辙为主撰写的,苏轼也完全有可能参与写作。有鉴于此,我们称之为二苏的"五经论"。

在《礼论》中,作者写道:"故夫三代之视上古,犹今之视三代也。三代之器,不可复用矣,而其制礼之意,尚可依仿以为法也。"这可以看作全文的主旨。作者紧接着的方案则是:"宗庙之祭,荐之以血毛,重之以体荐,有以存古之遗风矣。而其余者,可以易三代之器,而用今世之所便,以从鬼神之所安。"③通篇主要着力于比较古今之礼制,注重将"礼"放在历史变化的进程中加以考察,涉及的内容非常具体,而基本上没有讨论礼的性质、由来、效用等问题。

《易论》讨论对的是"少阳"、"少阴"、"老阳"、"老阴"这四象如何理解,以及为何用七、八、九、六四个数字代表四象。作者认为:"《易》之所以或为老或为少者,为夫揲蓍之故也。"④而四个数字只是起到标识作用,所谓"徒以为识焉耳",与四象的意义无关。应该说,作者对于四象来源于揲蓍之法的解释,与当今学术界的一般看法相一致,是符合事实的。我们更注意到,《易论》以这样一段话开头:"《易》者,卜筮之书也。挟策布卦,以分阴阳而明吉凶,此日者之事,而非圣人之道也。圣人之道,存乎其爻之辞,而不在其数。数非圣人之所尽心也,然《易》始于八卦,至于六十四,此其为书,未离乎用数也。而世之人皆耻其言《易》之数,或者言而不得其要,纷纭迂阔而不可解,此高论之士所以不言欤? 夫《易》本于卜筮,而圣人开

① 刘倩:《二苏"五经论"归属再考证——兼与顾永新先生商榷》,《洛阳师范学院学报》2010 年第 4 期。
② 朱刚:《北宋贤良进卷考论》,《中华文史论丛》2009 年第 1 期。他进一步推测,二苏可能共同制作了两个进卷,而《五经论》最初是以苏辙作品的名义问世。见氏著《唐宋"古文运动"与士大夫文学》,第 276 页。
③ 《栾城应诏集》卷四,《苏辙集》,第 1269 页。
④ 《栾城应诏集》卷四,《苏辙集》,第 1270 页。

言于其间,以尽天下之人情。使其为数纷乱而不可考,则圣人岂肯以其有用之言而托之无用之数哉!"①这段话表明作者虽承认《周易》为占筮之书,但二苏对以象数研究《周易》的路径并不认同。的确,假如从《东坡易传》的解释路数来看,苏轼毫无疑问应该被归入《易》学"义理派"的队伍中。而《邵氏闻见后录》中的一条材料可作旁证:"晁以道为予言:'尝亲问东坡曰:先生《易传》当传万世。曰:尚恨某不知数学耳。'"②晁说之的说法当是可信的,苏轼为自己不了解象数之学而倍感憾恨。

《书论》是对《尚书》总体上进行评论的一篇古文。作者以自己读《史记·商君列传》的感受作引子,来讨论《尚书》。他对商鞅施行严刑峻法以变更秦国法令,起先"未尝不壮其勇而有决",持赞赏的态度。接着话锋一转,说:"然及观三代之书,至其将有以矫拂世俗之际,则其所以告谕天下者常丁宁激切,亹亹而不倦,务使天下尽知其君之心,而又从而折其不服之意,使天下皆信以为如此而后从事。"③三代之书主要指《尚书》,其中记录"矫拂世俗之际",君王告谕天下的文辞,其语气是"丁宁激切,亹亹而不倦"的,故而改革的想法容易为老百姓所接受。这就和商鞅的强硬做法很不同了。作者进而注意到此类文辞的语言特色,他概括道:"其言回曲宛转,譬如平人自相议论而诘其是非。"④本来,统治者发布告谕是由上至下的,完全可以采取命令的口吻,但《尚书》中的告谕在作者看来语言风格是含蓄而婉转的,就像平常人讨论问题、谈论是非那样,心平气和。作者敏锐地发现,《尚书》此时采取这样的写法,"使天下乐从而无黾勉不得已之意,其事既发而无纷纭异同之论,此则王者之意也。"⑤值得注意的是,此文讨论的虽然是《尚书》中的"王者之意",但却是从文学语言风格的角度来切入的,而这样一种建立在文学感受基础上的《尚书》评论,在过去的

---

① 《栾城应诏集》卷四,《苏辙集》,第 1270 页。
② 邵博:《邵氏闻见后录》卷二〇,北京:中华书局,1983,第 160 页。
③ 《栾城应诏集》卷四,《苏辙集》,第 1271 页。
④ 《栾城应诏集》卷四,《苏辙集》,第 1271 页。
⑤ 《栾城应诏集》卷四,《苏辙集》,第 1271 页。

《尚书》学著作中并不多见。同样，文中也谈到，汤武征伐之际，自述其用兵之意的文字风格是"周旋反覆"、"优游而徐譬之"，而当盘庚迁都之时，对百姓的告谕又是"如此其详也"。苏轼正是通过对《尚书》不同部分语言风格差异的细致体察，来探究君王说服百姓时的仁爱之心，进而凸显出三代君王与商鞅之流"王霸之所为不同"。王、霸之辨本是宋儒经常涉及的一个话题，而《书论》皆从《尚书》语言风格来讨论，堪称对儒家经典的文学性批评。这种文学性批评对于儒家经典的解释而言，自有其独到之处。而《书论》本身亦是一篇出色的古文，茅坤以为此文"挈出一事作议论，三四层跌入，极有法度"①。

《诗论》的核心是"人情"二字。作者指出："夫六经之道，惟其近于人情，是以久传而不废。"②故解《诗》应该建立在对人情体认的基础之上。通篇实际上皆在反思和批评汉唐《诗经》学。如作者认为《诗》本是"天下之人，匹夫匹妇，羁臣贱隶，悲忧愉佚之所为作也"，因而不能以"绳墨法度"求之。对于《诗》中之"兴"，由于"当此时已去而不可知，故其类可以意推，而不可以言解也"③，也就是不能将所托之物强合诗意。这些看法充分体现了宋代《诗经》学的基本特征。

《春秋论》将《诗论》"六经之道近于人情"的看法加以深化，其中有云：

> 天下之人，以为圣人之文章，非复天下之言也，而求之太过。求之太过，是以圣人之言更为深远而不可晓。且夫天下何不以己推之也？将以喜夫其人，而加之以怒之之言，则天下且以为病狂，而圣人岂有以异乎人哉！不知其好恶之情，而不求其言之喜怒，是所谓大惑也。④

圣人也是人，所以其喜怒哀乐之情与常人相同，由此，《春秋》一书是圣人对春秋二百四十二年中的历史事件"见恶而怒，见善而喜"，进而用语

①　茅坤：《唐宋八大家文钞·苏文忠公文钞》卷一六，清皖省聚文堂重校刊本，第31册，第1页。
②　《栾城应诏集》卷四，《苏辙集》，第1273页。
③　《栾城应诏集》卷四，《苏辙集》，第1273页。
④　《栾城应诏集》卷四，《苏辙集》，第1274页。

言表达的产物。圣人对事件看法不同,导致了其心绪不同,最终经书里展现出来的语言风格也不同。作者概括为:"喜而言之,则其言和而无伤;怒而言之,则其言厉而不温;怨而言之,则其言深而不诚。"总之,经书的文字是圣人正常的情感心绪的外化,情感心绪决定了"圣人之文章"的不同风貌,并不是说,圣人在经书中故作高深,他这样想,却偏要那样说,让后世读者去猜谜。所以文章最后说:"《春秋》者,亦人之言而已。而人之言,亦观其辞气之所向而已矣。"①这就将《春秋》本身的以及后来解释者附加上去的神秘色彩彻底祛除,同时反映了本文作者注重经书文字风格的倾向。

由于二苏"五经论"为制科进卷的一部分,所以文章本身写得规整明白,一般主旨在文首即标明,中间分为几层深化论述,文末又必然对主旨作一回应。而且通篇行文明白晓畅,即使论《易》、《书》时也毫无艰涩之病。虽然从思想史的意义来看,"五经论"更多反映了北宋经学新变之后的一些通行经学观念,但作者用平易的文字将这些观念系统地写出来,本身就是一个不可忽视的贡献。

与上述"五经论"不同,苏洵的"六经论"并非为应试而作,但六篇文章在构思时并不是相互孤立的,而是构成一个整体。② "六经论"无论由谁来写作,他都必须回答这样一个问题:圣人为何要制定"六经"? 自然,这也是苏洵无法回避的。从内容上看,其《易论》、《礼论》、《诗论》、《乐论》四者的关系更为密切,都是围绕对"礼"的讨论构思的。什么是"礼"? 圣人如何制"礼",又为何制"礼"? "礼"在国家政治和社会生活中的作用是什么? 苏洵在四论中提供了一套解释。《礼论》认为,人的本性是"安于其所常为"③,因此要使人改变习惯,遵从圣人所制之礼是非常困难的,必须"厌服其心",也就是让人们心悦诚服,才能使人们心甘情愿地接受礼。礼非常复杂,但定尊卑是其中重要一端。苏洵在文中仅以人们"拜其君、父、

---

① 《栾城应诏集》卷四,《苏辙集》,第 1275 页。
② 包弼德曾对苏洵的《六经论》作过简要分析,见氏著《斯文:唐宋思想的转型》,刘宁译,南京:江苏人民出版社,2001,第 212—214 页。
③ 《嘉祐集笺注》卷六,第 147 页。

兄"作例子来说明。在苏洵看来，人没有天生愿意敬拜君、父、兄的，圣人首先必须在君、父、兄与我之间设立一个分别。这个分别就是"坐其君与其父以及其兄，而己立于其旁，且俯首屈膝于其前以为礼，而谓之拜"。规定了"拜"的仪式，则尊卑既分，但还是无法保证"我"真正按礼去敬拜，于是圣人"又有术焉厌服其心"："天下有不拜其君父兄者，吾不与之齿。"①因为圣人以身教天下，具有极高的威信，为圣人所不齿，则是一种巨大的耻辱。人们出于对圣人的尊敬和对自身脸面的维护，必然会去敬拜君、父、兄。至此，苏洵回答了圣人如何制礼的问题。那么，圣人又为何一定要人们去敬拜君、父、兄呢？苏洵解释说，这是圣人之"微权"。微权原是兵家术语，指微妙的权变。苏洵以此来解释圣人制礼的目的，可谓别出心裁。假如人们与君、父、兄平起平坐，那么一旦产生矛盾，人们对君、父、兄"奋手举梃而搏逐之可也"②，怒目相向，拳脚相加，哪里还有半点尊敬之意？所以圣人要让彼坐而我立，使彼逸而我劳，在长期的行为习惯中，强化人们对于尊卑贵贱的体认，使人们内心发怒想要对君、父、兄不敬时进行自我约束。《易论》、《乐论》和《诗论》诸作，可以看成是《礼论》的延伸。《易论》一开始便提出："圣人之道，得礼而信，得《易》而尊。"③对于"得礼而信"，读者很容易理解，但究竟为什么"得《易》而尊"呢？作者接下来的话更令人费解："礼为之明而《易》为之幽也。"④众所周知，圣人之道靠礼乐来彰显，礼愈明，圣人之道愈容易被人们理解和接受，难道"道"还要靠《周易》来可以隐匿吗？文章的前半部分仍然将圣人制礼，让百姓在劳役和生死之间权衡，最后百姓为了生存下去，自然都愿意听从圣人而遵守礼制。但作者至此笔锋一转，写了这样一段话：

> 虽然，明则易达，易达则亵，亵则易废。圣人惧其道之废，而天下复于乱也，然后作《易》。观天地之象以为爻，通阴阳之变以为卦，考

① 《嘉祐集笺注》卷六，第 148 页。
② 《嘉祐集笺注》卷六，第 149 页。
③ 《嘉祐集笺注》卷六，第 142 页。
④ 《嘉祐集笺注》卷六，第 142 页。

鬼神之情以为辞。探之茫茫,索之冥冥,童而习之,白首而不得其源。故天下视圣人如神之幽,如天之高,尊其人而其教亦随而尊。故其道之所以尊于天下而不敢废者,《易》为之幽也。凡人之所以见信者,其中无所不可测者也。人之所以获尊者,其中有所不可窥者也。是以礼无所不可测,而《易》有所不可窥,故天下之人信圣人之道而尊之。①

这是苏洵对圣人为何作《易》的一番解释,极堪玩味。圣人担心道的废弛,于是作《易》以保障之,这很好理解。《易》本身是圣人"观天地之象以为爻,通阴阳之变以为卦,考鬼神之情以为辞"的产物,这也属老生常谈,问题是,《易》为何能保障圣人之道的不废?苏洵认为,《易》的神秘性质使人们终其一生都无法彻底了解,正是这种神秘的不可测、不可窥的特点,让人们对圣人心生敬畏。也就是说,制礼的目的是让圣人之道明晰易解,而作《易》的目的恰恰在于让圣人之道神秘而不可解,你永远也看不透,所以很自然就不敢小看圣人了。正如文章最后所点出《易》其实是"此圣人用其机权以持天下之心,而济其道于无穷也"②。苏洵将《易》视为礼的补充,与礼相配合,这并不奇怪。出人意料的是他解释的原因和立论的角度,圣人的形象在他笔下竟显得心怀权诈,故作神秘。

《乐论》一文从另一个角度配合了《礼论》。文章开头部分几乎是对《礼论》主要观点的复述,举的也是那个拜君、父、兄的例子。同时,作者指出,礼制定之后,难以持久,原因在于:"吾知其理,而天下之人知其事,事有不必然者,则吾之理不足以折天下之口。"③既然明白说道理无法使人折服,那么就要通过其他手段,也就是接下来所说的用"乐"来"阴驱而潜率之","乐"就是这样被圣人制作出来的。来源于声音的"乐",被视为对"礼"的有力补充:"用莫神于声,故圣人因声以为乐,为之君臣、父子、兄弟

---

① 《嘉祐集笺注》卷六,第143页。
② 《嘉祐集笺注》卷六,第144页。
③ 《嘉祐集笺注》卷六,第152页。

者,礼也。礼之所不及,而乐及焉。"①而"乐"这一功能的实现,同样不是昭然天下的,而是要暗暗地进行。从作者所使用的"阴驱"、"潜率"这样的词语,不难看出这一点。

假如说《易》、《乐》对"礼"的施行和维持起到了某种保障作用,那么在苏洵看来,《诗》所起的则是一种缓冲作用。《诗论》一文紧紧抓住人的欲望与愤怒来阐述《诗》的作用。礼原本是靠人的好生恶死的天性来对人发挥约束作用的,但人在欲望("好色")或者愤怒("怨君、父、兄")的驱使下,会"不顾利害,趋死而后已",人一旦不顾生死,"礼"便失去了约束作用,近于废弃。这是就需要《诗》来补给。《诗》承认人的欲望或愤怒的合理性,但不能过度,这样的要求,显然更适合针对普通民众。所以苏洵说:"《礼》曰:必无好色,必无怨而君父兄。《诗》曰:好色而无至于淫,怨而君父兄而无至于叛。严以待天下之贤人,通以全天下之中人。"②由此可见,《诗》在客观上削弱了"礼"严格的一面,在欲望愤怒与约束之间,起到了疏导缓冲之效。

在《诗论》的末尾,作者说了这样一段话:

> 吁! 礼之权穷于易达,而有《易》焉;穷于后世之不信,而有乐焉;穷于强人,而有《诗》焉。吁! 圣人之虑事也盖详。③

这就证明了,苏洵将礼、乐、《易》、《诗》四者看作一个整体,而其中礼是核心,《易》、乐、《诗》三者对礼起到辅助和补充的作用。而《诗论》末尾的这段话,是对上述四论的有意识总结。接下来的《书论》、《春秋论》两篇,相对独立,前者主要讨论"风俗之变"与"圣人之权"的关系,提出圣人用其权而导致风俗变化,变化之后,要依靠后出的圣人再用其权,则天下可以复治。通篇以《尚书》中从尧、舜至周武王的历史记载作例证;后者从《春秋》中的赏罚着墨,重点在说明,孔子作此书并非自己欲行赏罚,仿效周公假天子之权以行赏罚。这种赏罚并非也出于孔子自己,而是以鲁国

---

① 《嘉祐集笺注》卷六,第 152 页。
② 《嘉祐集笺注》卷六,第 156 页。
③ 《嘉祐集笺注》卷六,第 156 页。

的名义进行的,因为"鲁,周公之国也,居鲁之地者,宜如周公不得已而假天子之权以赏罚天下,以尊周室,故以天子之权与之也"①。此二篇并非以"礼"为核心,与前四篇的内容与论证方式皆有所不同。

既然苏洵的六经论中只有四篇的主旨比较一致,我们又为何将六篇文章视为一个整体呢?这是因为,围绕"礼"展开讨论,只是苏洵作文的一个表象,在深层次上,六篇文章的真正核心不是"礼",而是"权"。权的意思非常复杂,在文中,它兼具权术、权变、权衡之意,简而言之,在苏洵看来,"权"是圣人为达到某一目的,根据情况变化而灵活运用的一种手段。这个概念在六经论中反复出现,《礼论》中提出"微权"的概念,《易论》中说的是"机权",《乐论》中所说的"阴驱而潜率",《诗论》中提出的以《诗》补充"无权之礼",《书论》中阐明圣人"由风俗之变而后用其权,权用而风俗成",《春秋论》中指出"圣人以其权为天下之公",这些都说明,苏洵其中念念不忘的其实是这个"权"字,"权"是他思考圣人为何制作六经的问题时,心中真正涌现的答案。

苏洵重视"权"的观念,主要受到荀子、《战国策》和兵书的影响。欧阳修就评论说:"子之《六经论》,荀卿子之文也。"②确切地说,苏洵在文中屡屡强调圣人用机权制礼治人,因为他认为人在欲望和本性驱使下并不愿意遵循上下尊卑之礼,这样的思想确实源自荀子。明代茅坤说得更加具体:"老苏以礼为强世之术,即荀子性恶之遗。"③关于"六经论"与荀子的关系,学界已经有比较详细的讨论。④《战国策》对"六经论"的影响,主要表现为文章结构复杂,议论纵横曲折,不过这样的特点不仅仅见于"六经论",而是老苏文章的共性和基本风格。又因为"权"这一概念本身就出自兵书,为兵家之道,老苏论圣人之"权",总体上突出其擅用心术和手腕的一面,正如《礼论》所谓"圣人者又有术焉厌服其心",对"权"和"术"的推

---

① 《嘉祐集笺注》卷六,第 164 页。
② 苏洵:《上欧阳内翰第二书》引,《嘉祐集笺注》卷一二,第 334 页。
③ 茅坤:《唐宋八大家文钞·苏文公文钞》卷四,第 25 册,第 4 页。
④ 参见袁铭:《苏洵经论的荀子渊源》,上海:上海大学硕士论文,2007。

崇,与兵家所提倡的权谋一脉相承。难怪朱熹直截了当地说:"看老苏《六经论》,则是圣人全是以术欺天下。"①鉴于六经论每篇结构不同,并非整齐划一,但就总体而言,由于作者着力于证明圣人之权术,论点与一般儒家学者对六经内容和意义的阐发有很大距离,因此论证过程并不是轻而易举,而是相当费力,这也就造成了行文的明显拗折。为了让读者能够搞懂自己的意图,比如《礼论》中论证圣人为了让人们心甘情愿地敬拜父兄,先使人自以为耻,用了如下的比喻:

> 刻木而为人,朝夕而拜之,他日析之以为薪,而犹且忌之。彼其始木焉,已拜之犹且不敢以为薪,故圣人以其微权而使天下尊其君父兄。而权者,又不可以告人,故先之以耻。②

这是抓住了木刻人像与圣人之"权"的相同之处:对人具有一种的隐秘的震慑作用。同样,《乐论》中为了论证"乐"的意义,作者提到了声音的效用,并以雷为喻:

> 雨,吾见其所以湿万物也;日,吾见其所以燥万物也;风,吾见其所以动万物也;隐隐铉铉而谓之雷者,彼何用也? 阴凝而不散,物蟄而不遂,雨之所不能湿,日之所不能燥,风之所不能动,雷一震焉而凝者散,蟄者遂。曰雨者,曰日者,曰风者,以形用;曰雷者,以神用。用莫神于声,故圣人因声以为乐。③

在《诗论》一文最后,作者谈到《易》、乐、《诗》三者对礼的补充作用,用了一个关于船和桥的比喻:

> 夫桥之所以为安于舟者,以有桥而言也。水潦大至,桥必解而舟不至于必败。故舟者,所以济桥之所不及也。④

---

① 《朱子语类》卷一三〇,第 3118 页。
② 《嘉祐集笺注》卷六,第 149 页。
③ 《嘉祐集笺注》卷六,第 152 页。
④ 《嘉祐集笺注》卷六,第 156 页。

这些比喻的使用,虽然无法使苏洵"六经论"的基本行文风格发生改变,但毕竟在一定程度上起到了化繁为简,变抽象为形象的作用。无论读者赞不赞成老苏的论点,他要说明的问题都因了这些比喻而使读者一目了然。茅坤曾指老苏六经论"以强词轧正理"①,假如站在正统儒家的立场上,这当然是不可取的,而从文学表现的角度看,正是苏洵的"强词"造就了其行文的曲折变化,未尝不可取法,所以茅坤又反过来给予这样的评价:"特其文袅娜百折,似属烟波耳。"②

第六节　朱熹与永嘉学派的经学观念与古文

讨论宋代学术与古文,到了南宋时期,理学家自然成为不可回避的对象。理学家对文学虽然不无偏颇的观点,但从他们的古文创作实践来看,在南宋绝对堪称文章作手。故而,尽管学术界对南宋古文的研究仍嫌不足,但对理学家这一特殊创作群体却不乏关注,如闵泽平的《南宋理学家散文研究》就是这方面的专著。对于理学集大成者朱熹的古文理论与创作,更是多有专门的论述。③ 这些成果在朱熹文学研究方面做了筚路蓝缕的工作,对我们全面认识朱熹古文不无裨益。

朱熹是对传统中国社会后期影响至深的重要人物,其最主要的贡献在于学术研究。朱子之学广大精深,贯于四部,在文章方面,明人杨琢曾有这样的评价:"朱子文章在天下后世,与元气相为流通,与天地相为悠

① 茅坤:《唐宋八大家文钞·苏文公文钞》卷四,第 25 册,第 16 页。
② 茅坤:《唐宋八大家文钞·苏文公文钞》卷四,第 25 册,第 16 页。
③ 参见钱穆:《朱子新学案》,台北:三民书局,1982,第 5 册,第 151－190 页;张健:《朱熹的文学批评研究》,台北:商务印书馆,1988,第 8－28 页;莫砺锋:《朱熹文学研究》,南京:南京大学出版社,2000,第 80－102 页。

久。"①清人洪亮吉也说:"南宋之文,朱仲晦大家也。"②我们倘若要深入研究朱熹的古文创作,就必然要充分揭示其学术对文章的影响。朱熹的理学在今天的哲学史家眼中俨然是一个概念与概念、范畴与范畴环环相扣的完整体系,其与朱子文学思想、观念的关系问题,学界亦多有讨论。③但从学术史来看,理学在很大程度上是依托对儒家经书的诠释展开的,换言之,理学是根植于儒家经学而生成、发展起来的。理学家为了突出理学的学术贡献,在某些场合倾向于将理学与经学加以区隔,如程颐曾说:"后之儒者,莫不以为文章、治经术为务,文章则华靡其词,新奇其意,取悦人耳目而已;经术则解释词训,较先儒短长,立异说以为己工而已。如是之学果可至于道乎?"④但事实上,理学和所谓的"解释词训,较先儒短长,立异说"是无法分开的。二程之学如此,朱子之学更是如此。朱子曾撰《周易本义》、《易学启蒙》、《诗集传》、《仪礼经传通解》、《四书章句集注》、《四书或问》、《论孟精义》等经学著作,备受瞩目。《朱子语类》一百四十卷中,《四书》占五十一卷,《五经》占二十九卷,⑤讨论经学的语录数量过全书之半。此外,《晦庵先生朱文公文集》中也多有论经之文,既不乏对经书文字的训释,也有义理的阐扬。总之,作为理学集大成者的朱熹,其经学成就是毋庸置疑的。正如有学者所指出的:"朱熹的经学思想不仅是他整个学术思想十分重要的组成部分,也是他哲学思想的根基。"⑥

　　既然经学在朱子学术中具有如此重要的地位和意义,那么,在讨论朱熹之学与其文章的关系时,我们就不仅仅需要考虑理学与文学的关系问题,也应当充分重视其经学对古文的影响,这样才有可能对朱熹的文章有

---

　　① 　杨琢:《跋晦庵先生手书》,《心远楼存稿》卷七,清康熙三十九年(1700)杨湄等刻本,《四库未收书辑刊》本,北京:北京出版社影印,2000,第5辑,第20册,第37—38页。

　　② 　洪亮吉:《北江诗话》卷三,北京:人民文学出版社,1983,第46页。

　　③ 　参见韩经太:《理学文化与文学思潮》,北京:中华书局,1997,第111—132页。

　　④ 　程颐:《为家君作试汉州学策问三首(其一)》,《河南程氏文集》卷八,《二程集》,北京:中华书局,1981,第580页。

　　⑤ 　邓艾民:《朱熹与朱子语类》,见《朱子语类》,第10页。

　　⑥ 　蔡方鹿:《注经与哲学——朱熹经学对中国传统哲学的发展》,《哲学研究》,2003年第3期。

比较深入的认识。

儒家经书的一大功能是教化和劝谕,教化多由上及下,由帝王而臣民;劝谕则是由下至上,目的是使帝王有所改变,接受自己的主张。朱子文集中不少奏疏类文章针对孝宗而写。古人认为,奏疏的写作目的,是以"文辞告君"、"以书陈事",在这一过程中,臣子是否"罄其忠爱之诚"是至关重要的。① 为了表现自己的忠诚,也为了增加文章对孝宗的影响力和说服力,朱熹在奏疏类文章中,尤喜引用《尚书》。《尚书》各篇内容不一,传世文本又有今、古文真伪之分,然在古人眼中,它无疑具有"恢弘至道,示人主以轨范"的政治劝谕功能。② 这与朱熹奏疏的写作目的是一致的。因而,《尚书》中有些语句被朱熹在不同的奏疏中反复多次引用,他对这些语句的解释和运用颇堪玩味。如《周书·召诰》中召公对周成王说:"王乃初服,呜呼,若生子,罔不在厥初生,自贻哲命。"这是将成王初理政事比喻为教养小孩子,在其刚生下来之时,就应当使他"自遗智命",也就是"习行善道",秉承上天赐予他的"贤智"。③ 即教导帝王行善,要从娃娃抓起。朱熹奏疏中两次引用召公的这一告诫:一是在绍兴三十二年(1162)八月孝宗即位之初所上的《壬午应诏封事》。该文引《尚书》此语及《孟子·公孙丑上》"虽有智慧,不如乘势"之语,接着对孝宗说:"方今天命之眷顾方新,人心之薪向方切,此亦陛下端本正始、自贻哲命之时,因时顺理、乘势有为之会也。"④二是在淳熙十六年(1189)光宗即位之后,朱熹撰《己酉拟上封事》,⑤其中引文更为完整:"若生子,罔不在厥初生,自贻哲命。今天其命哲,命吉凶,命历年,知今我初服,……肆惟王其疾敬德。"一同被引用

---

① 吴讷:《文章辨体序说》,见《文章辨体序说 文体明辨序说》,北京:人民文学出版社,1962,第39页。

② 《尚书序》,《尚书正义》卷首,《十三经注疏》本,第115页。

③ 参见《尚书正义》卷一五,《十三经注疏》本,第213页。

④ 朱熹:《壬午应诏封事》,《晦庵先生朱文公文集》卷一一,朱杰人、严佐之、刘永翔主编:《朱子全书》,上海:上海古籍出版社、合肥:安徽教育出版社,2002,第20册,第571页。

⑤ 旧说此文作于光宗即位之前,束景南已辨其误,见氏著《朱熹年谱长编》,上海:华东师范大学出版社,2001,第954页。

的还有《商书·伊训》中伊尹告太甲之语"今王嗣厥德,罔不在初",及《商书·咸有一德》的"今嗣王新服厥命,惟新厥德",都是借古人对新君的期望来敦促光宗"变革"和"自新"。① 我们再来看朱熹本人对《召诰》中这段话的解释,他说:"王之初服,不可不慎,其习犹子之初生,不可不慎。其所教,盖习于上则智,习于下则愚矣。故今天命正在初服之时,敬德则哲,则吉,则永年;不敬则愚,则凶,则短祚也。"②相较而言,在封事中,朱熹对引文的解释甚为简练,且从好的一面说,以冀望勉励为主,这是考虑到新即位的君主或许更易接受;在正式解释经义之时,则从好坏两方面都说,兼求勉励和警示的效果,而且文句齐整相对。因为其所面对的受众不一定是君主本人,而可能有更广的读者,朱熹可以将他对经义的理解阐发得更为充分。

如果说,上述两篇封事引用《尚书》仍属于一般性的引经据典,并不具有太多的学术内涵;那么,在对《尚书》中另一段话的引述中,朱熹就真正显露出他理学宗师的本来面目。这段话是《大禹谟》中舜对禹说的:"人心惟危,道心惟微,惟精惟一,允执厥中。"此语所体现的观点在朱熹理学思想中有特殊的地位和意义,因而在致弟子友朋的书信中也被频繁引用,这是众所周知的。我们的关注点是,他在奏疏中如何运用此语,这些奏疏包括《壬午应诏封事》、《戊申封事》、《癸未垂拱奏札一》、《延和奏札二》和《延和奏札五》。综合起来看,朱熹引用此语的目的有二:首先,劝导帝王从事于正确的学问。如《壬午应诏封事》中,朱熹先引此言,然后说明怀有非凡天赋的尧、舜、禹等圣君仍有学习的必要性:"虽生而知之,亦资学以成之。"而帝王究竟该学习什么? 这是朱熹要着重阐明的问题。在他看来,孝宗的学习已经流露出两种偏好:"讽诵文辞,吟咏情性",以及"颇留意于老子、释氏之书"。而文辞和佛老显然不该是君主应当着力关注的正道,因此,朱熹用舜授大禹的传心之言告诫孝宗:"'致知格物'者,尧舜所谓

---

① 朱熹:《己酉拟上封事》,《晦庵先生朱文公文集》卷一二,《朱子全书》,第20册,第618页。

② 朱熹:《尚书》,《晦庵先生朱文公文集》卷六五,《朱子全书》,第23册,第3188页。

精、一也；'正心诚意'者，尧舜所谓执中也。"这才是"帝王之学"的正道。①
《癸未垂拱奏札一》也表达了相似的意思。其次，在余下的几篇奏疏中，朱
熹用此舜、禹传心之言强调帝王"正心"的重要性。所谓"正吾此心，而为
天下万事之本"。②《延和奏札二》更具体说明了由天理、人欲的对立所导
致的"心"的正邪，《延和奏札五》中也有类似的表达。

　　由此可见，朱熹在奏疏中引用"人心惟危，道心惟微，惟精惟一，允执
厥中"，并不是从一般意义上对帝王的为学进行劝谕，而是明显想诱导他
理解和接受朱熹自己的理学思想体系。他在奏疏中对这四句经文的解释
也详细得多，甚至可以看作理学体系的一个缩微版本。也就是说，作为理
学家的朱熹，他的目的是要劝谕帝王从根本上接受理学，接受他对舜、禹
传心之言的解释。此时，《尚书》的劝谕功能经过朱熹的阐发和利用，十分
自然地与这些奏疏的写作目的导向结合在一起。我们研究中国古代散文
中诸多应用性文体，都需要明了"为谁写"和"如何写"的问题，而"如何写"
是由"为谁写"决定的。就朱熹的上述奏疏文本而言，他在两者之间找到
了很好的连接点，而对《尚书》经义的阐发，正是"如何写"的一个重要组成
部分，这对整篇奏疏的建构具有重要的引领作用，不仅仅是一种逞腹笥之
博的装点。

　　除了奏疏这类针对帝王而作的古文之外，朱子文集中还有数量众多
的各体文章与经学息息相关。除了一般性的引经据典之外，其文章中对
于儒家经书的思考、品评、探讨及与同道的交流时有所见。这种热情与兴
趣，与先前的经学家颇为不同。宋代经学的新变一般认为始于北宋仁宗
庆历年间，当时也形成了一个经学家的共同体。他们的经学研究也有鲜
明的一致性，比如质疑经传、直探本义等等。虽然得出的结论有时未免主
观，但讨论经书的态度是较为客观的。而阅读朱熹论及经典和经学的古
文，会产生一个明显的感觉，就是他对儒家经书意义及阅读方式的探讨，
常与自己的主观体验相结合。这里所说的主观体验，并不是对与现实生

---

① 朱熹：《壬午应诏封事》，《晦庵先生朱文公文集》卷一一，《朱子全书》，第 20 册，第 618 页。
② 朱熹：《戊申封事》，《晦庵先生朱文公文集》卷一一，《朱子全书》，第 20 册，第 591 页。

活相关的经验的感知，而是指对学术的内在心灵感受和体悟。在朱熹、吕祖谦等一批南宋理学家那里，这个倾向是十分明显的。借用朱熹自己的话来说，这或许可以称为"谈经之趣"：

> 至于谈经之趣，足以见其文之所以为本；论事之章，足以见其学之所以为用，又皆明白磊落，间见层出于其间。①

对儒家经书的探讨论辩，被朱熹视为一种乐趣，充满了智性的愉悦。而这种愉悦，并不仅仅针对经义的讨论本身，还包括对儒家经书阅读次序和阅读方式的探索谈论。如在致张栻的信中，朱熹这样描述读经的感觉："圣贤之言，平铺放着，自有无穷之味，于此从容潜玩，默识而心通焉，则学之根本于是乎立，而其用可得而推矣。"接着讨论《论语》旧注之失。在谈到如何在讲筵中向帝王讲授《孟子》时，朱熹建议说："不若劝上万几之暇，日诵一二章，反复玩味，究观圣贤作用本末，然后夜直之际，请问业之所至而推明之。"②由此可见，朱熹所主张的经书阅读方式是从容潜心、反复玩味，这无论是对于朱熹本人，还是对于皇帝，都是同样适用的。

在谈论经书阅读的问题时，朱熹尤为关注《四书》，而非五经。他认为要深入了解儒家经书之趣味，应从《大学》入门，之后"乃可读《语》、《孟》、《中庸》，先见义理根原体用之大略，然后徐考诸经以极其趣"，而尤当"深以贪多躐等、好高尚异为戒"。③《四书》之中，《论》、《孟》读法又自不同：

> 《论语》一章不过数句，易以成诵，成诵之后，反复玩味于燕间静一之中，以须其浃洽可也。《孟子》每章或千百言，反复论辩，虽若不可涯者，然其条理疏通，语意明洁，余读而以意随之，出入往来，以十百数，则其不可涯者，将可有以得之于指掌之间矣。④

---

① 朱熹：《孙稽仲文集序》，《晦庵先生朱文公文集》卷七六，《朱子全书》，第 24 册，第 3680 页。
② 朱熹：《答张敬夫》，《晦庵先生朱文公文集》卷二五，《朱子全书》，第 21 册，第 1114 页。
③ 朱熹：《与陈丞相别纸》，《晦庵先生朱文公文集》卷二六，《朱子全书》，第 21 册，第 1180 页。
④ 朱熹：《读书之要》，《晦庵先生朱文公文集》卷七四，《朱子全书》，第 24 册，第 3583 页。

作为朱熹最为看重的儒家经书，《论》、《孟》各有妙处，但朱熹所主张的阅读方式不同。《论语》每章短小，因此朱熹认为应先背诵，然后反复玩味，体会其义。《孟子》每章篇幅较长，论辩色彩浓厚，文章逻辑性强，假如一句句玩味，很有可能会只见树木，不见森林。因此朱熹主张"以意随之，出入往来，以十百数"，这样就比较容易把握《孟子》每章总体的内容。用现代文学批评的术语来说，读《论语》法类似于"新批评派"所主张的"细读法"（close reading），强调"多重回溯性阅读"。① 而读《孟子》法，类似于现代阅读学所主张的"扫读法"（scanning）。对于不同的经书而言，这两种阅读方式各有千秋，又各得其趣。朱熹在谈论经书阅读方法时，还善于结合自身学习经书的经历和体会。如在《论语要义目录序》一文中，除了追溯《论语》学术史外，他还详细回顾了自己从十三四岁起学习《论语》的经历，由早年的"未通大义"，到中岁"历访师友，以为未足"，"遍求古今诸儒之说"之后"益以迷眩"，到晚年"知其穿凿支离者固无足取"，②其中逐步领悟经义的过程和方法，尤值得后学借鉴。

再看古文创作方面。宋代古文中，假如从文学审美的价值而言，最令人瞩目的文体大概是记、序二体了。就宋人实际创作的情况来看，记、序与经学的关系可以说是相当密切。这是因为，宋代的记偏重议论，而对儒家经义的阐发一旦融入其中，则有助于提升文章的立意，使文中议论更出新意、更具理论品格。自唐代以来，序文的写作本来就比较自由，经解序涉及经学本是题中应有之义，赠序、字序等其他类别有时也需要借助经义的阐说来获得意义的支撑。从朱子文集中所收录的记、序二体文章中，我们不难得到印证。

记、序文写作与经学的关系，具体说来可分为两种情况。一是文章写作对象直接关乎经文的意义，写作时当然要对经义进行充分阐发。

如朱熹的友人黄仲本以"复"名斋，请朱熹为之作记。朱子请教斋名

---

① 陈厚诚、王宁主编：《西方当代文学批评在中国》，天津：百花文艺出版社，2000，第 55 页。

② 朱熹：《论语要义目录序》，《晦庵先生朱文公文集》卷七五，《朱子全书》，第 24 册，第 3613—3614 页。

的意义之后,在文章第一段一开头就解释了《周易》的《复卦》:"昔者圣人作《易》,以拟阴阳之变,于阳之消于上而息于下也,为卦曰复。复,反也,言阳之既往而来反也。"接着从天的阴阳往复变化谈到人的"本心"的存在,最后再次归结到《复卦》的意义上来:"圣人于复之卦,所以赞其可见天地之心,而又以为德之本者,其不以此欤?"①这一段文字,通过对《周易》卦义的解释和灵活运用,对斋主告知的斋名意义予以提升。把经义阐发放在文章开头,既显得磅礴大气,又不乏理学导化人心之作用,可谓恰如其分。同样的情况还有《存斋记》、《味道堂记》等文。前者阐发了《孟子·尽心上》中"存其心"一语的意义,后者则紧扣《中庸》所谓"莫不饮食,鲜能知味"加以铺写,②充分显示了宋代记文的议论特征和对经学的借重。正因为纳入了经书义理,原本寻常的"斋"、"堂"等书写对象具备了耐人寻味的新的意义。

在序文中,这种直接阐发经义的情况主要见于字序。字序虽源自唐代,但存世的作品寥寥,到了宋代获得极大的发展,这和宋人喜好议论的文化性格有关。朱熹在《魏甥恪字序》中,对前来求取名字的魏茂孙怀着一丝忧虑,"患其无所作为之志",因此给他取名"恪",字"元作"。文章一开始便点出名字的出处:《诗经·商颂·那》的"自古在昔,先民有作,温恭朝夕,执事有恪"四句。接着对"作"和"恪"分别作解释,以明言勉励之意。《林用中字序》一文,作者详细交代了林用中对自己出自《中庸》的名字心怀不满,朱熹为其解惑,并最后给他取字"择之"。文章显示了朱熹与林用中对于《中庸》的不同理解,写得一波三折。③

另一种情况,是文章的内容本与经文无关,但朱熹在写作时依经立义,并以文学手段,将抽象的经义形象化,文章也因之血肉丰满。在代刘共父作的《王梅溪文集序》中,朱熹从《周易》的阴阳入手,为君子和小人各绘出一幅生动的画像:

---

① 朱熹:《复斋记》,《晦庵先生朱文公文集》卷七八,《朱子全书》,第 24 册,第 3738 页。
② 见《晦庵先生朱文公文集》卷七七,《朱子全书》,第 24 册,第 3698 页、第 3711 页。
③ 见《晦庵先生朱文公文集》卷七五,《朱子全书》,第 24 册,第 3621－3622 页。

故圣人作《易》，遂以阳为君子，阴为小人，其所以通幽明之故，类万物之情者，虽百世不能易也。予尝窃推《易》说以观天下之人，凡其光明正大，疏畅洞达，如青天白日，如高山大川，如雷霆之为威而雨露之为泽，如龙虎之为猛而麟凤之为祥，磊磊落落，无纤芥可疑者，必君子也。而其依阿淟涊，回互隐伏，纠结如蛇蚓，琐细如虮虱，如鬼蜮狐蛊，如盗贼诅祝，闪倏狡狯，不可方物者，必小人也。①

这段文字，文句对称，长短错落有致，以自然界的天象和动物比喻君子、小人，甚为贴切。这种艺术化手段的运用，充分展现了朱熹对古文这一文体的掌控调度能力。值得注意的是，此段的结构，与后世八股文体在一定程度上不乏相似之处。在另一篇序文《金华潘公文集序》中，朱熹也是以《周易》的"一阴一阳两端"开头，也同样归结到君子、小人之别②，语意与《王梅溪文集序》非常相似，但文字不如后者生动形象。

在朱熹所撰序文中，有一类与经学关系最为密切，那就是经解序。宋代解释儒家经书的著作如汗牛充栋，这些经解的序文数量很大，超过了宋以前此类文章的总和，也构成了"序"这一文体大类之下的一个独立分支。朱熹的经解序共有 12 篇，数量在宋人中独占鳌头。非但如此，更值得注意的是朱熹在经解序的写法上力求创新。历来经解序文中一般先述经书本身的意义与教化作用，次言经书的流传和先儒注释情况，最后阐明本部经解的体制、编纂目的和学术必要性。与其相比，朱熹的经解序很明显多了对经学本身进行反思的内容，主要体现于两个方面。

一是强调经书的阅读方法。儒家经书内容不一，读书人究竟应该采取怎样的阅读方法，才能得经书之真髓呢？这个问题北宋学者鲜有涉及。笔者发现，自南宋理学兴起之后，理学家一般都比较重视读书之法，尤其是经书的读法。在本章第二节我们也曾谈及这一点。从朱熹的经解序来看，他对经书的读法极为看重，如对小孩子进行儒学启蒙，教他们读《论

---

① 《晦庵先生朱文公文集》卷七五，《朱子全书》，第 24 册，第 3641 页。
② 《晦庵先生朱文公文集》卷七六，《朱子全书》，第 24 册，第 3665－3666 页。

语》，朱熹曾发出这样的告诫："呜呼！小子其懋敬之哉！汲汲焉而毋欲速也，循循焉而毋敢惰也，毋牵于俗学而绝之，以为迂且淡也；毋惑于异端而躐之，以为近且卑也。……昔者吾几陷焉，今裁自脱，故不愿汝曹之为之也。呜呼！小子其懋戒之哉！"[①]朱熹非但劝告子弟们不要因为"俗学"和"异端"的影响而轻视《论语》这样的经书，还专门声明自己在这方面是受过切身教训的。我们不应该把朱熹的话理解为单纯的门面语或自谦之词，事实上，"毋欲速"和"毋敢惰"正是他煞费苦心要求初学经书者必须保持的阅读态度和学习状态。对于成年学者，朱熹的要求又不一样，在《中庸集解序》中，他"特以此言题其篇首，以告夫同志之读此书者"："使之毋跂于高，无骇于奇，必沉潜乎句读文义之间，以会其归；必戒惧乎不睹不闻之中，以践其实，庶乎优柔厌饫，真积力久，而于博厚高明悠久之域，忽不自知其至焉，则为有以真得其传，而无徒诵坐谈之弊矣。"[②]这是要求读者细读《中庸》的文本，在理解中加以实践，则会有意想不到的收获。

二是重新描绘学术谱系。在这种描绘中，突出"道"的传承，尤其是二程等道学家在其中的地位，并且旗帜鲜明地排斥异端，这成为其经解序的主要特色。这点在《大学章句》和《中庸章句序》中最为明显。前者记孟子去世之后"俗儒记诵词章之习，其功倍于小学而无用；异端虚无寂灭之教，其高过于大学而无实。其它权谋术数，一切以就功名之说，与夫百家众技之流，所以惑世诬民，充塞仁义者，又纷然杂出乎其间"[③]，以此证明后来二程对孟子的继承是如何意义重大；后者标举"道统"，又阐明"道统"与

①　《论语训蒙口义序》，《晦庵先生朱文公文集》卷七五，《朱子全书》，第 24 册，第 3615 页。
②　《中庸集解序》，《晦庵先生朱文公文集》卷七五，《朱子全书》，第 24 册，第 3640 页。
③　《大学章句序》，《晦庵先生朱文公文集》卷七六，《朱子全书》，第 24 册，第 3673 页。

"道学"之别,其思想史意义,更是不容小觑。①

这里,我们还要提出一个问题,就是从理论层面而言,朱熹对儒家经书和古文的关系究竟怎样看待?《朱子语类》中有一段话说:

> 今人作文,皆不足为文。大抵专务节字,更易新好生面辞语。至说义理处,又不肯分晓。观前辈欧、苏诸公作文,何尝如此?圣人之言坦易明白,因言以明道,正欲使天下后世由此求之。使圣人立言要教人难晓,圣人之经定不作矣。若其义理精奥处,人所未晓,自是其所见未到耳。学者须玩味深思,久之自可见。②

朱熹认为,今人作文,无论义理阐说还是语言表达都务新求奇,这与圣人"坦易明白"的说理方式相悖。圣人希望"言以明道",所以他们说得"明白",经书则使人易晓。朱熹对时人文章的批评,充分体现了他关于"圣人之经"与文章关系的观点。熟悉宋代文学批评史的人不难看出,朱熹的观点与持论依据,同宋初文学家王禹偁那篇著名的《答张扶书》中的提法相当一致。由此可见,虽然身为理学宗师,朱熹对于文章和文学的见解,是何等通达而高明了。

南宋学者擅作古文的还有永嘉学派。永嘉学派是南宋时期的重要学术流派,由永嘉地区的薛季宣、陈傅良、叶适等人组成,其学术思想被认为有别于南宋理学,偏重事功,而受人瞩目。《宋元学案》列《艮斋学案》、《止斋学案》、《水心学案》,分述薛、陈、叶三人学术渊源甚详。近人侯外庐主编的《中国思想通史》第四卷下册,专门论述永嘉学派的学术思想。新时

---

① 《中庸章句序》区分"道统"与"道学"的思想史意义,余英时先生曾有过详细讨论,见氏著《朱熹的历史世界——宋代士大夫政治文化的研究》上编《绪说》第二节《道学、道统与"政治文化"》,第7—35页。近来有学者考证,"道统"二字在朱熹之前多有人使用。参见李卓颖、蔡涵墨(Charles Hartman)的"A Newly Discovered Inscription by Qin Gui: Its Implications for the History of Song *Daoxue*",载 *Harvard Journal of Asiatic Studies* 70.2(2010):387—448;苏费翔(Christian Soffel)的《朱熹之前"道统"一词的用法》,载陈来、朱杰人主编《人文与价值——朱子学国际学术研讨会暨朱子诞辰880周年纪念会论文集》,上海:华东师范大学出版社,2011,第82—88页。

② 《朱子语类》卷一三九,第3318页。

期以来,周梦江、王宇等人均有相关专著问世,在一般学术史的叙述中,永嘉学派和以吕祖谦为代表的金华学派,成为南宋时期与理学鼎足而三的学术流派。

永嘉学派的代表人物非但在学术上多有创见,而且颇善作古文。因而近年来,在宋代文学研究领域,渐有"永嘉文派"之称。如杨庆存标举"永嘉派",①朱迎平则对"永嘉文派"的来龙去脉和主要特征作了细致论述。② 更有学者认为:"'永嘉文派'与'永嘉学派'是同一事物的两方面。"③而与"永嘉文派"相关的另一概念——永嘉文体,近来也常为学者论及。王水照先生在《南宋文学史》中尝设专节论"'永嘉文体'与陈傅良",④其他学者如郭庆财认为"'永嘉文体'是盛行于南宋乾、淳时期的科场程文体式"⑤,杨万里更是对永嘉学派和永嘉文体的关系作了系统考察。⑥ 也有学者虽未直接提出永嘉文派或永嘉文体的概念,在实际研究中将永嘉学派的散文视为一个整体来靠考察。⑦

由此,我们不难发现,"永嘉文派"这一提法,系从永嘉学派衍生而来,并越来越受到文学研究者的认同。虽然上面提及的这些成果对永嘉文派作了一定程度的探索,但"永嘉文派"与"永嘉学派"不同,前者是一个文学流派,一旦被承认,其成员不仅仅应该有相似的学术倾向,在散文创作方面必然应该具有某种共同的特质,这种共同特质,是否仅仅是有些学者所提到的作为科场程文体式的"永嘉文体"? 再则,"永嘉文派"究竟包含哪些成员,是否与"永嘉学派"完全重合? 如"永嘉学派"的创始人薛季宣有

---

①　杨庆存:《宋代散文研究》,第 184 页。

②　详见其《"永嘉文派"考论》一文,载氏著《宋文论稿》,上海:上海财经大学出版社,2003,第 116—130 页。

③　刘春霞:《"永嘉文派"论略》,《华南师范大学学报》2005 年第 6 期。

④　王水照、熊海英:《南宋文学史》,北京:人民出版社,2009,第 130—133 页,但该书并未使用"永嘉文派"的提法。

⑤　郭庆财:《南宋"永嘉文体"考论》,《阴山学刊》2009 年第 3 期。

⑥　杨万里:《从永嘉文体到永嘉文派》,《江海学刊》2011 年第 1 期。

⑦　如闫泽平的《南宋理学家散文研究》一书第七章为《永嘉学派的散文艺术》,济南:齐鲁书社,2006,第 253—296 页。

时反而不被列入"永嘉文派"。由此看来,"永嘉文派"作为一个流派被写入文学史,或许还需要经过更多的深入研究和更准确的界定。有鉴于此,本章仍将研究对象锁定为"永嘉学派"的代表人物薛季宣、陈傅良和叶适的经学思想和文章观念的关系,而暂不使用"永嘉文派"一词。

学术史叙述中的"永嘉学派",素以崇尚"事功之学"闻名,或径称其为"永嘉事功学派"。不错,与同时的理学家相比,永嘉学派的学者的确较多关注地理、水利、田赋、兵制等"事功",但这并不等于说,可以将永嘉学派的学术完全等同于"事功之学"。事实上,对儒学本身,尤其是儒家经典的关注和研究,是永嘉学派的一大特色。从学术渊源看,学派创始人薛季宣师事程颐弟子袁溉。袁氏"于《易》、《礼》说尤邃,未尝轻易示人"①。受其影响,薛季宣本人对经学更是深造有得。综合陈傅良《止斋集》卷五一《右奉议郎新权发遣常州借紫薛公行状》、《四库全书总目》卷一六〇《浪语集》提要以及《浪语集》中序跋的记载,薛季宣的经学著作有《古文周易》、《书古文训》、《诗性情说》、《春秋经解》、《春秋旨要》、《大学说》、《中庸说》、《论语直接》、《论语小学》,宋人王与之《周礼订义》又尝引其著《周礼释疑》九十九则。② 所有这些著作中,流传至今的仅有《书古文训》一种。其训释要言不烦,善于引用他书以辨正旧说,多处以"诚"及"修、齐、治、平"观念申说经义,明显受到理学的影响。清人批评此书"以古文笔画改为今体,奇形怪态,不可辨识,……其训义亦无甚发明"③,未免苛责太过。其后,"得季宣之学为多"④的永嘉学派另一代表人物陈傅良,长于《春秋》学,著有《春秋后传》、《左氏章指》,另有《毛氏诗解诂》、《周礼说》、《读〈书〉谱》等经学著作。而被认为是永嘉之学集大成者的叶适,在经学方面虽无专门的训释之作传世,但对儒家经书亦多有独得之见。其《习学记言序目》前

---

① 薛季宣:《袁先生传》,《浪语集》卷三二,《薛季宣集》,上海:上海社会科学院出版社,2003,第 485 页。

② 参见《薛季宣集》,第 561 页。

③ 《四库全书总目》卷一三《书古文训》提要,第 106 页。

④ 《宋史》卷四三四《陈傅良传》,第 12886 页。

十四卷专论经籍,包括《周易》、《尚书》、《毛诗》、《周礼》、《仪礼》、《礼记》、《春秋》、《左传》、《论语》、《孟子》等十种,既包含文辞的考释,也不乏义理的阐扬。此外,薛、陈、叶三人均有关于经学之文章见载于文集。永嘉学派的其他学者,如郑伯熊撰有《书说》、《周礼说》,其堂弟伯谦撰《太平经国之书》,解释《周礼》。总而言之,永嘉学派对儒家经典高度关注,其经学所涉甚广,这些恐怕不是"事功"二字所能涵盖的。

宋代古文的发展,与经学有着密切的关系。早在宋初,大力提倡古文的士人就多借助儒家经典的权威,到了北宋中期,欧阳修等人已经在古文创作上有了可观的实绩,但从理论上阐释古文的合法性和必要性之时,仍然需要借力于经学。熙、丰之后,提倡古文的必要性当然少有人怀疑了,但由于科举改革和党争的影响,文章之士可谓命运多舛,至北宋后期,更是与道学家一样遭受迫害。南渡之后,在高宗"我最爱元祐"的提法之下,苏、黄等人的文章重新受到重视。同时,随着王安石新学的一家独尊局面被打破,除了洛学的南传之外,在儒学内部发展出不同的学派,永嘉学派是其中十分重要的一家。虽然其学术思想与北宋中期的士大夫们颇有差异,但学术与文章兼善的特征倒是相当一致的。正由于此,其经学思想对其古文理论也有着一定的影响。

经书与文章孰轻孰重,永嘉学派的学者有很明确的态度。薛季宣曾撰《七届》一文,以隐居崆峒之山的无然先生与"冠服者七人"的问答,表明士大夫应该具有的人生志趣与价值追求。其中一节有个"庸生"这样发问:"太上立德,其次立言,吾不敢以希上,次庶几而企焉。仲尼之述者六经,今或亡而或存。《易》以尽神,《春秋》凝命,《礼》、《乐》存诚,《诗》、《书》正性,《孝经》立其大本,《鲁语》会其蹊径。其次诸儒之说,亦彰彰而孔明。《中庸》述于子思,《易传》成于卜商,《春秋》左氏之辞,《公羊》逮于《穀梁》。"说明了群经的特点后,他继而道出自己的追求:

> 吾将猎其菁华,籔其秕糠,泛游览于前修,毕哦咏其辞章,自舍醇而吐醨,维舍短而取长。怀玉之瑜,茹菊之英。赋诗篇,续离骚,补官箴,广歌谣,舒笺染翰,吮墨含毫,文灿群华,璀璨琼瑶,追逸踪于绝

迹,发新意于来今,仰不愧于先贤,中有当于人心,蔚神文之娓娓,哂才士之浮淫,作自我而名家,夫岂人之臣仆,以明道之渊源,拟三光之旁烛,用驰骋于中原,等骙骊之行陆,擒章霏其雨散,丽藻郁其兰馥,栗栗严冬之凛,煦煦春阳之燠,以是为木铎而鸣之,于以赞夫化育。夫子将许而进之乎?

很显然,他的人生志趣在于"立言",从六经等典籍中汲取文辞之菁华,然后"赋诗篇,续离骚,补官箴,广歌谣",以此为终身志业。用今天的话来说,就是从事于文学创作活动。当然这种创作与弘扬经典的精神和教化不无关联。不料无然先生回答说:"小哉!辞文一艺尔,君子依仁据德而后艺可游焉,六经不谓是也,吾不知其它。"[1]由此可见,虽然薛季宣并不否认六经等典籍的"辞章"价值,但他并不主张将士大夫的人生追求仅仅锁定在对辞章的追求之上。事实上,他认同的是文章最后安生所言之志,也就是将追求和践行"道"作为人生的终极目标。从此文不难看出,薛季宣对文学的态度,受到了理学家的影响。然而,他在推崇儒家经典的同时,也并非完全认同理学家"作文害道"之说,在写给永嘉处士何溥的信中他说:

> 六经,载道之器,远矣大矣。……古人虽曰作文害道,然犹未通一弛一张之说,有如尽舍他事,而专心文墨,则非我所敢知也。[2]

这里所表达的,只是对放弃一切、专攻文墨的反对之意,对于文墨之道本身,薛季宣还是肯定的。至于如何"立言",薛季宣也有自己明确的主张:"大抵立言之体,要当明白简易,圣人大未易到。隋之《中说》,洛之《经世》,有可法者,诸公或入于俚,或入于深,虽皆未害于道,非行远之法也。"[3]由此可见,"明白简易"是文辞表达的最高原则,在薛氏看来,文中

---

① 薛季宣:《七届》,《浪语集》卷一四,《薛季宣集》,第 165—166 页。
② 薛季宣:《答何商霖(溥)书一》,《浪语集》卷二四,《薛季宣集》,第 324 页。何溥,一作何傅,见叶适《墓林处士墓志铭》,《水心文集》卷一三,《叶适集》,北京:中华书局,2010,第 232 页。
③ 薛季宣:《答君举书四》,《浪语集》卷二四,《薛季宣集》,第 318 页。

子王通的《中说》和邵雍的《皇极经世书》或俗或深，还未达到"明白简易"的境界。其实，这里所说的"明白简易"，既然指的是圣人之言，说白了也就是儒家经文，也就是说，薛季宣是将儒家经典的文字视为"立言"的最高典范的。薛季宣的这番话，是对陈傅良说的，之后，他谦虚地表示："语立言于君举（陈傅良），可谓小巫大巫之见。"因为在他看来，陈傅良于立言之道，本来就深有见识。

薛季宣所言并非虚语，陈傅良对文章的关注，的确要胜过他。陈傅良虽然也说："六经之教与天地并，区区特从管窥见得就业一节，足了一生受用。"[①]在陈氏的文集中，我们没有发现其引用"作文害道"说，相反，他坦言：

> 仆虽愚，颇好古道及其文辞，凡今以是称者，未有闻而不慕，慕而不求交者也。[②]

这里尤须注意的是"古道及其文辞"的表述，因为陈傅良感兴趣的，除了"道"以外，还有"道"的呈现方式，或者说是叙述"道"的方式，也就是"文辞"。"道"本身属于形而上的范畴，如果关心"道"的文辞表达，则兴趣就不仅限于抽象的范畴本身，而是包括了文章了。这样的说法，在薛季宣那里是未曾有过的。

陈傅良于诸经中尤精《春秋》，他认为在三传中，《左传》比《公》、《穀》二家更好，因为"依经为传，文无虚发，优游不迫，而意已独至，盖非二家所能及"[③]。这里的"优游不迫"四字很贴切地传达出《左传》文辞的特点，千载而下，《左传》对文章家的影响远大于其他二家，与它的这种文学特色有关，陈傅良能看到这一点，眼光还是相当敏锐的。

陈傅良对文章的重视，还表现在他对北宋学术的追述中。他说：

---

① 陈傅良：《与沈叔晦》，《止斋集》卷三七，《陈傅良先生文集》，杭州：浙江大学出版社，1999，第 478 页。

② 陈傅良：《答天台张之望》，《止斋集》卷三五，《陈傅良先生文集》，第 450 页。

③ 陈傅良：《答贾端老（其二）》，《止斋集》卷三五，《陈傅良先生文集》，第 455 页。

盖宋兴,士大夫之学亡虑三变。起建隆至天圣明道间,一洗五季之陋,知乡方矣。而守故蹈常之习未化,范子始与其徒抗之以名节,天下靡然从之,人人耻无以自见也。欧阳子出而议论文章粹然尔雅,轶乎魏晋之上,久而周子出,又落其华,一本于六艺,学者经术遂庶几于三代,何其盛哉!①

又云:

本朝欧阳公之门,学者方盛,尤善论文学、政事,耻一事物不知,泰山、徂徕间则有行修经明学者,所谓师表。湖学胡公尤笃治道,其学者多有才效,号为学术尤备。汝南周氏、二程先生、关中张氏以道学倡天下,论学在当时,遗言至今日,世亦户知之矣。②

这两段话中,我们可以看到,欧门的文学与周敦颐、二程、张载等的道学相比,陈傅良对前者的评价似乎更高一些,但他明确将欧阳修等人的文学作为北宋学术中成就卓然的一家,并没有提倡经学、道学而刻意贬抑文学。

当然,我们也不应否认,在有些场合,陈傅良对文学作了相当严厉的批评,比如在《文章策》中,他提出"三代无文人,六经无文法","文非古人所急也,……天下未尝惟文之尚也",以及"道盛则文俱盛,文盛则道始衰"等观点③,其中所表现出来的重道轻文的倾向是显而易见的。但细读全文,我们认为作者更多是要警告天下读书人不要"惟文之尚",他对文道关系的论述,属于南宋时期一般士人的共识。并且,考虑到这篇策文是应试的程文,作者也未必一定能将自己对于文的真实看法和盘托出,所以此文的观点,与作者在其他文章中的表述不尽一致,也是可以解释的。

与薛季宣、陈傅良相较,号称永嘉学派集大成者的叶适,其关于经学与文章关系的论述更为丰富,其散文创作实践中所受经学的影响也更大。这里仅就经学与其文章观念,分几个层次略作梳理。

---

① 陈傅良:《温州淹补学田记》,《止斋集》卷三九,《陈傅良先生文集》,第 501 页。
② 陈傅良:《策问(其十三)》,《止斋集》卷四三,《陈傅良先生文集》,第 553 页。
③ 陈傅良:《文章策》,《止斋集》卷五二,《陈傅良先生文集》,第 656 页。

　　首先,叶适承认文章具有独立的审美价值。在为李焘的文集作序时,他用形象的语言描述道:"自有文字以来,名世数十,大抵以笔势纵放、凌厉驰骋为极功,风霆怒而江河流,六骥调而八音和,春辉秋明而海澄岳静也。高者自能,余则勉而效之矣。虽然,此韩愈所谓下逮《庄》、《骚》,其上无是也。观公大篇详而正,短语简而法,初未尝藻黼琢镂,以媚俗为意,曾点之瑟方希,化人之酒欲清,又非以声色臭味自怡悦也。"①先以比喻说明文章所起到的审美效应,之后在肯定李焘文章不事雕琢媚俗,而具有庄重简洁的艺术特色。作者认为,李焘虽以史学名世,却正可以担任同为蜀人的三苏的继承人。这种继承,显然是就文章层面而言的。文章的这种价值和功能,在叶适看来,并非仅仅依附于经学,而是相对独立存在的。他说:"若夫言语之缛为词章,千名百体,不胜浮矣。韩、欧虽挈之于古,然而益趋于文也;经传之流为注疏,俚笺臆解,不胜妄矣,程、张虽订之于理,然而未几于性也。"②这样的表述,证明在叶适心目中,文章与经学分属于两个传统,经学并不比文章高明多少,文章可能浮华,经学也照样可以陷入"俚笺臆解"的境地,与文章相比,并不具有学术上的某种特殊"豁免权"。

　　其次,叶适认为经学对文章是会产生影响,而且这种影响未必就是正面的。在《习学记言序目》中,他多次提出类似的看法。比如:"初,欧阳氏以文起,从之者虽众,而尹洙、李觏、王令诸人各自名家,其后王氏尤众,而文学大坏矣。"③又如:"文字之兴,萌芽于柳开、穆修,而欧阳修最有力,曾巩、王安石、苏洵父子继之,始大振。……及王氏用事,以周、孔自比,掩绝前作,程氏兄弟发明道学,从者十八九,文字遂复沦坏。"④在叶适之前,陈傅良就多次抨击王安石新学"以三经造士"⑤,但他没有从新学对文风的影响着眼,而仅注目于朝廷施行的"三舍法"的弊端。叶适非但揭示出王

---

①　叶适:《巽岩集序》,《水心文集》卷一二,《叶适集》,第 209 页。

②　叶适:《栎斋藏书记》,《水心文集》卷一一,《叶适集》,第 200 页。

③　叶适:《习学记言序目》卷四七《皇朝文鉴一·赋》,北京:中华书局,1977,第 698 页。

④　《习学记言序目》卷四七《皇朝文鉴一·周必大序》,第 696 页。

⑤　陈傅良:《重修瑞安县学记》,《止斋集》卷三九,《陈傅良先生文集》,第 496 页。

氏新经学对文风的戕害，而且也指出程氏道学对文章同样起到负面的作用。经学对文章的不良影响，在具体的文体写作中更有所显露。比如"诰"体，作为一种应用文体，历史十分悠久，最早的作品见于《尚书》。那么，后世诰的写作，是否以模拟《尚书》之文体为佳呢？叶适的答案是否定的。他说："欧阳修欲驱诏令复古，始变旧体，王安石思出修上，未尝直指正言，但取经史见语错重组缀，有如自然，谓之典雅，而欲以此求合于三代之文，何其谬也！⋯⋯今之号称模拟典雅以求配合复古者，固未必是；而昔之率然突出质实近情者，亦未必非。且《盘》、《诰》皆君上与民庶家人父子之语，而韩愈反以为佶屈聱牙，则安石之谬，又何怪也？"①单纯模拟上古诰令的写法，或者将经史中习见之语重组后写成诰，叶适均于以为不可取。诰既然是君上对庶民说的话，那就应该是"质实近情"的，而不该机械模仿上古经典的语言。

再次，对经学与古文相结合而成的"经义"这一特殊文体，叶适也有专门的论述。他认为作为科举应试文体，经义和律赋其实有着某种相似性，并没有截然高下之分。因此，王安石在进士科废赋而试经义，"流弊至今，断题析字，破碎大道，反甚于赋，故今日之经义，即昔日之赋"②。叶适敏锐地觉察到，由于科举文体的写作带有明显的功利性，因此经义陷入程式化之后，其实与经书中的"大道"已经没有关系，而与律赋的雕章琢句性质相类。他从文体角度所作的这一批评，比之前单纯攻击熙宁科举改制的种种说法，要深刻得多。在阅读《皇朝文鉴》中的经义时，他对经义的形态作了简单描述，如"破题多用四句，相为俪偶"，至"乾道中主司欲革四句对偶之弊"，直到"淳熙初，学者厌破题衬贴纤靡，颇复厘改"。③ 叶适的叙述虽然比较简略，但对我们了解南宋时期"经义"文体的体式大有裨益。

作为永嘉学派的代表，薛季宣、陈傅良、叶适三人对儒家经典的看法，与其文章观念的联系，上文作了十分简略的梳理。需要指出的是，经学非

---

① 《习学记言序目》卷四八《皇朝文鉴二·诰》，第 711—712 页。
② 《习学记言序目》卷四七《皇朝文鉴一·律赋》，第 699 页。
③ 叶适：《习学记言序目》卷五〇《皇朝文鉴四·说书经义》，第 748—749 页。

但影响了他们的文章观念,同时也影响了他们的文章写作。尤其是陈傅良,在其本人的文集以及《止斋论祖》、《十先生奥论》、《论学绳尺》、《诸儒奥论策学统宗》等书中,留存了很多他的论文。其中一部分是史论,另一部分则是经论。后者与经学关系自然更为密切。陈傅良的经论一共有《五经论》五篇以及其他经论十七篇。十七篇中只有一篇论《谷梁传》,其他皆论《论语》、《孟子》,各八篇。虽然陈傅良的经论数量略少于其史论,但在永嘉学派诸人之中仍然是最多的。因此讨论永嘉学派与经学有关的古文写作实践,以陈傅良的经论为分析对象,是较为可行的做法。以下我们主要讨论陈傅良的《五经论》。

　　陈傅良的《五经论》不见于文集,而见于《十先生奥论》和南宋王震霆编《古文集成》。这五篇文章顺序为《易》、《礼》、《诗》、《书》、《春秋》,前有小序。《十先生奥论》的编者在每篇标题底下加上小注,以阐明文章主旨。《易》"论乾坤定君臣之分",《礼》"论巽伏隐约之容",《诗》"论宣民以言",《书》"论君不敢自专",《春秋》"论圣人之术穷"。[①] 应当说,编者对每篇经论主旨的概括,是相当精到的,堪称一语破的。

　　然而,我们探究陈傅良的《五经论》不应该止于这一层次。《五经论》并非分散地讨论五经,而是明确地构成一个整体。对于其写作主旨,作者在小序中交代得很明白:"吾病学者不知六经之作相次,以立君臣之道,而曰徒文而已,作《五经论》。"[②]陈氏认为,圣人编纂六经以及按这一顺序排列,并不是随意的,而是经过精心布局的,其目的是"立君臣之道",而当今学者不知六经相次的这一深层意图,所以作者要通过这五篇文章来揭示之。同时,《五经论》的写作也是有明确的针对对象的。

　　我们不妨从两个方面来考察这组文章,分析其得失。一是从作者所建构的逻辑联系,二是从论述的技巧。

　　用今天的眼光来看,五经其实是各种不同性质的文本,其内容丰富,当然并不止于"立君臣之道"一端。而其相次之序,就像本书第一章中所

① 《十先生奥论注》后集卷四,文渊阁《四库全书》本,第1362册,第149—153页。
② 《五经论序》,《全宋文》,第268册,第78页。

说的那样，汉代的今文经和古文经学家各有不同的说法，陈氏所排列出的这个顺序既不同于今文经学家，也不同于古文经学家。他有自己的考虑。在作者看来，所谓"立君臣之道"，首先是要对君臣的地位加以认定，对君臣等级的区别作明确的规定，否则君不像君，臣不似臣，自然谈不上君臣之道。这个任务被认为由圣人借助《周易》来完成。《易》论最后说："《易》之始作于定贵贱之分，而其数也所以神其道，以济君臣之理而已，而非徒若是诞也。"①这里，《周易》中的神秘性和超验色彩被有意抹去了，它被完全纳入到带有实践性的政治关系准则中去，《周易》的"定贵贱之分"是"君臣之道"的基石，只有确定了"君尊臣卑"的总则，才可能衍生出君臣关系的诸种细则，陈傅良认为六经中《周易》所起的作用正在于奠立此种总则。

"贵贱"的准则确定之后，人们当然都向往富贵而不甘贫贱，于是为了争夺"名分"以及随之而来的"爵禄"，就会产生"僭夺相攘之患"。此时，就需要用"礼"来解决问题。陈傅良认为，圣人的办法是"深为是巽伏隐约之容，以退其不满之心"。何谓"巽伏隐约之容"？陈氏有更具体的解释："莫尊乎天子，而诸侯膳以犊；莫卑乎辉、胞、翟、阍，而尸及以馂。"②前一句出于《礼记·礼器》"天子适诸侯，诸侯膳以犊"，意思是天子虽尊，但诸侯把小牛犊献给他吃，据孔颖达解释，"诸侯事天子如天子事天，天子事天既用一牛，故天子巡守过诸侯境土，诸侯奉膳亦止一牛而已也"③，可见这里的"犊"并非丰盛的菜肴，而是简单的膳食，表明诸侯奉上的食物不过尔尔；后一句话，出自《礼记·祭义》"夫祭有畀辉、胞、翟、阍者，惠下之道也"，《礼记》接着说："此四守者，吏之至贱者也。尸又至尊，以至尊既祭之末，而不忘至贱，而以其余畀之。"④可见"辉"等四者都是卑贱的小吏，但尸在祭祀时并没有忘记他们，也留给他们一点点食物。陈傅良认为，圣人正是通过这样的"礼"，是尊贵者所得不过尔尔，卑下者亦不致一无所有，如此

① 《全宋文》，第 268 册，第 79 页。
② 《全宋文》，第 268 册，第 80 页。
③ 《礼记正义》卷二三，《十三经注疏》本，第 1432 页。
④ 《礼记正义》卷四九，《十三经注疏》本，第 1602 页。

来适当平衡利益的不均,以平复人们,尤其是那些卑下者内心的怨气,"则天下可以无乱"。他进而又补充了两点,首先,"礼"是约束公卿士大夫的,而主要不是针对百姓的,因为前者比后者更有觉悟。其次,他反驳了认"礼"为"伪"的观点,将跪拜等礼仪视为圣人"所以阴伏崛强之气而柔其躬"的手段,因此这些礼节是至关重要的。总之,"礼"被陈傅良看作是平衡利益以维系君尊臣卑关系的必要措施。

有了"礼",约束了公卿士大夫,但并不能约束百姓,因为在"君尊臣卑"的关系中,他们地位比公卿士大夫更低下,心中自然有怨气。正如文中所言,"夫民之怨,始于利害之不敢谒,而成于是非之不敢议",如果"上之人又从而壅其口焉",不让百姓表达内心的不满和怨恨,那么最后必然导致社会矛盾的激化,用陈傅良的话来说,最坏的结果就是"叛"。所以圣人才"宣民以诗",让百姓通过诗来宣泄感情,"閟于中而泄于其外",有了发泄的渠道,百姓反而不会叛。所以陈傅良总结说:"《诗》所以维君臣之道之功也深。"①可见,《诗》与《礼》着眼于公卿士大夫不同,它针对的是下层民众,主要是提供给他们一种发泄感情的渠道,以缓和与等级制度相伴生的社会矛盾和不满情绪,从而达到维护君臣关系的目的。

如果说,陈傅良的《礼》、《诗》二论都是针对君臣关系中臣下一端,那么在《书》论中作者的指向则是君臣之道的另一端,即君王本身。在君臣或者君民关系中,君固然是或尊的一方,但或尊之后,也有带来另一个问题,就是《书》论所指出的"天下之待其君也日尊,而君之立于天下也日孤"②。但这显然不是圣人期待的结果,圣人也无意于将君王孤立起来,造成其"自威"、"自宠"的局面。陈傅良指出,圣人树立君王的权威,其实是要"使天下居我于其所可甚畏,而吾则与天下以其所可甚爱",也就是说,让老百姓敬畏君王,之后君王再对其施以恩泽,这样老百姓会更加喜出望外,感激不尽。正所谓"圣人致其所爱于其所畏之后,而天下得所不

---

① 《全宋文》,第 268 册,第 82 页。
② 《全宋文》,第 268 册,第 82 页。

期于所不及之中"①,天下百姓得到了原本不敢期望的恩泽,于是只会更加崇敬君王,这样君王"居尊而自孤"的隐患就被彻底消除了。

陈傅良在《五经论》的最后一篇《春秋》中,讨论的是《春秋》一书的历史作用。作者认为,圣人编纂《春秋》的目的是"极礼之衰而忧诗之去",在《诗》、《礼》不再对人具有约束作用的时候,"圣人之术始穷"②,但这并不意味着他没有办法在维护社会秩序和正义,相反,作者认为这一切早在圣人预料之中,他通过书写历史来震慑坏人,使他们虽能得逞于一时,而终究会害怕后世的清算。而《春秋》则被看作是"史之君"。接下来,作者通过比较史书与《春秋》的异同,来进一步回答为何一定要编纂《春秋》这个问题:"史之穷至于可禁而不可复,于是乎有《春秋》。曰:'《春秋》之异于史也,奈何?'曰:'史以官,《春秋》以匹夫;史以国,《春秋》以天下。'"③其一,史书为官修,而《春秋》是孔子个人编纂的;其二,史书为一国之书,而《春秋》为整个天下之书,对天下的善恶进行褒贬。而孔子编《春秋》在陈傅良看来不算是僭越,其中孔子之语或为"直辞",或为"隐辞",有的直接说破,有的则不说破,"略其微"的目的在于"窒其渐",不让僭越之事放大和加剧。

综观陈傅良的《五经论》,除了其展现的上述逻辑联系之外,在论述技巧上也值得我们注意。作者为了阐明五经是一个整体,在行文中会时常有意地彼此照应联系,如《礼》一开头就交代道:"君臣之道,其未明也天下愚,既明也天下诈,故圣人为之《易》,以觉其愚而发其微;为之《礼》,以闲其诈而救其末。"④这段话,表面上是阐明《易》、《礼》功能之不同,实际上意在强调两者在觉民救弊方面的互补作用。在《诗》论中,陈傅良又说:"是故节公卿大夫以礼,而宣民以诗,礼行乎默而诗达乎言。呜呼!圣人

---

① 《全宋文》,第 268 册,第 83 页。
② 《全宋文》,第 268 册,第 83 页。
③ 《全宋文》,第 268 册,第 84 页。
④ 《全宋文》,第 268 册,第 79 页。

所为维君臣之道也如此。"①这是说明《诗》、《礼》所针对的对象不同,维护君臣之道的方式也不同,但又统一于"维君臣之道"这个总目标之下。在《书》论中,作者更是一开头就明白地指出《易》、《礼》、《诗》三者不同的作用:"圣人之始立君臣也,惧其疑也,而有《易》;惧其福也,而有《礼》,惧其乖也,而有《诗》。故《易》示之象,《礼》示之理,而《诗》示之情,而天下尊君益至矣。"②这一段话虽然是为下面专门谈论《书》的功能所作的铺垫,但从中可见陈傅良完全将圣人造撰《易》、《礼》、《诗》三者看成是其树立君臣之道的三个紧密相连、不可分割的环节和步骤。文章最后说:"《易》也,《礼》也,《诗》也,期于人之必尊,而《书》也不自尊者,君之所以不孤也。"③表面上看来这里又是强调三部经书与《书》的差异,但其实是说明三经与《书》恰恰是维护君臣关系的两端,三经指向下,而《书》指向上,对象是君王一端。《春秋》与《礼》、《诗》同样有着密切的关系,陈傅良明确将《春秋》的编纂目的表述为:"极礼之衰而忧诗之去也。"④相同的语句在文章最后再一次出现。作者要说的是,在依靠《诗》、《礼》无法再达到教化约束目的的时候,圣人所作《春秋》成为维系君臣之道,防止后世僭越的最后手段。正是通过《五经论》这些将各经书相互照应的语句,陈傅良将这五篇文章牢牢地束成一个整体,以证明"六经之作相次",目的是"立君臣之道"。从这些论述的技巧和语句的安置排布来看,应当说是非常严密,环环相扣的,比较充分地证明了作者的论点。可以说,陈傅良的《五经论》在宋人经论中是极值得深入解读的。

---

① 《全宋文》,第 268 册,第 81 页。
② 《全宋文》,第 268 册,第 82 页。
③ 《全宋文》,第 268 册,第 83 页。
④ 《全宋文》,第 268 册,第 83 页。

第四章 宋代经解序文的特征与流变

本章讨论一种与经学有着密切关系的文体——经解序文。经解是中国古代解释儒家经书的著作,是经学最主要的载体。自西汉立《诗》、《书》、《礼》、《易》、《春秋》为"五经"以来,解经者可谓代不乏人,经解著作更是层出不穷。历代大多数的经解皆有序文,或出经解著者本人之手,或由他人撰写,数量庞大,内蕴富厚,构成了古代文章史上一道重要的景观。

经解序的写作源于汉代,而在两宋时期迎来了创作的高峰。据我们统计,宋以前,该类文章留存下来的不过 50 篇左右,而《全宋文》中收录的经解序达 342 篇,数量远过前代。宋代经解序不仅仅是经学思想的载体,它的文体特性决定了它与经学之间构成一种较为特殊的关系,同时,古文创作技巧的进展也让宋代经解序在文体形态和写作模式上有明显的突破。我们认为,经解序不应仅被视作经学研究的材料,在文体史和文章学的研究中,它同样是非常值得关注的对象。由宋代经解序所呈现的文体与学术的关联,从更深的意义上说,指向了中国古代文章与其社会功能之间的互动关系。因而,对于宋代经解序的研究,具有文体学和文学社会学的双重意义。有鉴于此,本章拟围绕以下三个问题对宋代经解序加以考察。

第一节 经解序的起源与宋以前的发展

经解序是中国古代序文的一种。序文就其写作对象不同可两类:一类针对物,如诗、文、书籍、图画等,另一类则针对人,也就是通常所说的赠序。

经解序属于书籍序文中的一种,它和"序"这一文体的起源有着密切关系。

关于序的起源,古代有几种说法:一说源于《易》。《文心雕龙·宗经》云"论、说、辞、序,则《易》统其首",《颜氏家训·文章》也说"序、述、论、议,生于《易》者也"。南宋吕祖谦在《周礼序》中说得更具体:"惟古作书,必序厥指,《易》有《序卦》,《书》有孔氏之文,《诗》有卜商、毛苌、卫宏,《春秋》三《传》有杜预、何休、范宁。"①明代朱荃宰《文通》卷十《序》亦云:"《周颂》曰:'继叙思不忘。'《毛传》曰:'叙者,绪也。'绪述其事,使理乱相胤,若茧之抽绪。《易》有《叙卦》,《尚书》有孔子叙,子夏作《诗叙》。"②吕、朱二人举出的早期序文,都与经书有关,其中尤以《易》之《序卦》为最早。其实《序卦》主要是针对六十四卦"各序其相次之义"③,与后世序文颇为不同,故将其看作"序"的起源比较勉强;另一说源于《毛诗大序》。元代徐骏《诗文轨范》、明代吴讷《文章辨体》、郎瑛《七修类稿》均持此说。《昭明文选》"序"体选文也首列《毛诗序》。④《毛诗序》作者与创作年代目前尚无定论。有学者认为"《毛诗序》中的原序,一部分是周朝太师写的,一部分是由毛亨在前人的基础上改写的,序中对古序加以解释的话以及《诗大序》出现较晚,应当是毛苌撰写的",而东汉"卫宏在前人的基础上,写出了一个《毛诗序》的定本"。⑤ 也就是说,今存《毛诗序》文本大约在东汉初年最终形成。从形制看,《小序》极为简短,往往只用一两句揭示一篇的背景题旨;《大序》则较长,且叙述有序,独立成篇,与后世序文形态相类。因此,将"序"的文体源头归之《诗大序》,较为可取。不过,《诗大序》的论述对象是"诗"这一文体和《诗》三百篇本身,而并不是作为解《诗》之作的《毛诗传》,因此它虽是经书序文,与后世的经解序还是有明显差别的。这里有必要专门考察一下经解序的起源。

---

① 《吕祖谦全集》,第 1 册,第 879 页。

② 《历代文话》,第 3 册,第 2826 页。

③ 《周易正义》卷九,《十三经注疏》本,第 95 页。

④ 参见吴承学、刘湘兰:《中国古代文体史话·序跋类文体》,《古典文学知识》2009 年第 1 期。

⑤ 徐有富:《〈诗序〉考》,《中国韵文学刊》2008 年第 1 期。

从严可均辑《全上古三代秦汉三国六朝文》中,我们共检得经解序 16 篇,其中有些篇仅存只言片语,无法探知其文体形态。保存完整者尚有孔安国《尚书序》、《古文孝经训传序》,孔通《春秋左氏传义诂序》,何休《春秋公羊经传解诂序》,杜预《春秋左氏传序》、《春秋左氏传后序》,范宁《春秋谷梁传集解序》,常爽《六经略注序》,郑玄《尚书大传叙》、《诗谱叙》。① 其中孔安国的《尚书序》实为孔《传》之序,但该序与孔《传》均被认为系后人伪造。②《古文孝经训传序》出自日本享保十七年(1732)刻本《古文孝经孔氏传》,学界倾向于认为该《传》并非伪托,然其序文的真伪则未能确定。③

目前留存创作时间最早且完整的经解序,当数东汉初孔通的《春秋左氏传义诂序》。该文先述《义诂》作者孔奇的家世,进而介绍其兄孔奋的经历,于奋从刘歆学《左传》一事着墨尤多。然后再叙述孔奇撰《义诂》的过程与目的,最后交代,书未著成而作者早逝,由序文作者孔通本人将《义诂》编校完成。这篇经解序蕴含的信息,主要包括经解作者孔奇研治《左传》的学术渊源承传、经解本身的成书过程,由人而书,过渡十分自然。其中对孔奇的形象还颇有塑造之功。如二十一岁的孔奇"每与其兄议学,其兄谢服焉",以及"雅好儒术,淡忽荣禄,不愿从政"等等④,都显示了其人的学术天赋和学术追求。这样写,也就间接提升了《义诂》的学术品质。东汉后期何休的《春秋公羊经传解诂序》是另一篇保存完整的经解序。因为是解经者自撰序文,内中不便对自己的学术品格多加评骘,于成书过程也仅以寥寥数语带过,而将笔墨集中于《春秋》学本身所面临的重重危机:解释经文时"倍经、任意、反传违戾","援引他经,失其句读",尤其是《公羊》学者被古文经学家斥为"俗儒"等等。作者将这些危机都归结为《公羊》学者"守文、持论、败绩、失据之过",全文可说是对《春秋》学的痛切反

① 因唐以前《尔雅》、《论语》、《孟子》尚未入经,注解这三部书的著作序文未计入经解序中。
② 参见刘起釪:《尚书学史》,北京:中华书局,1989,第 183—184 页。
③ 参见胡平生《日本〈古文孝经〉孔传的真伪问题》,《文史》第二十三辑;顾永新《日本传本〈古文孝经〉回传中国考》,《北京大学学报》2004 年第 2 期。
④ 严可均辑:《全后汉文》卷二九,《全上古三代秦汉三国六朝文》,第 635 页。

省之作。① 东汉时期的经解序,保存完整的尚有郑玄的《尚书大传叙》和
《诗谱叙》,《尚书大传叙》简要介绍了《尚书》传授和后世注释的情况,比较
简单,《诗谱叙》则从总体上论述了《诗》与其产生的时代、社会背景之关
系。总之,在汉代,经解序的创作才刚刚开始,数量很少,经书序文与经解
序文的边界也还不甚清晰。到了魏晋南北朝时期,学者的解经活动更为
多见,经解序随着解经本身流传下来,完整者有西晋杜预《春秋左氏传
序》②、《春秋左氏传后序》,东晋范宁《春秋谷梁传集解序》和北魏常爽《六
经略注序》。杜预两序篇幅很长,前文论述《春秋》的史书性质、与《左传》
的关系以及"义例"等问题,后文讲述作者对读汲冢出土的《纪年》、《左传》
之后的学术发现。范宁《春秋谷梁传集解序》的结构,唐代的杨士勋认为
可分三段,第一段"释仲尼修《春秋》所由,及始隐终麟之意",第二段"释三
传所起及是非得失",第三段"释己注述之意,并序《集解》之人"。③ 常爽
的《六经略注序》先述学习的重要性,接着谈六经的教化作用,最后简要交
代著书之由。综观汉魏六朝经解序的文体,杜、范二人的文章都是散体,
而常爽之文用骈体写成。

　　唐代以降,官方对经学极为重视,唐太宗时,由孔颖达等编纂的《五经
正义》成为官方经解,此后一直是考试的依据。《周礼》、《仪礼》、《公羊
传》、《谷梁传》的官方注疏也得以颁布。同时,经书范围也在扩大,《尔
雅》、《孝经》、《论语》进入儒家经书之列。中唐时期,更出现了以啖助、赵
匡、陆淳《春秋》学为代表新经学,这些都为经学的发展提供了新契机。那
么,唐代经解序的写作情况又如何呢? 我们从《全唐文》及陆心源《唐文拾
遗》、《唐文续拾》和陈尚君《全唐文补编》中,共检得经解序 30 篇,作者 22
人。就文章数量而言,超过了唐以前的总和,其写作也呈现出新的特点。

---

　　① 严可均辑:《全后汉文》卷六八,《全上古三代秦汉三国六朝文》,第 850 页。
　　② 杜预此序究竟为其《春秋左氏传集解》作还是为《春秋释例》作,南北朝学者有争议,唐
孔颖达依刘炫设定为《集解》的序文,今从之。参见沈玉成、刘宁:《春秋左传学史稿》,南京:江
苏古籍出版社,1992,第 144 页。
　　③ 杨士勋:《春秋谷梁传注疏》,《十三经注疏》本,第 2358 页。

首先，一部分作品在结构上具有共性。通常先论述所注经书本身的性质、意义和效用，次介绍后世传授流布和注释情况，最后交代本经解的编纂过程或学术特点。第一部分尤重经书的教化作用，第二部分会强调孔子编修删定经书的艰辛和前代注解的疏失，最后一部分往往较为简略，作者甚少记述注经之难，而着重对经解本身加以介绍。序文最讲究叙述次第，先说什么，后说什么，需要精心安排。唐代经解序的这样一种叙述结构，为官方和私家经解序文所共有，客观上有利于突出经书的重要地位，对前人注解的评论，实质上也凸显了本经解的学术意义；其次，用骈体写作的经解序大为增加。唐以前完整经解序中，只有何休的《春秋公羊经传解诂序》、常爽的《六经略注序》以骈体写成，其他皆为散体。唐代留存至今的 30 篇经解序，除了 1 篇由于残句过少无法判别外，其余 29 篇中骈体文 11 篇，散体文 18 篇；再次，部分经解序已开始表现出一定的写作技巧和美学追求。如孔颖达《尚书正义序》开头一段写到"古之王者"施政与《尚书》的产生：

> 古之王者，事总万机，发号出令，义非一揆：或设教以驭下，或展礼以事上，或宣威以肃震曜，或敷和而散风雨。得之则百度惟贞，失之则千里斯谬。枢机之发，荣辱之主，丝纶之动，不可不慎。所以辞不苟出，君举必书，欲其昭法诫，慎言行也。其泉源所渐，基于出震之君；黼藻斯彰，郁乎如云之后。勋、华揖让而典、谟起，汤、武革命而誓、诰兴。①

骈文本身用词典雅、句式工整的特性在其中体现无遗，但文章对古代王者形象的细致塑造中，显示出一种非凡的权威感和尊贵气象，我们不妨拿托名孔安国作的《尚书序》开头一段来作比较：

> 古者伏牺氏之王天下也，始画八卦，造书契，以代结绳之政，由是文籍生焉。伏牺、神农、黄帝之书，谓之"三坟"，言大道也。少昊、颛

① 《尚书正义》卷首，《十三经注疏》本，第 110 页。

项、高辛、唐、虞之书,谓之"五典",言常道也。至于夏、商、周之书,虽设教不伦,雅诰奥义,其归一揆。是故历代宝之,以为大训。①

相形之下,这段文字只对《尚书》的源起作了简要客观的交代,对伏牺以来"王天下者"的形象没有任何刻画描摹之笔。我们就更能体会到前者行文中的文学色彩了。

文学元素并不仅仅出现在用骈体写的经解序上,散体序文同样如此。如晚唐陆希声的《周易传序》开头是样写道:"予乾符初任右拾遗,岁莫端居,梦在大河之阳,旷野数百里,有三人偃卧东首,长各数十丈。有告者曰:'上伏羲、中文王、下孔子也。'三圣皆无言,意中甚愕,寤而震悸。"②也许作者所言非虚,其发愿注释《周易》真是因此怪梦而起,但经解序以一梦开头,实在可算是创意,表明唐代此种文章的写作已有了一定的自由度,不必非得以天地圣人的宏大叙事开场了。

综上所述,经解序这一文体从汉至唐的发展演变过程中,在文体形态上已具备了一些规定性,它们成为该文体在宋代发展和新变的重要基础。而经解序中出现的一些文学元素,体现了作者对文章审美性和写作技巧一定程度的追求,这也是不容忽视的。

第二节　宋代经解序的形态变化与学术诉求

宋代是经解序写作真正兴盛的时代,《全宋文》收录的 342 篇经解序中,按所解经书分类,依次为《周易》113 篇,《春秋》(含三《传》)54 篇,《论语》32 篇,《尚书》31 篇,《诗经》25 篇,《周礼》14 篇,《礼记》13 篇,《孝经》10 篇,《孟子》9 篇,《中庸》8 篇,《尔雅》5 篇,《仪礼》4 篇,《大学》2 篇。另有一些是几部经书合解著作的序文,计有群经 7 篇,三《礼》5 篇,《论》、

---

① 《尚书正义》卷一,《十三经注疏》本,第 113—114 页。
② 《全唐文》卷八一三,第 8552 页。

《孟》4篇，《学》、《庸》1篇。宋代经解序的实际创作数量肯定还不止这些，但从以上统计数字中，我们已能发现如下特点：《易》解序远多于其他经解序，说明《易》在宋代受关注程度极高。《论语》解序的数量超过"五经"中的《尚书》、《诗经》，接近三部《礼》经的总和，说明《论语》入经较晚，但在宋代地位颇高。而从《礼记》中抽出的《大学》、《中庸》成为单独的经典，已经有诠释它们的专著出现，序文便应运而生。作为一种与经学关系密切的文体，经解序的上述特点符合宋代经学的基本特征与发展态势，这是不难发现也不难解释的。需要进一步讨论的问题是，宋代经解序在文体形态上与前代有何差异与变化？而这种差异、变化又是如何造成的？

我们认为，某一文体在某一时代的形态如何，主要受三个因素影响：其一是文体自身传统。中国古代各种文体都有其特定的功能和作用，而其最初形态，与其功能作用的实现密切相关，由此而形成文体自身的传统。文体发展中其功能会有所变化，但就总体而言，文体传统一旦形成，就会对以该文体写作的每一篇文章有所规约，后人无论如何"破体"，都无法完全摆脱文体传统的影响，具体到宋代经解序而言，它就无法摆脱"序"这一文体的"叙述"特性，也无法自外于汉代以来经解序的文体传统。其二是社会诉求。文体发展过程中，由于外部社会一直在变化，一些完全无法回应社会诉求、承担文化功能的文体渐遭淘汰，剩余的文体则不断回应和适应着社会对它们的新诉求，不断调整自身的写作模式，文体形态由此发生变化。经解序的文体性质决定了它所面临的诉求，主要是一种学术诉求，具体到宋代，就是新变的经学对它的诉求。其三是所处时代文章写作技巧的发展。经解序的创作旨归不在于审美，但将文章以更好的美学风貌呈现给读者，是文章写作者的本能，即使是口头上排斥文学的理学家也不例外。宋代恰恰又是古文写作技巧获得巨大进展的时代，古文的审美性实际获得了大幅提升，这些都对经解序形态的变化产生了影响。

先看文体传统对宋代经解序的"塑形"作用。在唐代形成的经解序结构模式中，文章第一部分通常谈经书的性质、意义和效用，虽侧重于阐说，但多泛泛之论，鲜少对于经书和经学的独到见解。在宋初官方与私家经解序中,这一情形依旧。到了庆历前后,经解序结构开始发生变化,在一部分作品中,笼统的阐说被对经书及传注的质疑、考证所取代,写作者此时为经解序赋予了实质性的学术内涵。如欧阳修的《传易图序》通篇摆出种种理由,对《易传》之《文言》、《系辞》的真伪予以质疑,提出"今《周易》所载非孔子《文言》之全篇也","今《易》皆出乎讲师临时之说","今乃以孔子赞《易》之文为上下《系辞》者,何其谬也"等观点,进而质问,那些汉代解《易》者"出其臆见,随事为解,果得圣人之旨邪"?[①] 苏洵的《洪范后序》通篇驳斥刘向、夏侯胜对《洪范》的解释[②],皆可见当时怀疑之风盛行。有质疑必然需要考证,经解序中亦时见考证,如孙觉《春秋经解自序》开头就花笔墨考证《春秋》的编纂时间[③],司马光《古文孝经指解序》讨论《古文孝经》的真伪等等[④]。经解序中引入对经、传的质疑和考证,是该文体对北宋时代"疑经"这样一种学术诉求的回应。"疑经"之风素为后世学术史家所重,其对文学的影响也是多方面的。作为与经书密切相关的文体,经解序中理所当然会有所反应,而这就使原先序文中对经书性质、意义、作用的一般议论转化为经学或经学史的研究了。从文章写作角度而言,质疑、考证的引入在客观上对经解序原有的写作格局有所突破。

　　当然,并不是说经解序中原来的论说部分,全然让位于质疑和考证了,事实上,论说在宋代经解序中仍然占有重要的位置,而且与前代经解序中的论说不同。在宋以前,经解序中关于经书性质、意义和作用的阐说,基本内容是表达对经书的推尊之意,同时围绕着经书对于教化的重要性展开。在宋代,论说部分则成了序文作者从整体上阐述其经学观念、讨论经学问题的舞台。如北宋象数《易》学代表人物刘牧的《易数钩隐图序》,主要论述《周易》中的"象"、"数"关系:"象者,形上之应,原其本则形

---

① 欧阳修:《居士外集》卷一五,《欧阳修诗文集校笺》,第 1736—1737 页。
② 《嘉祐集笺注》卷八,第 233—224 页。
③ 《春秋经解》卷首,《全宋文》,第 73 册,第 23—25 页。
④ 《温国文正司马公文集》卷六四,《全宋文》,第 56 册,第 101—103 页。

由象生,象由数设,舍其数则无以见四象所由之宗矣。"①同样是针对《周易》,程颐作于元符二年(1099)的《易传序》见解与之迥异,通篇主要阐述"辞"在《易》中的重要地位:"吉凶消长之理,进退存亡之道,备于辞,推辞考卦,可以知变,象与占在其中矣。"②与经解序中的质疑、考证一样,论说的部分在学术上也带有明显的时代特色。如北宋周谞《礼记解自序》一开头便提出:"夫礼者,性命之成体者也。盖道德仁义同出于性命,而所谓礼者,又出乎道德仁义而为之节文者也。"③文章也主要围绕"道德性命"和"礼"的关系展开论述。又如北宋邹浩在《论语解义序》中对《论语》的评价超过五经,认为它"纯乎圣人之言"④,在《孟子解义序》中又将孟子地位抬得极高,说"孔子之后,能绍其传者,孟子一人而已矣"⑤,这些都标志着宋代经学发展的一个重要走向,即《论》、《孟》二书地位的逐渐提升。

我们还注意到,宋代经解序中的论说部分不但涉及经书和传注本身,还时常谈论阅读、研习经书的态度和方法,这些皆为前代经解序所未曾关注。程颐在《春秋传序》中说:"故学《春秋》者,必优游涵泳,默识心通,然后能造其微也。"⑥朱熹则告诫人们读经"毋骛于高,无骇于奇,必沉潜乎句读文义之间,以会其归"⑦,"观书不可仅过目而止,必时复玩味,庶几忽然感悟,到得义理与践履处融会,乃为自得"⑧。南宋王质在《诗总闻序》中并无一语涉及《诗经》,而是提出"穷经"必须具备志、识、才、力四大前提条件,文句工整,论述透辟。⑨ 魏了翁的《四明胡谦易说序》则论学《易》者应有的态度:"学《易》者要在内反诸心,精体实践,近之则迁善远罪之归,

_____

① 《易数钩隐图》卷首,《全宋文》,第 46 册,第 84 页。
② 《河南程氏文集》卷八,《二程集》,第 582 页。
③ 朱彝尊:《经义考》卷一四一,林庆彰等:《经义考新校》,第 6 册,第 2610 页。
④ 《道乡集》卷二七,《全宋文》,第 131 册,第 249 页。
⑤ 《道乡集》卷二七,《全宋文》,第 131 册,第 250 页。
⑥ 《河南程氏文集》卷八,《二程集》,第 584 页。
⑦ 《中庸集解序》,《晦庵先生朱文公文集》卷七五,《朱子全书》,第 24 册,第 3640 页。
⑧ 真德秀:《孟子要略序》引,《西山先生真文忠公文集》卷二九,《全宋文》,第 313 册,第 164 页。
⑨ 陆心源:《皕宋楼藏书志》卷八,《全宋文》,第 258 册,第 290－291 页。

充之而至于位天地,立生民,命万物,皆分之所得为者,盖不敢惟文字故训之泥。"①陈耆卿则生动地回顾自己由少及长学习《论》、《孟》的体会:

> 予少读《论》、《孟》,未知其所以读,逮长知所以读,而未得其趣。忧患后,屏居杜门,乃始深玩而精索之。其初也懵懵然,其后也汩汩然,又其后也洋洋然,盖所谓以身体之、以日用推之之验也。②

陈氏尝师从叶适,其学术渊源于永嘉。而朱熹在《论语要义目录序》中也曾回忆过一生中研习《论语》几个阶段的体会,较陈氏为详。③ 从上述例证可以看出,研习经书的态度、方法和体会,是宋人写作经解序时经常关涉的话题。

总之,在宋代,经解序中引入经学观念的阐说、习经态度方法的讨论,是这一文体应对时代学术诉求的必然结果。凡此种种论说,逐渐替代了宋以前经解序中关于经书意义和作用的一般性阐说,而呈现出时代的学术品格与丰富的学理内涵。这既是宋代经学重视义理、体验和践行等特征在文章领域的反映,也说明,经解序在受文体传统规约同时,其形态的确发生着显著的变化。

值得注意的是,这种变化不仅仅表现在原先论说经书意义的部分,也体现于介绍经书传授流布和注释情况的部分。宋以前经解序中,阐述经书意义和作用之后,接下来的部分通常会对经书传授流布和前代注释的情况作客观性介绍,介绍旧注时会适当加上自己评判甚至驳难。在宋初的经解序中,这样的模式依旧保持,但后来,对经书传授流布的介绍,变成对当代学术谱系的重新叙述,而对前代注释的评介,也逐渐演变为对当代学术境况的描述和批评。这种变化更为重要,因为经解序既保留了文体传统所赋予它的叙述功能和特性,又将关注的焦点指向了当代学术。

先看重新叙述学术谱系的问题。朱长文作于绍圣元年(1094)的《春

---

① 《鹤山先生大全文集》卷五三,《全宋文》,第 310 册,第 37 页。
② 《论孟纪蒙序》,《筼窗集》卷三,《全宋文》,第 319 册,第 81 页。
③ 《晦庵先生朱文公文集》卷七五,《朱子全书》,第 24 册,第 3613—3614 页。

秋通志序》篇幅很长,详细回顾了《春秋》的诠释史。三《传》及其注释之后,继以中唐啖、赵、陆释《春秋》诸作,然后用了许多笔墨专门介绍本朝孙复及其《春秋》学,最后说自己不受王安石熙宁时废《春秋》的影响,"兼取三《传》,而折衷其是,旁考啖、赵、陆淳诸家之义,而推演明复之言,颇系之以自得之说"①,编成这部《通志》。从表面看,作者似乎是在客观地对《春秋》学史进行回溯,可假如与唐代或北宋早期的经解序作比较,不难发现这里的学术史叙述显现出鲜明的主观意图:刻意强调了从啖助开始直至孙复的新《春秋》学传统,而淡化了啖助之前旧注的影响。作者这样叙述,凸显了宋人的学术主体意识,将自己当成学术史上的一环,而不是对前人注疏单纯仰视。到了两宋之交,随着道学影响的产生,经解序中这种重述学术谱系的现象越发明显和多见。我们注意到,杨时的《中庸义序》引程颐语:"不偏之谓中,不易之谓庸,中者天下之正道,庸者天下之定理,中庸之书,盖圣学之渊源,入德之大方也。"这是宋代经解序中第一次引用道学家的话。接下来,杨时以不长的篇幅,叙述了孔子之后其学术传承的谱系:

> 孔子殁,群弟子离散,分处诸侯之国,虽各以其所闻授弟子,然得其传者盖寡。故子夏之后有田子方,子方之后为庄周,则其去本浸远矣。独曾子之后,子思、孟子之传得其宗。子思之学,《中庸》是也,孟子之书,其源盖出于此。则道学之传,有是书而已。②

在他看来,孔子之学分为两系流传,一系由子夏经田子方传至庄子,③另一系由曾子经子思传至孟子。前一系"去本浸远",最终流为道家,而后一系也就是通常所说的思孟学派,将《中庸》之学传承下来。作者将后一系视作正统,并将之与"道学"建立关联:"则道学之传,有是书而已。"这最后一句尤为关键,透露出杨时叙述学术谱系的目的,是将"道学"定为孔子儒学的正传。杨时是两宋之际道学南传的关键人物,为道学的

---

① 《乐圃余稿》卷七,《全宋文》,第 93 册,第 152 页。

② 《杨龟山先生集》卷二五,《全宋文》,第 124 册,第 252 页。

③ 虽然《史记·儒林列传》有"如田子方、段干木、吴起、禽滑厘之属,皆受业于子夏之伦"的记载,但杨时此处说法实出于韩愈的《送王秀才序》,见《韩昌黎文集校注》卷四,第 261 页。

传播不遗余力,此处的叙述证明了这一点。同样,南宋郭雍《传家易说自序》在叙述学术史时,虽然也提了一下王弼,但最后却以张载、程颢、程颐这"三先生"直接接续上周公、孔子、孟子的传"道"谱系。这样写的原因大概在于,作者父亲郭忠孝"受业伊川先生二十余年"①,并且是程颐去世之前最后与之对话的弟子。② 又如张凤作于淳熙七年(1180)的《尚书精义序》,先为理学大唱赞歌,后述《尚书》学史,于前代注家仅提孔安国一人,全然不道及北宋时期产生过巨大影响的王安石《尚书义》,却说:"皇朝祖宗全盛之际,关、洛有二张、二程之学,崇索理致,根乎圣贤心法,以发明千载不传之秘而福后学,……一洗汉唐注疏旧习。"③综观宋人经解序中对学术谱系的叙述,我们发现这样一种发展趋势,叙述中学术主体意识的凸显逐渐转化为对道学家经学传统的张扬,而有意遮蔽、淡化了其他的注家、注释的影响。到了宋末,欧阳守道作《四书集义序》,甚至已经需要解释这样的问题:朱熹的《四书集注》"为传世计至远也,学者学此足矣",为何还要另外编一部《集义》呢?④任何一种学术史叙述都不可能完全客观,皆缘于叙述者自身的学术立场和倾向,尤其是道学家系统的学术史更是如此,今日已成共识。然宋人经解序中如此勾勒学术谱系,从文章写作的角度说,改变了唐人对于前代注释较为客观的介绍评价,使经解序的文本结构和重心发生了明显的变异。

再来看宋代经解序对当代学术境况的描述和评判。前代经解序中通常会对历代注经者和经解作评判,而且相当一部分持批评意见,但直接描述和批评当代经注及学术状况的并不多见。宋人之作则频频指向同时代的经学和学术,其中对王安石新学的批评尤为引人注目。较早在经解序中批评新学的人是苏辙,他评论王安石废《春秋》时说:"近岁王介甫以宰

---

① 《传家易说》卷首,《全宋文》,第 183 册,第 13—14 页。
② 《河南程氏遗书》卷二一下:"伊川先生病革,门人郭忠孝往视之,子瞑目而卧。忠孝曰:'夫子平生所学,正要此时用。'子曰:'道著用便不是。'忠孝未出寝门而子卒。"《二程集》,第 276 页。
③ 《尚书精义》卷首,《全宋文》,第 274 册,第 437 页。
④ 《巽斋文集》卷一二,《全宋文》,第 346 册,第 452 页。

相解经,行之于世,至《春秋》漫不能通,则诋以为断烂朝报,使天下士不得复学。呜呼!孔子之遗言而凌灭至此,非独介甫之妄,亦诸儒讲解不明之过也。"①不列《春秋》于学官,是熙宁科举改革和官方经学活动中的重大事件。苏辙认为这不单是王安石的责任,也和诸儒没有将《春秋》讲解清楚有关。杨时的看法稍有不同:"熙宁之初,崇儒尊经,训迪多士,以谓三《传》异同,无所考正,于六经尤为难知。故《春秋》不列于学官,非废而不用也。而士方急于科举之习,遂阙而不讲,可胜惜哉!"②他认为王安石不列《春秋》,是因为它太难懂,解释难度太大,并不是对此经废弃不用。而当时人不讲《春秋》,是因为其应试的功利心态作祟,而不能把《春秋》学的衰落全然归咎于王安石。而对于废《春秋》在士人中的实际影响,王庭珪的《王彦休春秋解序》中有如此自述:"余崇宁中始游庐陵郡学,是时朝廷方以经术训士,薄海内外悉用三舍法,独《春秋》不置博士,故鼓箧升堂,无问《春秋》者。"③可见一般士人趋于科举功利,冷淡《春秋》之状。

同样,对于新学在当时的兴盛和造成的巨大影响,由于经解序作者的学术立场不同,所述也大相径庭。如偏向旧党的秦观说:"自熙宁初,王氏父子以经术得幸,下其说于太学,凡置博士,试诸生,皆以新书从事,不合者黜罢之,而诸儒之论废矣。"④晁说之也说:"仆年二十有四,偶脱去科举事业,决意为五经之学,不专为一家章句也。是时,王氏之说列于学官者既尊,而又日有新说至自金陵,学者耻其得之后也,从而士子又务为新异之说,寒士非其党者,莫能向迩以一言也。仆恨焉,岂无古人之师乎!"⑤这些描述都对新学的兴盛持负面评价,但毕竟真实记录了当时的官学王氏新学盛极一时的境况。而到了邹浩的笔下,叙述得就完全不同了:"神宗皇帝以道莅天下,于是造士以经,表通经者讲于大学,以训迪四方。时

① 《春秋集解引》,《春秋集解》卷首,《全宋文》,第95册,第259页。
② 《孙先生春秋传序》,《杨龟山先生集》卷二五,《全宋文》,第124册,第254页。
③ 《庐溪文集》卷三六,《全宋文》第158册,第217页。
④ 《王定国注论语序》,《淮海集笺注》卷三九,第1273页。
⑤ 《太极传后序》,《嵩山文集》卷一七,《全宋文》,第130册,第65页。

陆公佃《诗》,孙公谔《书》,叶公涛《周礼》,周公常《礼记》,而先生专以《易》授,诸公咸推先焉。先生盖王文公门人之高弟也,三圣之所秘,文公既已发之于前,文公之所略,先生又复申之于后,始而详说之,终以反说约。故自熙宁以来,凡学《易》者靡不以先生为宗师,因以取上科,跻显仕,为从官,为执政,被明天子所眷遇,而功名动一时者踵相蹑而起,至于今不绝也。"①这里所描绘的新学繁盛以及讲学者、藉以取士者的景况,其价值判断完全是正面的,对王安石及其学术未有丝毫不满情绪,这也难怪,因为此《易传》的作者括苍先生,正是王安石弟子龚原,而序文作者邹浩又是龚原的学生。到了南宋前期,新学的影响还未完全褪去,理学又开始兴起,两者之间的矛盾便真切地反映于经解序中。如胡寅作于绍兴二十四年(1154)的《鲁语详说序》,以道学家的立场,详细记载了从他十六七岁开始目睹和亲身经历的新学沉浮,以及两宋之际新学与道学的纷争②,而度正作于嘉定十三年(1220)的《春秋集义序》中,也追述了宗尚道学的士人在新学风靡情况下的学术坚守。③

　　综上所述,宋代经解序中无论是论说还是叙述的部分,都较前代有很大不同。对经书的质疑考证、对经学理念的阐说和对学术史及当代学术的叙述,此三者非但使经解序在宋代具备了丰富的学术内涵,更表明了这一文体对于时代学术诉求的积极回应,由此促使经解序的结构模式发生了鲜明变化。从更深的层次看,我们认为,撇开那些论学书信和笔记条目不谈,宋人专门讨论经学的文本形态大致有经解、语录、经论(包括经说、经义、经旨)和经解序四类。这些形态各具优长,以单篇文章形态呈现的是经论和经解序。经论以议论为主,常辩驳旧说以立新义,其中一部分为科场程文,有时专涉一端不及其余,且多拘限于对某一句经文意义的讨论。相对而言,经解序由于保留序文的传统,兼有论说和叙述的成分,论说部分往往针对所解经书的整体性质、功能阐明看法,更为宏观,又因为

①　《括苍先生易传叙》,《道乡集》卷二八,《全宋文》,第 131 册,第 258 页。
②　参见胡寅:《斐然集》卷一九,《崇正辩 斐然集》,第 403—404 页。
③　参见《春秋集义》卷首,《全宋文》,第 301 册,第 125—126 页。

经解序是为他人或自己的解经著作而撰,能够对经书本身和经书注解加以评骘,比较充分地阐述自己的经学观念,契合于宋代经学注重义理的特征;叙述部分则契合于宋人的学派意识和学术史意识,为他们重新书写学术史,强调自己学派的影响力提供了极大的便利。总之,经解序具有别种文本所不具备的独特学术功能,这就激发了宋人的创作欲望,也可以解释为什么在宋代经学新变的背景下,经解序的创作会如此兴盛了。

第三节   宋代经解序的文体选择与文学趣味

除了文体传统的规约和时代的学术诉求之外,决定宋代经解序文体形态的另一个重要因素是宋代古文的发展。它究竟对经解序的写作产生了怎样的影响? 我们想从两个视角来讨论。

首先是经解序的文体选择。这里的"文体"并不是指文类,而是指骈体和散体。我们发现,留存至今的唐以前的 16 篇经解序,除了张璠的《易集解序》仅存一个残句,无法判断骈散,其余 15 篇中仅有 2 篇是骈体,其他皆为散体。留存至今的唐代 30 篇经解序中,蒲乾贯的《易轨序》仅存残句无法判断,其余 29 篇中有 11 篇用骈体写成,18 篇是散体。也就是说,到了唐代,用骈体创作经解序的情况大为增加了。然而宋代以降,骈体经解序数量寥寥无几,342 篇序文中,骈文仅有 7 篇,创作时间最晚的是范仲淹的《说春秋序》。另有 1 篇为以四言为主的韵文。其余都是散体文,也就是古文。这就说明,在北宋初期之后,以散体写作经解序成为主流,赢得了广大作者的认同。

那么,为何宋代的经解序主要以散体写作呢? 散体文在写作经解序方面究竟具有怎样的优势呢? 下面我们以诠释《尔雅》的三部不同著作的序文为例,看看以骈文、古文和韵文创作的经解序究竟有何差异。第一篇是《尔雅注疏序》,这是宋初人舒雅代邢昺所作,以骈体写成。文中先说明《尔雅》的地位,认为其"诚传注之滥觞,为经籍之枢要者也",进而交代《尔雅》成书之由,时间和空间的不同造成语言差异,于是"圣贤间出,诂训递陈",才有了《尔雅》。第三部分,介绍《尔雅》的流传和注释,尤其凸显郭璞注"甚得六经之旨,颇详百物之形"的成就。最后,交代了奉敕编纂《尔雅疏》的简单情况。① 文章的叙述次第、格局基本上与孔颖达《五经正义》序等唐代经解序相似,语言则更为平实。我们注意到,尽管此文行文堪称典正,但其中叙述、交代性的话语为多,表明作者观点的议论性语句很少。正面阐发本书编纂宗旨的只有"考案其事,必以经籍为宗;理义所诠,则以景纯为主"这样原则性的话,没有体现出序文作者自身的经学思想和观念;第二篇序文是南宋罗愿的《尔雅翼后序》,此文是经解作者自序,以四言为主的韵文写成,有赋体的意味。文章先述儒家六经的产生,次言自古以来《尔雅》解说的一些弊端,"由古学废绝,说者无所旁缘,风土不同,各据所偏"。最后自述编纂《尔雅翼》的目的及自我期许,断言该书"千世之下,与《雅》并行"。② 客观地说,这篇韵语自序的辞采比舒雅《尔雅注疏序》更为华丽,也更重视铺叙,但就其内在的意涵来说,并没有多少突破,内中尚缺乏作者对于经书本身以及经书诠释传统的独得之见;第三篇序文是郑樵的《尔雅注序》。这也是经解作者自撰的序文,而以散体写成。整个文章的器局明显比前两篇阔大。作者回避了《尔雅》的产生这类常规性话题,因为《尔雅》是训释语词之作,故郑樵直截了当地提出《尔雅》与六经笺注之关系问题:"《尔雅》与笺注俱奔走六经者也,但《尔雅》逸,笺注劳。"进而深入阐述《尔雅》与经注的区别,认为注经有"应释"与"不应释"之分,《尔雅》所释,属于应释,而"后之笺注家反是,于人不应识者则略,应识者则详",属于不应释。对于在经书不需解释的地方予以解释的现象,郑樵是这样看的:

> 正犹人夜必寝,旦必食,不须告人也。忽而告人曰:"吾夜已寝矣,旦已食矣。"闻之者岂信其直如此耳? 必曰:"是言不徒发也。"若

---

① 《尔雅注疏》卷首,《全宋文》,第 3 册,第 133 页。
② 《罗鄂州小集》卷三,《全宋文》,第 259 册,第 277 页。

夜寝旦食又何须告人？先儒笺解虚言，致后人疑惑，正类此。①

这种颇富戏剧性的比拟，既明白形象地阐明了作者的意思，又使得行文骤然呈现出生气，而且所拟问答之辞极为口语化，这种戏剧化和口语化的写法，在中唐以来的那些富有文学性的古文中是十分常见的，是古文创作技艺取得极大进展之后才可能产生的写作手法。

通过比较三篇《尔雅》诠释著作的序文不难发现，宋人选择以散体作经解序，使其经学观念借助古文这一形态得到了较为充分的展现和阐发。虽然骈文和韵文具有典雅齐整的特色，能带给读者一种庄重感，但古文句子伸缩自如的特点，及其写作技巧在宋代的大进展，赋予了经解序更大的学术空间和学术容量，也使作者在表达上更为自由和自如。这些因素，都促成了经解序作者最终选择散体而不是骈体或是韵文来写作该类文章。

其次是经解序的文学趣味。经解序的写作宗旨不在于审美，但并不等于说，作者写作时没有美学上的追求。如前所述，唐代经解序中已显现出一些文学性元素，宋代古文写作技巧的发展，写作经验的积累，皆令经解序文本中时常呈现出一种文学趣味。众所周知，序文是唐宋古文中文学成就极高的一类文体，宋代的诗文集序往往突破就书论书的单一模式，而熔记叙、抒情、议论于一炉，素为后人称道。经解序与之不同，其针对儒家经解而作，论说的是经学问题，叙述的是学术谱系，很容易流于枯燥乏味，质木无文。事实上，一部分作品也的确如此，不免冗长枯涩之病，但也有相当一部分作品善用多种修辞手法，化抽象为形象，使文章呈现出一派生机。如苏洵《洪范论叙》将《洪范》之行"譬诸律令"："其始作者非不欲人之难犯而易避矣。及吏胥舞之，则千机百穽。吁！可畏也。"②司马光的《古文孝经指解序》谈到众人都来解经的问题时，将经书比作射箭的靶子："经犹的也，一人射之，不若众人射之，其为取中多也。"③薛季宣的《论语

---

① 《尔雅郑注》卷首，《全宋文》，第 198 册，第 65 页。
② 《嘉祐集笺注》卷八，第 204 页。
③ 《温国文正司马公文集》卷六四，《全宋文》，第 56 册，第 103 页。

直解序》将圣人治经比作工匠制器，①崔之方《春秋例要序》则说："不知例要而欲知《春秋》，是犹舍舟楫之用而以济夫川渎者也。"②更有一些序文中使用多种不同的比喻，如杨时的《论语义序》云：

> 学者之视圣人，其犹射之于正鹄乎？虽巧力所及，有远近中否之不齐，然未有不志乎正鹄而可以言射也。士之去圣人或相倍蓰，或相什伯，所造固不同，然未有不志乎圣人而可以言学也。道废千有余年，百家之言盈天下，学者将安取正乎？质诸圣人而已矣。夫《论语》之书，孔子所以告其门人，群弟子所以学于孔子者也。圣学之传其不在兹乎？然而其言近其指远，世儒以其近也易之，以为童子之习而莫之究，入德之途，背而去之。如在荒墟之中，曾无蘧庐以托宿焉，况能宅天下之广居乎？善夫伯乐之论马也，以为天下马不可以形容筋骨相，视其所视而遗其所不视，则马之绝尘弭辙者无遗矣。余于是得为学之方焉。夫道之不可以言传也审矣，士欲窥圣学渊源，而区区于章句之末，是犹以形容筋骨而求天下马也，其可得乎？余于是书也，于牝牡有不知者盖多矣，学者能视其所视，而遗其所不视，则于余言其庶矣乎。③

此文先将学者应"取正"于圣人，比作射箭要"射之于正鹄"，复次强调学习《论语》的重要性，将其比作荒墟中的"蘧庐"，是追求更深广学问所必需的基础。最后，将只通过章句之学来求得经书意义的"为学之方"，比作"以形容筋骨而求天下马"，徒视其形，而忽略其神，当然是不可能获取经书真义的。这篇序文说理平实，但正因为有了这三个比喻，全文论说层层深入有丝毫不觉拗折，读来饶有趣味。

有时为了能将自己的观点说得更浅白有趣，使人容易接受，经解序的作者们在写作上可谓煞费苦心，如南宋中期王宗传的《童溪易传序》，借主

① 《浪语集》卷三〇，《全宋文》，第 257 册，第 335 页。
② 《春秋例要》卷首，《全宋文》，第 97 册，第 89 页。
③ 《杨龟山先生集》卷二五，《全宋文》，第 124 册，第 250—251 页。

客问答的形式,通篇将注《周易》与注《本草》进行对比,其中有云:

> 而客有注《易》与《本草》孰先之问,为陶隐居者则告之曰:"《易》
> 先。"其说曰:注《易》误,不至杀人;《本草》误,人有不得其死者。鸣
> 呼! 自斯人不至杀人之言一发,而《易》之误自此始矣。世之轻议是
> 经者始纷纷矣。夫岂知《本草》误,误人命;注《易》误,误人心。人心
> 一误,则形存性亡,为鬼蜮,为禽兽,将无所不至,其祸不亦惨于杀人
> 矣乎? 隐居之言曰:"《本草》误,人有不得其死者。"殊不知注《易》误,
> 人有不得其生者。可谓智乎?①

文章内容并不复杂,无非是要强调《周易》对于"人心"的重要意义。
通过与《本草》的对比,作者将原本理论性的、容易流于枯燥的阐说,化为
形象性的表达,在将《周易》与《本草》相提并论的过程中,《周易》重于《本
草》这样一个理念被清晰地表述了出来。这种通篇在性质不同对象间作
对比和联系的写法,在宋以前的经解序中,是未曾有过的。再如杨万里的
《习斋论语讲义序》大谈"读书必知味外之味"的道理,将《论语》比作日常
所食"稻粱",又说"《论语》之书又非止于吾道之稻粱"②,通篇措辞直白又
极为活泼灵动,其实质则是将精神财富物质化,让常人便于理解。

虽然宋代经解序的作者对文章的驾驭能力有高下之分,写作技艺也
不可能都像欧阳修等古文大家那样炉火纯青,但在具体写作时有意涉笔
成趣,增加了经解序的文学意味和审美价值。从上述例证可以看出,在有
些文本中,偶尔出现文学元素不过是种点缀,在另一些文本中则关涉文章
的立意、结构等全局性问题。无论是哪一种情况,都表明宋代古文创作技
巧的发展和艺术性追求,不可避免地参与了经解序这样一类学术性文类
的塑形。经解序在宋代的繁荣及所呈现之面貌,与宋代散文的发展根本
就是密不可分的。

---

① 《童溪王先生易传》卷首,《全宋文》,第287册,第175页。
② 《诚斋集》卷七七,辛更儒:《杨万里集笺校》,北京:中华书局,2007,第3176页。

第四节　宋以后经解序的创作倾向

在宋代,既有的文体写作模式被打破,在变动的学术诉求之下,多种新的元素加入了经解序文之中,使这类文章创作兴盛,并呈现出新面目。然而,在此之后,促动变化的某些因素或已然消失,或逐渐弱化。我们不能说古文的写作技巧在宋以后就没有发展,但宋以后至少没有了古文运动这样重大的文体变革契机。再者,从南宋后期开始,经解序文中其实已经十分明显地流露出崇尚道学,尤其是朱子学的倾向,这和道学影响的逐渐增强有关。而就经学的状况来看,无论是北宋时期的经学革新,还是南宋时期对于学术谱系的重新叙述,这种种学术契机,在元代已不可复现。那么,在宋代以后,经解序文的形态又发生了哪些变化呢?

《全元文》中收录的经解序文达 262 篇,明、清两代序文数量更是激增,已经无法完全统计,更不可能一一寓目。因此,在明代,我们用黄宗羲编纂的大型明文总集《明文海》中所收录的全部经解序文,共计 33 篇。① 清代的序文数量更夥,我们以《清经解》中所收经解序文作考察的对象,共计 57 篇。这样,元、明、清三代,我们共选出 352 篇经解序文来进行分析。

宋代经解序文为后世树立了新的文体传统,元、明、清三代的写作,是在这一新传统的笼罩之下展开的。这里不妨分析一下宋代经解序文文体的构成要件,大致包括六项:一、对经书意义的阐发,二、对经书传授流布的叙述,三、对前人注疏的评述,四,对学术传承谱系的重新叙述,五、对当代学术的评论,六、对本经解撰写情况的叙述。其中第一、二、三、六项是宋以前的序文形态中原有的,第四、五项是宋代新增的。并非每篇序文皆含此六项要件,但其构成大致不出此范围。那么,随着元、明、清三代的学

----

① 文渊阁《四库全书》本《明文海》共四八二卷,收文 4300 多篇,《四库全书总目提要》称其为"一代文章之渊薮,考明人著作者,当必以是编为极备"。见文渊阁《四库全书》,第 1453 册,第 2 页。

术嬗变,经解序文中会不会出现新的构成要件呢? 一旦出现,必然导致文体形态发生新变化。我们通读 352 篇序文之后,并未发现新的要件出现,也就是说,经解序文无论如何构架,学术观点无论多么不同,所涉及的依旧是这六方面的内容。我们不妨以明代徐渭的序文为例。徐渭是世所公认的反叛型艺术家,被目为"奇人",文风也与众不同。从《明文海》收录其《诗说序》一文来看,徐渭想努力使序文变得独特,富有文采,先从《孙子兵法》的注释与战争的实际对比入手,以说明"凡书之所载,有不可尽知者,不必正为之解,其要在于取吾心之所通,以求适于用而已",继而又以瘙痒比喻读书,才转入《诗经》本身,可谓煞费苦心。① 但无论是将经书与他书类比,还是比喻的使用,在宋代经解序中皆有所见,②称不上是徐渭的发明,他并没有为经解序文提供新的构成要件。

但是也不能说,经解序文的形态在元、明、清三代,没有任何新的变化。事实上,随着经学发生所谓的"由理学到朴学"的转变,经解序文逐渐走向了"专门化",就是从一般讨论经书意义和经学状况最终走向了对经学具体领域中专门问题的阐述,成为"专门之学"的载体。如王鸣盛《尚书后案》一开头自问自答:"《尚书后案》何为作也? 所以发挥郑氏康成一家之学也!"③然后就开始直接讨论古今文《尚书》的篇目问题。钱大昕的《仪礼管见序》因有"宋儒说经好为新说,弃古注如土苴"等批判宋学的话语而闻名,不过其主体部分更像是对褚鹤侣《仪礼管见》一书写下的一份学术评语和鉴定,具体而微,绝无空言。④ 至于另一些经解序,由于经解本身就是研究专门问题,所以序文当然聚焦于此,如段玉裁的《周礼汉读考序》专门讨论注字读音,胡匡衷的《仪礼释官序》则一开始就说:"《仪礼

---

① 《明文海》卷二一五,文渊阁《四库全书》本,第 1455 册,第 385 页,又见载《徐渭集》,北京:中华书局,1983,第 521—522 页。

② 如南宋中期王宗传的《童溪易传序》,借主客问答的形式,通篇将注《周易》与注《本草》进行对比,见《童溪王先生易传》卷首,《全宋文》,第 287 册,第 175 页。比喻的例子已见本节之前的论述。

③ 阮元、王先谦:《清经解·清经解续编》,南京:凤凰出版社影印,2005,第 3 册,第 3163 页。

④ 《清经解·清经解续编》第 3 册,第 3717 页。

释官》何为而作也？所以明侯国之官制也。"①正因为讨论的问题很专门，清代经解序文的学术价值就变得非常之高。余英时先生在讨论序文源流时曾指出："为并世学人的专门著作写序，是清代的新发展"，因此是清代在序文上的"最大特色"。②　其实，宋代经解序中有不少就是为并世学人的专门著作而作，恐怕还称不上是"清代的新发展"，但余先生进而认为，乾嘉时期学术著作的序文"达到了当时最高的学术水平"，这是完全应当承认的。

　　清代经解序的专门化倾向，除了受到当时学术风气的影响之外，其实与文体传统的逐渐变化也有一定的关系。宋以后的经解序虽然没有提供新的文体构成要件，但在已有的六个要件的分量轻重上，还是有新变化。在我们选取的元代经解序文中，对道学传承谱系的强化和对道学家经学成就的颂扬，成为非常普遍的现象。比如王义山《周衡斋四书衍义序》以颂扬朱子学术开头，之后才谈及《衍义》之书③；何梦桂的《章中时甫集礼书序》反复强调理学家对礼学的贡献④，但这些内容，都是承宋代序文而来，并非元人的创获。到了明代，情况有了一些变化，对于本经解及其编纂过程的介绍在序文中显得更为突出，论述经书意义的部分退居其次，如杨守陈《大学私抄序》开头讲自己久读《大学》，有很多疑问，故"取所疑经传易而置之，各录章句于其下"，遂成《私抄》。⑤　杨慎的《四书五经余义序》也从《余义》的成书和特点开始说起，然后再讲四书五经的意义。⑥　明人经解序中对于本经解的重视，固然是由于泛泛讨论经书意义，已较难出新，也可视作学术主体意识增强的表现，为清代经解序转向对"专门之学"的讨论埋下伏笔。

　　经解序文的发展历史生动呈现了古典学术与文学的交互影响过程，

---

①　《清经解·清经解续编》，第 5 册，第 6287 页。
②　余英时：《原"序"：中国书写史上的一个特色》，《清华大学学报（哲社版）》2009 年第 1 期。
③　《稼村类稿》卷六，《全元文》，第 3 册，第 122 页。
④　《潜斋先生文集》卷七，《全元文》，第 8 册，第 120 页。
⑤　《明文海》卷二一三，文渊阁《四库全书》本，第 1455 册，第 364 页。
⑥　《明文海》卷二一七，文渊阁《四库全书》本，第 1455 册，第 415－416 页。

它的形态变化充分表明，以往散落于文学研究者视域之外的数量庞大的古代文章，需要我们突破狭隘的"文学"观念，寻找新的方法来分析。研究对象本身要求我们必须冲破古代散文研究中"内容/形式"或者"实用/审美"的二分法，以新的眼光重新审视对象本身。从更深的层面上说，对象本身正在呼唤我们，对中国"古代文学"的构成和边界，进行新的思考。

第五章　宋代科举策问的内容与形式

　　宋代科举考试中,试策是一种重要方式。这里所谓重要,大致可以从两个层面来理解。其一是试策在整个宋代的各种科举考试方式中持续时间最长。在历次科举改革中,试策一直作为考试方式之一保留下来,没有被废除。其二是在最主要的三级考试发解试、省试、殿试中,都需要试策,从熙宁三年(1070)开始,殿试更以试策为唯一方式,且终宋之世未变。

　　试策既然在宋代科举中有如此重要的地位,对于其催生的文本,就应当给予足够的关注。文本主要有两类,一类是试策时所出的策问,另一类是考生根据策问撰写的策文。由于考试制度的巨大影响力,文人也时常拟作策问和策文。但无论是考试中确实使用的,还是文人拟作的文本,其绝大多数,以往皆不在古代文学研究的视野之内,只有少数名作,常被当作论说文的典范来解析。对于宋代策问,史学界较关注其史料价值。[①]

---

　　① 参见刘海峰:《科举试卷的史料价值——以科场策问为中心》,《科举学论丛》第1辑,上海中国科举博物馆、上海嘉定博物馆编,北京:线装书局,2007,第5—11页。

至于其文本形态，相比汉、唐时期的研究，①对宋代显然还缺乏应有的重视。②

宋代策问的情况十分复杂，有些可以确定为发解试、省试、殿试策问，制科策问，馆职考试策问，也有各级学校出给学子的策问，士人拟作的策问等等，还有不少仅以"策问"或"试策"为题，不知是在何种场合所试的策问。据笔者统计，现存宋代策问总量约在 1000 道以上。

从现存的宋代策问文本看，策问并非简单等同于一个或几个问题，而是拥有一定的文本形态。在问题之外，提问者还会有针对性的叙述一些相关内容，这些内容与问题本身通过写作者的构思，用一定的结构绾合在一起，构成了整个策问的文本。本章的写作目的，即通过分析宋代策问文本的内容和结构，揭示其形态特点以及如何变化。限于篇幅，在此仅讨论常科考试中发解试、省试、殿试的策问。③

第一节　发解试和省试策问的形态

发解试是宋代科举常科最低一级的考试，由州、府、军或国子监主持举行，合格者方有资格参加省试。发解试的策问，现在留存不多。宋初田锡《咸平集》中有《开封府发解策》共三道。第一道开头说："强学待问，儒

---

①　参见吴承学：《策问与对策》，《中国古代文体形态研究》，广州：中山大学出版社，2000，第 48—53 页；韦春喜：《汉代对策文刍议》，《文学遗产》2012 年第 6 期；陈飞：《唐代进士试策形式体制》，《清华大学学报》（哲学社会科学版）2010 年第 5 期，《唐代明经试策形式体制考论》，《人文杂志》2006 年第 6 期，《唐代试策的形式体制——以制举策文为例》，《文学遗产》2006 年第 6 期，《文本所见唐代明经试策内容体制》，《文学遗产》2014 年第 3 期。专门讨论策问形态的仅有陈飞：《唐代试策的表达体式——策问部分考察》，《文学遗产》2008 年第 1 期。

②　祝尚书：《宋代科举与文学》（北京：中华书局，2008）第十章第二节《策论的命题》虽涉及策题，但主要着眼于其内容较唐代的新变化，而不是形态的特点，见该书第 289—292 页；孙耀斌《宋代科举考试文体研究》第五章第二节《宋代科举考试的策问》中第 1 部分《体制》是笔者所见目前仅有的对于宋代策问形态的研究，但其中提出宋代策问"以骈为主"的结论值得商榷，广州：中山大学博士论文，2009，第 106—110 页。

③　制科策问也属于殿试策问，与常科的殿试策问相类似。

行所先;博物辨疑,识者当务。"强调"博物辨疑"重要性,接着一连发问,问题涉及历史、政治、思想和礼制。所问多非知识性的问题,而需要考生凭自己的见识回答。如"荀、孟言性之有殊,孰者为当? 管、乐立功之俱善,何人最优",这样的问题是没有标准答案的,考生只能根据自己的理解,陈述理由。田锡的另两道发解策,每道围绕一个主题,第二道问举子对"沿塞屯田"的看法,第三道问选材方式,提到当时人们有"贤良之荐,必自于乡里;文行之选,不由于科场"的看法,也就是认为科举制度不如举荐制度有效,希望征求考生对此的意见。这两道策问在形态上有两个特点,一是对于所问之事的历史沿革有一个比较详细的叙述,第二是策问末尾并无问句,只有征求意见性的话语,如"伫闻嘉言,以观方略","伫聆商较,以副荐扬"之类。综观这三道策问,还可以发现其形式上的共同之处,一是字数都在 200 字左右,二是皆以骈体写成。宋初发解试策问选择骈体,明显是唐代策问形态的延续。但到了北宋中期,骈体不再是策问的必须形式,苏轼等人所撰策问说明了这一点。

现存苏轼策问中有三道可以明确认定为发解试策问,一是《永兴军秋试举人策问》,二是《国学秋试策问二首》。军和国子监都有权举行发解试,发解试在秋天举行,故又称"秋试"。此三道策问与田锡策问在形态上有很大差异。下面以《永兴军秋试举人策问》为例来分析:[①]

> 问:昔汉受天下于秦,因秦之制,而不害为汉。唐受天下于隋,因隋之制,而不害为唐。汉之与秦,唐之与隋,其治乱安危至相远也,然而卒无所改易,又况于积安久治,其道固不事变也。世之君子,以为善人为邦百年,可以胜残去杀。病其说之不效,急于有功,而归咎于法制。是以频年遣使冠盖相望于道,以求民之所患苦。罢去茶禁,归之于民,不以刑狱委任武吏;至于考功取士,皆有所损益。行之数年,卒未有其成,而纷纭之议,争以为不便。嗟乎,此特其小者耳。事之

---

① 此策问作于嘉祐七年(1062)秋,参见孔凡礼:《苏轼年谱》卷五,北京:中华书局,1998,第 106 页;张文利:《苏轼在长安行实四考》,《西北师大学报(社会科学版)》2007 年第 4 期。

可变,将复有大于此者。今欲尽易天下之骄卒,以为府兵,尽驱天下之异教,以为齐民,尽核天下之惰吏,以为考课,尽率天下之游手,以为农桑,其为拂世厉俗,非特如今之所行也。行其小者,且不能办,则其大者又安敢议。然则是终不可变欤? 抑将变之不得其术欤? 将已得其术,而纷纭之议不足恤欤? 无乃其道可变而不在其迹欤? 所谓胜残去杀者,其卒无效欤? 愿条其说。①

首先,这道策问篇幅比田锡翻了一倍,在 400 字左右;其二,它不再用骈体撰写,而全用散体写成;其三,策问文辞简朴,除了叙述主题所关涉的历史事实外,一般行文中不用典故。这些差异,还比较容易观察,更为关键的是结构变化。

此策问的核心内容是新建王朝是否需要制度变革。我们可以这样来分段,第一段从开头至"其道固不事变也",以汉因秦制、隋因唐制说明王朝治乱之关键并不在于改变前代之制;第二段从"世之君子"至"争以为不便",叙述时人由于受孔子"善人为邦百年,亦可以胜残去杀矣"一说的影响,急于改变各种制度,以求有功,反而引发争议;第三段从"嗟乎"至"则其大者又安敢议",认为如今的改制并没有抓住关键,并举出四例说明改变的关键在于"拂世厉俗";第四段从"然则是终不可变欤"至"愿条其说",是该策问中提问的部分。作者一连提出五个问题:制度是否可变、是否没有掌握变革的方法、是否已掌握方法而不去考虑变革引发的争论、是否变革的具体方法有误、是否孔子"胜残去杀"之说无效。

假如去掉最后提问的部分,则这道策问简直可以说是一篇相当完整的论说文,有观点,有论据。它从历史入手,进而谈及宋代的现状,最后提出关于改变现状的观点。其构思的方式,是通过历史经验来批判现实政治。更为重要的是,作者在文中表现出相当明显的主观态度或倾向性,表现于"又况于积安久治,其道固不事变也","此特其小者耳,事之可变,将复有大于此者"等话语。虽然策问最后希望应试者"条其说",回答一个个

---

① 《苏轼文集》卷七,第 207—208 页。

问题,但作者自己对于问题的态度绝非模棱两可,而是心中早有答案。我们不敢揣测,假如考生的观点与苏轼心中的答案相左,他们在考试中将会得到怎样的结局。

再看苏轼的《国学秋试策问二首》,第一道是说历史上几位帝王,其行为或为政态度相似,导致的结果却迥然不同,询问原因何在;第二道就"民之多寡"与"国之贫富"的关系,纵观宋以前各朝代的历史,指出人口增加"非徒无益于富,又且以多为患"的社会现实,请考生分析原因。从两道策问中我们同样可以看到作者鲜明的立场和态度,如指出当时人口众多但国家并未富裕,盖因"生之者寡,食之者众,是以公私枵然,而百弊并生",简直已经帮考生回答了问题。苏轼的三道策问表明,在北宋前期,发解试策问的篇幅明显增加,形式由骈体变为散体,行文中基本不用典故,并且,策问除问题部分之外,已经构成具有一定结构的短论,作者在其中可以对所提问题表达明显的态度、立场和倾向。

策问的形态虽然由撰写者最终决定,但作为科举考试的试题,为全国各州、府、军及国子监所采用,它理应具有一定的程式,而非由作者个人随心所欲撰写。所以,宋代的发解试策问虽留存不多,但我们仍可通过个例来分析其形态。从南宋留存至今的发解试策问来看,北宋前期这种策问形态,的确被继承下来,为南宋所遵循,而没有再退回到宋初田锡那样的策问形态去。

南宋人文集中的发解试策问,主要有周必大的《宣州解试策问一首》①、陈造的《丁酉楚州秋试策问》、《己酉秀州秋试策问》。② 其中《丁酉楚州秋试策问》没有最后提问或征询的部分,总共才 200 多字,应不是完整的文本。《宣州解试策问一首》和《己酉秀州秋试策问》都是完整的,前

---

　　① 《宣州解试策问一首》载周必大《文忠集》卷一二。策问题下注"己卯",据该书卷首周纶所撰《年谱》云:"绍兴二十九年己卯七月壬寅,漕檄考试宣城,八月壬子朔,抵宣城,入试院,九月丙戌,还官所。"则策问当作于宋高宗绍兴二十九年(1159)。见文渊阁《四库全书》本,第1147 册,第 116 页。

　　② 此二道策问分别作于宋孝宗淳熙四年(1177)和淳熙十六年(1189)。

者500多字,后者长达600余字。从形态看,除去最后提问或征询的部分,前面的文字仍然构成一篇短论,但是,这两道策问较苏轼的策问在结构上更为程式化。如《宣州解试策问一首》先述主旨:"学校兴则教化明,王室尊则名分正。立言垂训,孰有大于此者乎?"说兴学校和尊王室的重要性,接下来分别叙述《论语》不言学校,孟子不言尊王,并对孔、孟不言及此二者的原因作了几番推测,认为富有深意。最后说当今主上推崇儒家,所以提出如下问题:"《论语》不言学校,其说安在? 孟子不及尊周,其指安出? 记诸善言者,孔子弟子也,或曰有子、曾子门人所作耳,然则刘向之言非与? 著书七篇者,孟轲也,或曰万章、公孙丑所记耳,然则赵岐之题辞非与?"问题共有四个,分作两层,先要考生回答"其说"、"其指"何在,即让他们来分析作者前面所言的"深意",其次指出,在《论》、《孟》的编纂者问题上,有些说法与刘向、赵岐的看法有矛盾,询问考生究竟如何看待这种矛盾。从表面上看,第一层两个问题属于义理层面,第二层两个问题属于文献层面,但弄清楚《论》、《孟》的真正编纂者,无疑和明了其中为何不涉及学校、尊王的内容密切相关。

为什么说周必大的策问较苏轼更为程式化呢? 因为前者虽以散体写成,但其结构形态完全是对称的,无论是论述主旨的部分,还是申说原因和提出问题的部分,都牢牢遵循对称原则。假如将孔子作A项,孟子作B项,这道策问的结构就是A—B,A—B,A—B,好似后世作八股文一般。而在中间申说原因的部分,作者实际上已经为他提出的问题揣度了一些答案,这当然可以看作是给考生的提示,但其实也是作者自身意见的鲜明表达。再看陈造的《己酉秀州秋试策问》,它旨在询问皇帝考察臣下"勤惰淑慝"的措施,文本由策问主旨、历史教训、现实状况三者顺序构成,最后写道:"请铺绎古今之失得,与继此可施之要,以畅祗若休命之风,以仰副圣心所欲,悉以见谂,将有以复于上。"①这其实已经提示考生对策文进行结构安排:先总结历史与现实的经验教训,再给出具体措施。

---

① 《江湖长翁集》卷三三,《全宋文》,第256册,第304页。

综上所述,宋代发解试策问形态呈现这样的变化趋势:篇幅逐渐加大,形制由骈转散,结构程式化倾向日趋明显,作者主观立场由隐而显。

按规定,考生在通过发解试之后,于第二年春天赴京参加礼部主持的考试,礼部别称"南省",因此礼部考试又称"省试"。省试的科目在北宋几经变化,北宋前期有进士科、诸科、明经科等,熙宁科举改革废诸科与明经科,只剩下进士科。一般而言,进士科的地位始终最为重要。宋代省试的内容由宋初的进士科考诗赋、论、策,至熙宁变法之后考经义、论、策,元祐时期又一度恢复诗赋。到了南宋时期,进士科诗赋、经义或分两科,或合为一科,最终在高宗绍兴三十一年(1161)二月下诏分为两科。无论是诗赋进士,还是经义进士,论、策都是必须考的,策安排在第三场,共试三道。①

目前留存时间最早的宋代省试策问,是田锡的《试进士策》,共有六道。与田锡留下的三道《开封府发解策》相比较,进士策问也是用骈体写成,但篇幅明显短小,只有寥寥数语。这六道策问的前四道,内容兼涉经史,但实质在于征询治道。后两道问时务,更为具体。问时务者,一策集中于一事,针对性十分明确。征询治道者,更为复杂,喜欢举出经史中一些看似矛盾的说法,让考生辨析。如首两道云:

> 问:富国备边,实资农战;化民导俗,本贵儒玄。尚玄以清净为宗,尊儒以礼乐为本。《书》称偃武,《春秋》谓不可弭兵;《礼》重中庸,刑法欲畏如观火。圣人垂训,取舍何从? 国士怀才,是非必当,愿闻至理,上副旁求。

> 问:圣人之性,与天地合,故不待多学,一以贯之。又曰终日终夜,不食不寝,以思无益,不如学也。垂训各异,其理何从? 夫臣之事君,将顺其美,而魏征之谏,请停封禅。父有诤子,不陷令名,而瞽叟不贤,未闻谏诤。请发挥于古道,冀释去于所疑。②

前一道中"偃武"和"不可弭兵"明显是矛盾的,后一道中"不待多学"

---

① 参见何忠礼:《南宋科举制度史》,北京:人民出版社,2009,第100—102页。
② 《咸平集》卷二二,成都:巴蜀书社,2008,第228页。

和"不如学也"、臣下顺君之美与谏诤，也是矛盾的，策问的目的正是要考生解释这些矛盾，从中可以考察他们分析问题的思路，也可以吸纳他们关于治道的建议。

到了仁宗时代，省试策问的形态发生了急剧的变化。我们以天圣八年(1030)欧阳修参加省试的策问和嘉祐二年(1057)他自己作为主考官所出的策问为例。天圣八年的《南省试策》一共有五道，是欧阳修应试的策题，每题之后还有他本人的对策。这些策问全用骈体写成，最长的近 300 字，最短的仅有 140 字。每一道针对一个问题。一般先由古书中的一句话或者上古的某种制度引起话题，然后列举自古以来关于此话题的若干故实或言论，其中包含一些相反的做法或观点，最后向考生发问，请他们陈述自己对此问题的看法并说明理由。这些策问，很难断定纯粹问经史还是问时务，因为其中大多牵涉到历史上的制度或做法，而最后归结到的问题明显具有现实性。比如第三道从《周礼》中关于牧马的记载说起，最后问国家究竟该按照旧制向边境少数民族买马，还是取消禁令，允许边境百姓自由买卖马匹？策问中所问的"国马之政"，无疑关涉当时经贸与国防的双重问题。① 从行文看，这些策问完全体现了骈文的特色，充满典故，用词典雅。

由欧阳修自己主持的嘉祐二年省试，是北宋时期十分著名的一次考试，关于它对于宋代文学发展的推动作用和影响，学界已有深入探讨。② 欧阳修为此次考试所出的《南省试进士策问》共有三道。这些策问和天圣八年的策问相比，颇有不同之处。首先是每道都超过 300 字，其次是全部用散体撰写，其三是天圣八年的五道策问中很难说哪一道是纯粹的经史策，但嘉祐二年的策问中，前两道一涉《禹贡》，一涉《周礼》，又都指明与现实有关，第三道则纯然是问关于《周易》的问题，与现实的制度、措施无关。也就是说，纯粹的经学策问此时已经出现。第三道策问是这样说的：

---

① 参见欧阳修：《南省试策三》，《居士外集》卷二五，《欧阳修诗文集校笺》，第 2005 页。

② 参见王水照：《嘉祐二年贡举事件的文学史意义》，《王水照自选集》，上海教育出版社 2000 年版，第 198—243 页。

　　问:六十四卦所谓《易》者,圣人之书也。今谓之《系辞》,昔谓之《大传》者,亦皆曰圣人之作也。其言曰:"两仪生四象,四象生八卦。"又曰:"河出图,圣人则之。"又曰:"庖牺氏之王天下也,仰观于天,俯察于地,观鸟兽之文,近取身,远取物,始作八卦。"又曰:"昔者圣人之作《易》也,幽赞于神明而生蓍,参天两地而倚数,观变于阴阳而立卦。"一书而四说,则八卦者果何从而有乎? 若曰河图之说信然乎,则是天生神马负八卦出于水中,乃天地自然之文尔,何假庖牺始自作之也? 如幽赞生蓍之说,又似八卦直因蓍数而生尔。至于两仪四象,相生而成,则又无待于三说而有卦也。故一说苟胜,则三说可以废也。然孰从而为是乎? 卜筮,自尧、舜、三代以来用之,盖古圣人之法也,不必穷其始于古远茫昧之前。然《系辞》,圣人之作也,必有深旨,幸决其疑。①

　　作者先肯定《周易》是圣人之作,接下来引述了其中关于八卦产生的四种说法,三处出自《系辞》,一处出自《说卦传》。作者指出这四种说法是彼此不同甚至矛盾的,根本无法让人知道八卦究竟是如何产生,于是设问道:"一书而四说,则八卦者果何从而有乎?"但这并非要考生解答的问题,四种说法的矛盾,欧阳修也清楚地加以揭示,他要考生解释的是,为什么圣人所作的《周易》中会有这些矛盾的说法,如何看待这些不一致的说法? 这道策问的主旨虽然是八卦的产生这样艰深的问题,但行文毫不奥涩,明白如话,与二十七年前欧阳修自己应省试时遭遇的策问截然不同。策问文风的这种变化,显然证明了北宋古文运动在科举领域的影响。

　　与发解试策问的情况相似,嘉祐以后的省试策问,皆以散体写成,没有恢复之前的骈体,但篇幅明显增长。到了南宋时期,省试策问的字数越来越多,根据现在留下的文本,其中甚至有近千字的。如理宗朝地位显赫的许应龙,有《省试策问》三道,其中第一道900余字,为了便于论述,我们分段后逐录于下,并在括号中标明每段主题:

---

　　① 《居士集》卷四八,《欧阳修诗文集校笺》,第1198—1199页。

　　问：国于天地，必有与立，所恃以凭藉扶持者固不一而止，而大要则曰国论、曰人才、曰民心。盖国论者政令之所从始，人才者事功之所由立，民心者又有关于理乱安危之机也。（主旨）

　　夫执狐疑之心者，来谗贼之口；持不断之意者，开群枉之门，则国论其可以不定乎？定则不摇于浮议，而无轻变之患。然入粟之议反覆论难而不决，屯田之议前后依违而不定，而识者乃谓其议尽天下之心，何耶？（国论）

　　德胜才为君子，才胜德为小人，则人才其可以不辨乎？辨则贤否不容于并进，然跅弛之士能立功名，尾生孝己之行无益于胜负，则才胜德者似亦未可以轻弃也。（人才）

　　民心无常，惟惠之怀，大赉四海，万姓悦服，是民心不可以不结也。然济人于溱洧者乃议其不知为政，遗衣遗食者或谓其所惠之未广，岂善政善教足以得民，而不遍爱者初无损圣人之仁欤？（民心）

　　恭惟主上下诏求言，和颜受谏，或令集议，或令看详，固欲国论之一定也。为官择人，求贤用吉，而晓兵机、通财计与夫堪充将才者又令荐举，固欲人才之不遗也。发粟散财，宽租已责，而蹂践之区，流离之氓，复劳来而安集之，又所以固结斯民之心也。（国论、人才、民心）

　　然战守之议，彼此异见，秤提之令，前后屡更。履亩未几，虑其纷扰而随罢；混试方行，恐其丛杂而复分。议论若不一矣，岂因时施宜，固不容于固执耶？然昔人谓先定规模而后从事，又谓天下之事惟审其是，定而不移，乃可成务。以是而主国论，不知果可以一定而不易乎？（国论）

　　阔论高谈者若善谋，轻举妄动者若敢为，露才扬己者若多多而益办，视事迁就者若随机而应变，其真伪固未易辨也，而人才因事而后见，亦安可遽疑而不之用耶？然论辩官才者必论定然后官，而知人之道亦在于听其言而观其行，以是说而选任，果可以得人否乎？（人才）

　　斛面方减而挨究复行，逋负方蠲而催督如故，贫困当恤而廪给难继，告戒非不切而奉行不虔，是民瘼犹未苏也。然得其心有道，惟在

于所欲与聚,所恶勿施,而仁义公恕以统天下,自可使无异志,即是理而行之,果可以得民心否乎?(民心)

然是三者虽若不同而脉络未尝不相通,国论定则无好尚之偏,而有才者皆可以自见,人才既有以自见,则凡所施设必合于人心而孰不爱戴?或者又谓天下无难为之事,惟患乎无可用之才,苟众贤和于朝,则同声相应,国论不期而自定。合三者而言之,又不知何者为先欤?(国论、人才、民心)

夫识时务在俊杰,诸君博古通今,其必有以处此,详著于篇,以备上之采择。①

首段指出立国之大要有三:国论、人才、民心,是为策问主旨。以下各段紧扣三者,分而论之,中间和倒数第二段则绾合三者。在每段之后我们用圆括号标明其核心内容,最后一段是征询之辞。不难看出,整首策问的结构极为工整严谨,而基本不用骈句和典故。其结构的严密程度,远远超过一般的论说文。作者并未将所有问题集中到最后向考生发问,而是基本上在每段结尾提出问题。这其实也是让考生在写作策文时,能够有的放矢,也形成某种严谨的结构。可以说,没有宋代古文创作技巧的充分发展,要统御如此长篇的策问,使之井井有条,根本是无法想象的。南宋时期的省试策问,尤其是后期的策问,虽然不一定如许应龙写得那样漂亮,但多为结构严谨的长篇大论,限于篇幅,这里不再列举。

第二节　殿试制度确立与殿试策问研究现状

策问产生于西汉,皇帝通过策问,向士人征询对当前政治、经济、文化等领域的看法,士人则针对策问,用对策来表达自己的观点,提出建议,供皇帝参考。同时,皇帝也可据此判断士人的政治识见和处事能力,进而将

---

① 许应龙:《省试策问三》,《东涧集》卷一〇,《全宋文》,第 303 册,第 365—366 页。

其置于合适的职位。科举制度产生以后,策问和对策演变为制度化的试策,成为一种重要的考试方式。唐代科举,无论常科还是制科,诸科目中几乎无不试策,其地位之高不言而喻。[①] 到了宋代,无论科举经历了怎样的变革,试策制度一直在各级考试中保留,地位不曾动摇。元、明、清三代,试策也始终是考试方式之一,并为最高层级的殿试所采用,在皇帝和士人心目中占据重要位置。

宋代科举按种类划分,分为常科、制科、词科、武举等,其中常科最为重要,应试人数和取士人数最多。制科则是皇帝临时下诏选拔特殊人才的科目,虽然整个宋代制科考试入等的不过 40 人,但其中不乏著名的人物。

常科科目主要是进士、诸科、明经,层级则是发解试、省试、殿试三级。制科科目几经变化,层级则包括阁试、殿试两级,可见无论在常科还是制科中,殿试都是最高层级的考试。因为由皇帝亲自主持,在殿廷举行,殿试又称为"御试"、"亲试"或"廷试"。关于宋代常科与制科的殿试制度,学术界已作了较为充分的研究,[②]这里仅略述殿试中以策取士制度的确立过程,作为进一步讨论的背景。

宋代常科殿试始于太祖开宝六年(973)。《宋会要辑稿·选举》云:

> 太祖开宝六年三月十九日,帝御讲武殿,覆试新及第进士宋准,并下第进士徐士廉、终场下第诸科等,内出《未明求衣赋》、《悬爵待士诗》题,召殿中侍御史李莹、右司员外郎侯陟、国子监丞郝益为考官。得进士宋准已下二十六人,诸科五经已下一百一人,乃诏曰:"国家悬科取士,校艺求人,有司虽务于搜罗,积岁不无其漏落。所以亲临考试,精辨否臧,或悯其年深,或允其才进,俾咸登于上第,谅克叶于至

① 陈飞:《唐代试策考述》,北京:中华书局,2002,第 3 页。

② 参见[日]荒木敏一:《宋代科举制度研究》第三章《殿试》,京都:同朋舍,1969,第 267—345 页;何忠礼:《宋代殿试制度述略》,《中国史研究》1988 年 1 期;张希清:《宋代殿试制度述论》,《北京大学学报》1992 年第 2 期;聂崇岐:《宋代制举考略》,《宋史丛考》,第 184—191 页。

公。其进士宋准等百二十七人，并赐及第、出身。"①

这段记载中明确了首次殿试的时间、地点、参加对象和考试题目。有一点值得探究，为什么除了省试及第的进士之外，还要安排下第进士和下第诸科考生参加呢？假如考试结果是让下第者再及第，岂不是大大削弱了省试的权威性？对此，太祖诏令给出了冠冕堂皇的理由："有司虽务于搜罗，积岁不无其漏落。所以亲临考试，精辨否臧，或悯其年深，或允其才进，俾咸登于上第，谅克叶于至公。"这是在明白无误地宣示，皇帝享有取士的决定权，他可以对省试结果翻盘，"漏落"的人才由此重新获得机会，经过皇帝亲自"精辨否臧"，最终仍有可能被"赐及第、出身"。

其实，太祖诏令中的话都有针对性，因为接下来的记载表明，之前省试中及第的进士武济川，诸科中三《传》举人刘浚在向皇帝谢恩时有失水准，"人质蕞陋及占对失次"，而济川又恰恰是主考官李昉的同乡，于是落第进士徐士廉等人击鼓上告，认为主考官不公，"取舍非当"，才有了这首次殿试。所以说"御试举人，自兹始也"。② 殿试在宋代的创制看似由这一偶然事件引发，实际上却有着深刻的原因。宫崎市定将之与君权的扩张与家世特权的消失联系起来，认为天子将科举制度置于自己的直接控制之下，由他亲任考官，使过去考官与考生之间容易出现的门生弟子的私人关系，以及由此发展出朋党之争的危险减轻。同时进士"和天子的私人关系同样平等的想法"、"官吏不经宰相的中介而直接和天子接触的意识"因之产生。③ 虽然宋代朋党之争依然十分严重，但宫崎所言侧重于皇帝的主观愿望，这一点还是可以成立的。

进士殿试诗、赋各一题的做法，在太宗太平兴国三年（978）发生变化，当年进士殿试加论一首，试题为《不阵而成功赋》、《二仪合德诗》、《登讲武

---

① 《宋会要辑稿·选举》七之一，第 4356 页。
② 《宋会要辑稿·选举》七之一，第 4356 页。
③ ［日］宫崎市定：《东洋的近世》，刘俊文主编：《日本学者研究中国史论著选译》第五卷，北京：中华书局，1993，第 194—195 页。

台观习战论》。① 马端临总结说："进士加论一首,自是以三题为准。"②神宗熙宁三年(1070),试题又有了变化。《宋会要》记载:

> 神宗熙宁三年三月八日,上御集英殿试礼部奏名进士,内出制策曰:"朕德不类,托于士民之上,……其详著之,朕将亲览焉。"旧制:殿试进士以诗、赋、论,特奏名进士一论。至是,进士就席,有司又犹给《礼部韵》,及试题出,乃策问也。上顾执政曰:"对策亦何足以实尽人材?然愈于以诗赋取人耳。"……望日,试特奏名进士,内出制策曰:"子大夫问学日久,……各以所闻,详著于篇。"同日,试特奏名明经、诸科大义十道。③

从这一段文字看,当时进士殿试试策的决定,做得相当突然,事先根本未和礼部通气,以至于有司还在分发考诗赋所用韵书。皇帝在殿试以策取士这一点上,发挥了绝对的决定权,理由就是试策优于试诗赋。神宗并没有解释其中的原因,但其实殿试试策与同知贡举吕公著的密奏有关。《三朝名臣言行录》引《家传》云:

> 公(吕公著)同知贡举,在贡院密上奏曰:"天子临轩策士,而用诗赋,非举贤求治之意,且近世有司考较,已专用策论,今来廷试,欲乞出自宸衷,唯以诏策咨访治道。"是岁上临轩,遂以策试进士。④

吕氏是从"举贤求治"、"咨访治道"的政治实用角度出发,建议殿试以策取士的,显然最后为神宗所采纳,于是有了殿试试策的制度。从此以后,进士殿试试策的方式正式奠定,非但持续整个宋朝,而且也被元、明、清三代的朝廷所采用。常科中的诸科、明经、武举也有殿试,诸科、明经只对墨义或大义,并不试策,而且熙宁贡举改革中此二科皆罢废,武举虽也试策,但其殿试策问只有极少留存下来。

---

① 《宋会要辑稿·选举》七之三,第4357页。
② 《文献通考》卷三〇《选举三》,第284页。
③ 《宋会要辑稿·选举》七之一九至二〇,第4365页。
④ 朱熹:《三朝名臣言行录》卷八,《朱子全书》,第12册,第614页。

宋代的制科殿试制度,承唐代而来。唐代制科名目繁多,从高宗永淳二年(683)开始,唐代制科一般试策三道,从玄宗开元九年(721)起由皇帝亲试,但当年仅试策二道,是临时措施。① 宋代制科科目经历了许多变化,由太祖时的所谓"乾德三科"变为真宗时的"景德六科",再增为仁宗时的"天圣九科"。在熙宁贡举改革中,制科被罢废。哲宗"元祐更化"时,仅恢复贤良方正能直言极谏科,哲宗亲政后又被罢废,南宋时期亦仅设此一科,且入等者寥寥。宋代制科殿试要求"试策一道,以三千字以上,取文理俱优,当日成者为入等"②,这也是制科殿试的唯一项目。

综上所述,宋代进士殿试经历了由试诗赋到专试策的转变,试策制度奠立于神宗熙宁三年(1070),制科殿试则一开始就试策,继承了唐代的做法。殿试试策可以说发扬了古代由皇帝亲自"策士"的传统,而皇帝关于时政等的种种想法,对于士人的期望和要求,都凝聚于短短的一道策问之中。

殿试策问由谁撰写?名义上是皇帝本人,实际则多为试官代拟。在殿试举行之前三日,"宣押知制诰、详定、考试等官赴学士院锁院,命御策题"③,制科殿试的策问,"多由两制拟呈皇帝择选,亦常命宰相代撰"④。《宋会要》记大中祥符八年(1015)殿试下有注云:"初,帝之试贡士也,前一日悉取三京、天下州郡发解题目及科目义题一一阅视,虑于重出也。"当时试题虽然还不是策问,但足以证明题目需皇帝本人一一过目。总之,进士和制科殿试题虽由官员代拟,但最后要得到皇帝认可,代表皇帝的立场与态度。

宋代殿试策问的重要性是以宋代殿试制度的确立为基础的,假如没有这一制度保证,殿试策问对于宋代皇帝、应试士人以及今天的研究者的意义恐怕要大打折扣,它也不会呈现出与发解试、省试以及其他场合策问的不

---

① 参见吴宗国:《唐代科举制度研究》,第85、88页。
② 《宋会要辑稿·选举》一〇之六,第4414页。
③ 吴自牧:《梦粱录》卷四,杭州:浙江人民出版社,1980年,第22页。
④ 聂崇岐:《宋代制举考略》,《宋史丛考》,第184页。

同特点。所以，制度确立过程的梳理成为我们接下来进一步讨论的基础。

我们选择宋代科举考试中的殿试策问作为一种文本来分析解读，主要出于以下一些考虑。首先，宋代科举研究虽为"显学"，但以往史学界的研究主要集中于科举制度及其与社会的关系。文学界则较多关注科举文体、科举与文学的关系等，宋代策文作为科举文体之一已受重视，而对策问的研究仍不多见；其次，目前唐代的试策制度和策问的研究成果，给宋代的研究提供了有益的借鉴；最后也是最重要的，宋代科举中，策问一般都以主司的口吻写成，只有常科和制科的殿试策问，是以皇帝口吻写成，可以称为"皇帝之问"。常科考试最后设置殿试环节，是宋代首创的制度。从熙宁三年(1070)开始，常科殿试只试策一道，非但终宋之世未变，也为元、明、清所继承。宋代制科分为阁试和殿试两个环节，阁试六论，殿试策一道。也就是说，在常科和制科的最后考试——殿试中，当考生得以直面皇帝之时，他们不再需要写诗作赋或议论经义，甚至毋须撰论，只要回答皇帝的策问。

就当前的情况而言，史学界感兴趣的是策问中包含的"历史"和史料。比如艾尔曼(Benjamin Elman)通过明代乡试和会试的策问研究当时史学观念的转变，[1]冯尔康讨论清代前期殿试策问与时政的关系，[2]章清用策问呈现晚清中国的"历史记忆"，[3]刘海峰从整体上阐述科场策问的史料价值。[4] 上述研究将过去为学界所忽略的策问中所涵摄的历史信息充分彰显，为讨论各自关注的史学问题服务，一言以蔽之，其中心在策问背后之"历史"。在文学研究界，对策文的研究由来已久，而策问近年来也被视作一种文体，其"文体特性"被不断定义、描述和阐发。如吴承学从明人徐

① [美]艾尔曼：《明清华南乡试中史学知识角色的转变》，《经学·科举·文化史：艾尔曼自选集》，北京：中华书局，2010年，第183—193页。
② 冯尔康：《康雍间殿试策问之题目与时政》，《社会科学战线》2008年第1期。
③ 章清：《"策问"中的"历史"——晚清中国"历史记忆"延续的一个侧面》，《复旦学报(社会科学版)》2005年第5期。
④ 参见刘海峰：《科举试卷的史料价值——以科场策问为中心》，《科举学论丛》第1辑，第5—11页。

师曾《文体明辨序说》的论述出发，不仅指出策问"通常注重文采辞藻，讲究用典，语言骈俪"，而且"不仅仅发'问'，往往是以'论'带'问'的，甚至是以'论'为主，篇末见'问'"，据此认为"古代的策问的确是具有一定独立形态的文章形态"。① 吴文主要讨论了唐以前的策问。此后，陈飞分析了唐代进士、明经、制科试策的文体形式，并将策问单独拈出，撰写了《唐代试策的表达体式——策问部分考察》一文。他认为，唐代制举策问文在形式体制上通常应包括起问辞、制辞、导问语、问题语以及促对语等五个组成部分，并认为唐代策问有三种基本的诉求体式：简单式、扩展式和繁复式。② 但金滢坤不同意其将策问称为"策问文"，并认为陈飞对制举策问的分析"忽视了唐代试策的发展过程，其主张的'策文的结构体制'也只是中晚唐制举试策定型后的文体，并不能代表整个唐代制举试策的标准问题"。金氏提出"唐代策问基本要素为起问、引问、设问、束问四部分，因时代和考官不同，策问的结构有所不同"，并将唐代试策（策问和策文）的体式看作一种动态的变化过程。③ 这就提醒我们，即使是进行文体形式的分析，也绝不能对策问的形式仅作"八股"化的理解和解释。

综观目前文史学界研究策问的方式，不难发现，由于学科分野的关系，策问的历史内容和文体形式被分别处理，相互孤立，未作为一个整体来看待。而假如仅仅关注策问的历史内容，那么策问与其他历史文献并无太大差别，此类研究的最终旨归仍是"历史"而非"策问"；假如纯粹聚焦于策问的文体形式，纠结于其格式如何，先写什么，后写什么，分为几个部分，那么策问中极为丰富的历史信息定会被忽略，这样所能获得的学术意义和共识恐怕仍是十分有限的。

---

① 参见吴承学：《策问与对策》，《中国古代文体形态研究》，第49页；

② 参见陈飞：《唐代试策的形式体制——以制举策文为例》，《文学遗产》2006年第6期；《唐代明经试策形式体制考论》，《人文杂志》2006年第6期；《唐代试策的表达体式——策问部分考察》，《文学遗产》2008年第1期；《唐代进士试策形式体制》，《清华大学学报（哲学社会科学版）》2010年第5期。

③ 金滢坤：《试论唐代制举试策文体的演变》，《首都师范大学学报（社会科学版）》2011年第4期。

具体到宋代,据笔者统计,现存宋代策问和策文的总数,约有 1600 多篇(道),远远超过之前各代的总和。其中策问的总数约在 1000 道以上。这些策问中,少数可以确定为发解试、省试、殿试策问,制科策问,馆职考试策问,以及各级学校出给学子的策问,也有许多留存于文集中的士人拟作的策问。更有大多数策问仅以"策问"或"试策"为题,根本不知是何种场合所试。在众多策问中,常科与制科的殿试策问显得特别重要。因为殿试的层级最高,试策是其中唯一的项目,试题就是用皇帝口吻撰写的一道策问。

目前对于宋代殿试策问的研究,主要集中在史学方面。如包弼德(Peter K. Bol)曾利用 1070—1172 年间的殿试策问讨论神宗到徽宗时期君主专制是否存在,[1]宁慧如对宋代殿试策与政局关系的研究也涉及策问,蒋林杰对神宗朝进士科殿试策问所反映的皇帝心态作过分析。[2] 学界对宋代策问作文体研究的非常少见,[3]更罔论对殿试策问作单独的分析。因为纯粹的文体研究会将殿试策问从复杂的历史背景和所涉议题中抽离出来,并不足以揭示这些"皇帝之问"的真正特点。我们试图将殿试策问看作一种特殊的文本,用文本分析的方式对其作一番深入讨论。

---

① Peter K. Bol, "Emperors Can Claim Antiquity Too: Emperorship and Autocracy under the New Policies", *Emperor Huizong and late Northern Song China: The Politics of Culture and the Culture of Politics*, ed. Patricia Buckley Ebrey and Maggie Bickford, Cambridge (MA): Harvard University Asia Center, 2006, pp. 180—200.

② 宁慧如:《宋代贡举殿试策与政局》,《"中国历史学会"史学集刊》第二十八期,台北,1996 年 9 月;蒋林杰:《北宋进士科殿试策问研究——以神宗朝为中心》,上海:上海师范大学硕士学位论文,2013。

③ 祝尚书《宋代科举与文学》第十章第二节《策论的命题》虽涉及策题,但主要着眼于其内容较唐代的新变化,见该书第 289—292 页;张灿贤《古代殿试策问艺术简论》(《管子学刊》2003 年第 3 期)和侯吉永的《古代殿试策问发论刍议》(《河南师范大学学报[哲学社会科学版]》2009 年第 4 期)都讨论了策问的写作和文体特点,但属于通论,不限于宋代。孙耀斌《宋代科举考试文体研究》第五章第二节《宋代科举考试的策问》中第 1 部分《体制》是笔者所见目前仅有的对于宋代策问形态的研究,但如前所述,其中提出宋代策问"以骈为主"的结论尚可讨论,广州:中山大学博士学位论文,2009,第 106—110 页。

第三节　殿试策问的内容与形态

从文本的特征看,殿试策问与其他策问最大的不同点,就在于它是以皇帝本人第一人称的口吻写成,策问中自称"朕",一般称回答问题的考生为"子大夫"。其他策问中则没有这样的写法。更值得注意的是,策问文本中除了问题的部分之外,还有诸多对"朕"和"子大夫"的描述。这些描述中非但凸显了殿试策问独特的文本特征,而且从中可见皇帝对自我和士人的角色定位,角色定位折射出的君臣关系和皇帝心理很值得深究。同时,殿试策问中还有相当丰富的内容,其中大致包含了历史叙述、经典引述、天象灾异描述以及现实问题的呈现,这诸多元素相互之间,以及它们和策问中提出的问题之间构成了复杂的关系,使得策问文本具有一种特殊的张力。笔者认为,讨论帝王策问的文本,并不能仅仅停留于表面的若干显性特征,比如用第一人称写作,体制是骈体还是散体,篇幅普遍长于其他策问等等,而是应当进一步探索这些关于皇帝和士人的更深层次的问题。

阅读宋代殿试策问,最明显的一个感觉,就是皇帝充满了焦虑。按理说,殿试中通过试策选拔人才,被衡量的是考生,因此焦虑的首先也应该是考生,而皇帝自己只需表现出礼贤下士的态度即可。但殿试策问中毫不掩饰地表达出"朕"对于治理国家的各种焦虑。假如从叙事学的角度细读策问文本,不难发现策问中的问题部分正是"朕"叙述这种焦虑之后的结果,"问题"是被"焦虑"逼出来的,假如没有前面关于焦虑的具体叙述和呈现,问题本身就变得毫无来由。这就促使我们进一步思考,策问中皇帝的焦虑究竟源自何方? 一般而言,来自以下四个方面。

首先是与上古理想政治状态的反差。在帝王看来,上古圣王的统治是完美无缺的,由之缔造的治理状态也是十分理想的,后世则渐趋衰落。帝王将自己目前的统治状态与上古相较,现实中的种种不足便酿成了他

们的焦虑。如仁宗皇祐五年(1053)八月十五日试贤良方正能直言极谏科策问一开头说:

> 盖闻治古之隆,民风淳,王道易,心通诚孚而天下之理得。是以六气顺,三光明,祲厉屏,鳌祥臻,群灵豫安,诸产茂嘉,朕甚慕焉。后世寖薄,智伪日滋,为君者难,习俗多弊,故善气罕应,而阴阳斟和。朕承祖宗之休,执天地之政,深惟大器至重,大麓至繁,寅威就业,罔敢暇豫。所惧明有未烛,道有未昭,天时舛宜,民业重困。故间岁下诏,举达学绝才之士,以直言补阙。①

细味这一段话,虽然最后的落脚点在于说明为何要选才学之士,但历史上的治理状态在策问中被明显描述成一个退化的过程,从上古的完美境地到后世的弊端丛生,其今不如古的情状,使继承大位的皇帝本人面临了巨大压力和深重焦虑:"所惧明有未烛,道有未昭,天时舛宜,民业重困。"我们当然知道,上古的理想统治不过是一种历史叙事,其实是不存在的,但由它带给宋代帝王的焦虑却是实实在在的。

其次是与汉唐明君、本朝先皇统治状况的比较。皇帝所面临的更直接压力,不是来自尧舜,而是来自汉唐盛世的明君和赵宋立国以来的各位先皇。因为上古圣王去今久远,其事迹往往是模糊不清的,而汉唐明君之治,盛世气象,具见史册,本朝先皇之绩,为部分臣民所亲历。因此,人们在心中校短量长不可避免。这一点皇帝也是心知肚明的。先皇治理之优长,当然对后继者构成压力,先皇统治之疏失,所遗留之种种不足,更对继任者提出了挑战,亟待他们去解决。因此,我们在殿试策问中,常常可以读到类似这样的话:

> 尝闻汉兴四十余年,孝文专用德化,遂能移风易俗,兴于礼义,断狱数百,几至刑措。章帝继建武、永平之政,事从宽厚,人赖其庆。郡国所上符瑞合于图书者,数百千所。呜呼盛哉! 朕属当六圣之次,席

---

① 《宋会要辑稿·选举》一一之三,第4427页。

造邦百年之休，寅畏以事上帝，哀矜以临兆民。而岁报重辟，至以千数，或既贷之，又相随以就死也。乃至寒燠愆差，水旱为沴，况敢望美祥之遝至哉？彼何修而臻兹，今何由而反是，朕甚恧焉。①

这是元祐六年（1091）三月十日殿试进士策问中，哲宗对于汉文帝、汉章帝毫不吝啬地加以称赞，进而为自己治下百姓犯罪不绝，水旱灾害不断的情况深感羞愧。而本朝先皇的统治，也总给帝王带来压力，如下面一段：

方今承六圣之烈，太平百有余年，兵革不试，泽流无穷，功化之盛，度轶汉唐远矣。然而议者犹以谓典章之物、礼乐度数，仿之先王未备也；学校之制、举选之法、人材之盛，较之治古未及也。至于习俗，则廉耻仁厚之节薄，侈靡夸诩之风成。所制之产不足于用，或遇水旱则散之四方，抵法者众。虽诏书数下，劳徕安辑，而吏或不能奉承。此何谓欤？夫欲因今之势协用群策以一二，追先王之治，则损益因革，当繇何道？矫薄从忠，当自何始？②

这是哲宗元祐九年（1094）三月十五日试特奏名诸科进士策问的一部分，"六圣"指宋太祖、太宗、真宗、仁宗、英宗和神宗六位先皇，他们奠立的百年兵戈不兴、天下太平的局面，诚然是哲宗所继承的优质政治遗产，而他们的时代在典章、礼乐、学校、举选、人材、习俗等方面"仿之先王未备"、"较之治古未及"，更导致了当下"损益因革"迫切性和必要性，又是皇帝不得不面对的难题。变革制度和矫正风俗，究竟以何种方式，从哪里开始？策问中提出的问题，既是问道于士，又是其内心变革需求和变革焦虑的明显外露。

再次是儒家经典文本的制约。儒家经典当然可以为帝王增加执政的正当性，但由于其高悬仁义道德，强调礼乐教化，其中所倡导的政治理念和历史叙述有时也会给现实中的帝王统治造成压力，由此导致帝王的焦

---

① 《宋会要辑稿·选举》七之二六，第4368页。"永平"原作"永年"，径改。
② 《宋会要辑稿·选举》七之二八，第4369页。

虑。如哲宗绍圣四年(1097)闰二月二十五日试特奏名诸科进士策问:

> 朕闻先王之时,因任原省,而继之以赏罚之政,善恶别白,贤才众多,人羞其行,而百志用熙,为之君者垂拱无为而天下治矣。此"黎献,共惟帝臣"所以称于虞,而"济济多士"之诗所以作于周也。朕绍休圣绪,以眇眇之身,托于王公之上,永惟万事之本,要在乎得人。是故修学校之政,建师儒之官,所以养之至详;开荐进之路,略资格之拘,所以求之至广也。是宜俊乂并出,至于不可胜用矣。今则不然,庶工多旷,而分职不治,因事求才,患莫之得。岂朕作人之道未至欤?①

这里主要是为"得人"和养士而焦虑,"因事求才,患莫之得",但哲宗在谈论求才养人之前,丝毫不回避《尚书·虞书·益稷》中"万邦黎献,共惟帝臣"和《诗经·大雅·文王》中"济济多士"的描述给他造成的压力,既然经书中如此记述夏朝和周朝的人才之盛,那么"今则不然"的情况肯定是自己的治理之道哪里出了毛病,所以才有了最后的提问。

最后是天降灾异。这当然不是指历史上的灾害,而是现实中的自然灾害。宋代总体上是一个理性的时代,"天人感应"的思想虽不能说全然绝迹,但已不占主流地位,只是皇帝身份特殊,作为最高统治者,他仍然习惯将自然灾害看作上天对自己治国过失的某种警示。上文所引策问中有"寒燠僭差,水旱为沴"这类描述,事实上,宋代殿试策问中此类话语极为常见。假如说使得帝王焦虑的前三个因素都来自历史,那么自然界的灾异就属于当今现实,对帝王心理的冲击和影响也是不能小觑的。

上古圣王、汉唐明君、本朝先皇、儒家经典和自然灾害,从正反两方面给宋代皇帝的统治带来了压力和焦虑,促使他们追慕理想的统治,反思自己在现实中的统治行为,而摈弃不良的举措与作为。这些在宋代殿试策问中都反映了出来。尤其是帝王的焦虑本身,成为策问中提出问题的原动力,正因为这种焦虑,"朕"才需要虚心问计于"子大夫"。对于皇帝统治

---

① 《宋会要辑稿·选举》七之三〇,第 4370 页。

焦虑的直接呈现和描述,成为殿试策问区别于发解试、省试策问以及其他类型策问的最鲜明的特征。

以上所述策问中宋代皇帝之焦虑及其原因,毫无疑问在一定程度上反映了他们的统治心理和对现实政治的考量。不过,假如我们将这种焦虑的呈现全然视为宋代皇帝们真实的心意,那就显然是过于草率了。撇开策问本身由文人拟就这一点不谈,事实上,这些焦虑及原因同样见于宋代以前的帝王策问。众所周知,帝王策问始于汉文帝,其《策贤良文学诏》虽然不是策问本身,但文帝从大禹的"勤求贤士"说起,接着说汉高祖"并建豪英,以为官师",而自言"朕既不德,又不敏,明弗能烛,而智不能治",希望应诏者就"朕之不德,吏之不平,政之不宣,民之不宁,四者之阙,悉陈其志,毋有所隐",最后告诫"二三大夫其帅志毋怠"。① 这一从上古圣王、本朝先皇的统治反省自身疏失的思路,已经奠定了后世策问写作的基础。稍后,汉武帝在元光元年(前134)和五年(前130)颁布的一共四道《策贤良制》,以及元光元年的一道《诏贤良》,基本上已具备了宋代殿试策问的诸种元素。"朕"与"子大夫"这两个策问主体与策问对象已然出现,"朕"的焦虑毫无悬念地在策问中呈现出来,连四大原因都几乎与宋代相同。② 在描写"子大夫"的聪明才智后,多言"朕甚嘉之",在策问最后,多言"朕将亲览焉",这些话语都为宋代帝王策问所继承,成为一种套话。唐代制科的殿试策问,大量留存于《文苑英华》卷四七三至四七六之中,其内容格套与宋代极为相似,呈现出来的也是这几方面的焦虑。③ 再看宋人文集中所收录的文人拟作殿试策问,情况也大致相同。按理说,汉、唐和宋代的政治社会状况多有差异,皇帝面临的治理问题和焦虑应当不同,而宋代文人并不处于帝王的位置,也应很难体会帝王的焦虑,但实际情况是,无论前代帝王策问,还是宋代文人拟作,与正式殿试中策问的内容和形式差别

---

① 严可均辑:《全汉文》卷二,《全上古三代秦汉三国六朝文》,第135—136页。
② 《全汉文》卷三,《全上古三代秦汉三国六朝文》,第140—142页。
③ 参见罗积勇、张鹏飞:《唐代试律试策校注》中策问的部分,武汉:武汉大学出版社,2009。

不大,甚至连催生问题的统治焦虑也大致相似。这真是一个相当有趣的现象。

我们当然可以说,策问本来就是考试中的一种试题,为了考生应试和选拔人才的方便,得有一个相对固定、可供遵循的模式,而不能随意为之。但形式高度雷同的背后,反映出来的是更深层次的问题。皇帝怎样判定其统治面临危机? 靠的是和上古圣王、汉唐明君、本朝先皇、儒家经典的比较和天象灾异的警示,有了危机之后提出问题,期望得到"子大夫"的建议。士大夫要回答皇帝的策问,化解他的焦虑,所依据的参照系仍然是上古圣王、汉唐明君、本朝先皇、儒家经典和天象灾异。而当士大夫拟作殿试策问的时候,他们对帝王的焦虑和写作的模式了然于心,所以拟作和正式考试中所用的策问如出一辙,很难分辨,况且正式的殿试策问其实也是试官拟定,皇帝过目,因此可以说,皇帝和士大夫其实处于同一套政治话语之中,策问中帝王的焦虑,不能说完全言不由衷,但在很大程度上只是一种"模式化焦虑"。这种"模式化焦虑",形诸策问的文字之中,成为宋代皇帝与士大夫共享的那一套政治话语的重要组成部分。而焦虑的"模式化"本身,并不仅仅由考试制度所造成,而是映照出传统中国帝王们政治想象力的深刻局限。帝王面对的是新情况,新问题,但他们没有新的政治思想资源,只能不断重复着老一套的政治话语,在"模式化焦虑"的背后,帝制中国政治想象力的匮乏和治理资源的危机昭然若揭。

并且,由于帝王的统治焦虑被"模式化",策问原始的咨政功能被严重削弱,考生揣测提问,预先准备,将聪明才智用于怎样使策文写得更漂亮,以博得皇帝的首肯。其情形正如苏轼所言:"近世士人纂类经史,缀缉时务,谓之策括,待问条目,搜抉略尽。"①到了这个地步,莫说是切实解决治理危机,即使是以策文取士,取来的士究竟质素如何,也是大可怀疑的了。

宋代帝王在殿试策问中呈现的模式化焦虑,并非表明他们完全放弃或者忽略了在策问中表达政治意愿的可能性。模式化是考试的要求,更

---

① 苏轼:《议学校贡举状》,《苏轼文集》卷二五,第 724 页。

源自治理理念的局限,也由于在大多数时候,在惯常的治理模式下,他们的确没有什么独得之见需要在策问中表达。一旦面临非常规的治理态势,或者是在常规态势下需要作巨大的改变,走与传统不同的路数,殿试策问中仍然会显示出独特的政治印记。有时,他们夹杂甚至隐匿于模式化的焦虑和惯常的政治话语之中,需要我们仔细辨识。以下,我们将把目光聚焦于宋神宗、宋徽宗和宋高宗三人,看看其策问与非常态的统治状况是如何互动的。

在梳理北宋殿试试策制度时,我们已经知道,神宗熙宁三年(1070)三月八日的殿试首次以策试进士,这道策问自然相当重要。其全文如下:

> 朕德不类,托于士民之上,所与待天下之治者,惟万方黎献之求。详延于庭,诹以世务,岂特考子大夫之所学,且以博朕之所闻。盖圣人之王天下也,百官得其职,万事得其序。有所不为,为之而无不成;有所不革,革之而无不服。田畴辟,沟洫治,草木畅茂,鸟兽鱼鳖无所不得其性者。其富足以备礼,其知足以广乐,其治足以致刑。子大夫以谓何施而可以臻此?方今之弊,可谓众矣,救之之道,必有本末,所施之宜,必有先后。此子大夫所宜知也。生民以来,所谓至治,必曰唐、虞、成周之时,《诗》、《书》称其迹可见。以至后世,贤明之君,忠智之臣,相与优勤,以营一代之业,虽未尽善,要其所以成就,亦必有可言者。其详著之,朕将亲览焉。①

初读之下,似乎与宋初制科的殿试策问没有什么不同,至多是用词更为简洁,没用什么典故。内容也不外乎以上古的"至治"和《诗》、《书》的记载来衡量当今的状况,同样有"朕德不类","方今之弊,可谓众矣"之类的统治焦虑的表达,但我们细看它的措辞,其所包蕴的意思十分丰富。比如:"盖圣人之王天下也,百官得其职,万事得其序。有所不为,为之而无不成;有所不革,革之而无不服。"强调的是圣人的有序治理不是天赐的,而是通过有所作为、有所变革而成就的。尤其是"革之而无不服"六个字,

---

① 《宋会要辑稿·选举》七之一九,第 4365 页。

简直有千钧之力。当时,正值神宗任用王安石实施变法,新法措施渐次推行,而"制置三司条例司"的设置引发巨大争议之时,策问中这样说其实是神宗宣誓自己改革的决心,同时探测应试者对改革的立场和态度。而"以至后世,贤明之君,忠智之臣,相与优勤,以营一代之业,虽未尽善,要其所以成就,亦必有可言者"这几句,显然是处于"政治蜜月期"的神宗与王安石君臣关系的生动写照,考生假如具备足够的政治敏感,就应当在对策中表明自己支持变法的态度,否则前景堪忧。[①] 到了熙宁九年(1076)三月六日,王安石主持编纂的《三经新义》已经完成并颁布,这时殿试进士策问中出现了"朕欲士之知德也,故造之以经术;欲吏之知政也,故迪之以刑名"的语句,显然呼应了王安石"士弊于俗学久矣,圣上闵焉,以经术造之"的说法。[②] 以经术造士,改变士人的学术,可以说是神宗与王安石的共识。在熙宁年间的这些策问中,神宗的政治意愿获得了鲜明的表达,这取代了模式化的统治焦虑。

在徽宗统治初期,我们从策问中读不出什么特别的内容。但到了政、宣之间,我们读到了这样两道策问:

> 古之圣人,以道莅天下,处无为之事,行不言之教,用之不穷,而物自化。朕昧是道,君临万方,夙兴夜寐,欲推而行之,神而明之。然物或行或随,或嘘或吹,或强或羸,或载或隳,相生相成,相形相倾,莫之能一,此道之所以难行,奸轨乱常所以难化。如之何而解其纷、合其异乎? 昔之言道者曰"天法道",又曰"道之大原出于天","道非阴阳"。又曰:"一阴一阳之谓道。"道无为而曰生之、长之、成之、养之,道无名而曰可名以大,可名以小。道一而已,其言之不同何也? 尧舜三代,以是而帝,以是而王。由汉以来,时君世主,莫或知此。朕方近述于千载之后,齐万殊之见,明同异之论,以解蔽蒙之习,未知其方。

---

① 此次考试所引发的取士争议,详见孔凡礼:《苏轼年谱》卷九,第176—178页。苏轼专门撰写《拟进士对御试策》表达异见,见《苏轼文集》卷九,第301—307页。

② 王安石:《周礼义序》,《王文公文集》卷三六,第426页。

子大夫无流于浮伪，为朕详言之。（政和五年三月九日）①

在昔圣人以道御气，以气御化，以化御物，而弥纶天地，经纬阴阳，曲成万物。因其盛衰、奇偶、多寡、盈亏之数，左右之纪，上下之位，而范围裁成之道著焉。后世弊於末俗，浅闻单见，不足与明。朕承天休，宪法上古，思所以和同无间，以惠元元。然物生而后有象，象而后有数，数之不可齐也久矣。夫天数五，地数五。而有曰："天以六六为节，地以九九制会。"又曰："二而成天，三而成地，三而成人。"此天地之数错综之不同，何也？《易》曰：当期之日，凡三百有六十。《书》曰：期三百有六旬有六日。《内经》曰：七百二十气为一纪。岁纪之数，可坐而致，乃不一，何也？夫道生一，一生二，二生三，三生万物。而《传》曰：万有一千五百二十，当万物之数。数之不可胜穷，不可齐，不可一也如此，将何以原始要终，合其同异，一其旨归，通其变，极其数以尽天下之道？朕将有所施设焉，子大夫详言之，毋忽。（宣和六年闰三月二十三日）②

这里似乎还在说圣人是如何以"道"治理天下的，但仔细看来又觉得不对，笔者不厌其烦地引用上文，是为了表明此"道"非彼"道"，儒家圣人之道早已经被这位"道君皇帝"偷换成了道家之道。于是乎，策问中《老子》、《周易》、《黄帝内经》一齐上阵，圣人"以道御气"，飘飘然有了仙风道骨。面对这样的策问，考生假如事先喜爱并深研道家、道教，便易夺得先机，拔得头筹。联系到徽宗晚年推崇道教的种种表现，这类"反常"策问的出现也就并不奇怪。③

靖康之难，让宋王朝经历了天翻地覆的变化，宋高宗继承皇位，"道"在策问中又回到了先前正常的位置，"治道本天，天道本民，故视听从违不急于算数占候，而惟民是察，持以至诚，无远弗届。古先哲王，罔不由斯道

---

① 《宋会要辑稿·选举》七之三四，第 4372 页。
② 《宋会要辑稿·选举》七之三六，第 4373 页。
③ 关于北宋末年徽宗推崇道教的情况，参见金中枢：《宋代学术思想研究》，第 425—616 页。

也",但高宗即位之初,在策问中反复强调自己受命于危难,形势稍好之后,又急于摆明自己"中兴之主"的身份,所以在建炎二年(1128)八月二十三日的这道试进士策中,又有了"朕承宗庙社稷之托于俶扰阽危之后,怀父母兄弟之忧于携贰单微之时,念必抚民以格天,庶几悔祸以靖难"的自述,①而在其即位六年之后的殿试策问中,让他"焦心劳思"的是前代中兴之主"拨乱反正"的出色表现:

> 古先辟王继中微之世,乘思治之民,芟夷大乱,事半而功倍。少康一旅而复有夏,宣王兴衰以隆成周,光武三年而兴汉祚,肃宗再岁而复两京,皆蒙前人之绪业,拨乱反正,若此其易也。②

甚至到了绍兴十八年,高宗还在策问中表示对于那位"恢一代宏模,巍乎与高祖相望"的中兴之主汉光武帝的钦佩之情,这与未经国难的北宋诸帝的心境大为不同。

以上所列举的三位皇帝的策问提醒我们,即使被高度模式化的这样一种试题,其中仍然敏感地保持着与现实政治脉动同步的谐振,但这种谐振是需要阅读者深入文本仔细探测一番的。

宋代帝王在殿试中的策问是一类非常独特的文本,这些"皇帝之问"不是纯粹意义上的政治文书或文件,而只是用来考察应试者的想法和水准的。它也不是一篇文章,但却有着文本自身的结构和模式。策问有属于自己的书写传统,在我们看来,它是这种传统所塑造出来的一种特别的政治话语。对于这一特殊文本或政治话语的研究,仅以文学领域的文体学研究方式是远远不够的,仅以史学的方法研究,则会忽视其作为文本和话语的特性。我们尝试用一种新的方式解读宋代的殿试策问,笔者不想去限定文、史之别,或者形式、内容的两相对立,只想表明,中国古代文本的特性极端复杂,与现代的"文学"观念存在着明显区隔与差异,正是这种区隔和差异,刺激着我们不断去进行各种阅读、分析、探究的新鲜尝试。

---

① 《宋会要辑稿·选举》八之一,第 4374 页。
② 《宋会要辑稿·选举》八之二,第 4375 页。

宋代殿试策问与发解试、省试策问的形态有较多不同之处,这是由殿试的性质和地位决定的。现存北宋时期的常科殿试策问,数量较多,既有归入帝王本人名下的,也有标明文人代拟而收入其文集的。现存时代最早的宋代殿试策问,是胡宿的《御试贤良王彰夏噩策题》和《御试武举策题》,但这两道策问并不是常科殿试的策问,而胡宿卒于英宗治平四年(1067),据熙宁三年殿试改试策还有三年,因此更说明了此二道非常科殿试策问。

我们所能见到的最早的常科殿试策问,是熙宁三年(1070)三月八日的殿试策问,这也是殿试首次以策试方式举行。文人所拟殿试策问则以元丰五年(1082)曾巩的《拟代廷试进士策问三首》[①]为最早,自此直至南宋后期,殿试策问在史书和文集中多有留存。殿试策问在形态上的特点主要可以归纳为三个方面。

首先是程式化程度更高。上文已经说过,策问的试题性质决定了作者不可能随心所欲地撰写,而是必然遵循一定的程式。但与发解试、省试策问相比,殿试策问显然更加程式化,这在策问用语和结构上都有所反映。以一道殿试策问的开头而论,文人代拟的策问常以"皇帝若曰"开始,表明以下是用皇帝口气来说话,如苏轼的《拟殿试策问》、苏辙的《拟殿试策题》皆如此。[②] 但这种程式化的开头并非专属于策问,在文人代拟的册文中也很常见,因为策问和册文都需要用皇帝口气说话。笔者甚至怀疑,文人代拟殿试策问的开头应该皆有"皇帝若曰",而现在文集中没有保留,是因为入集时删去了。在"皇帝若曰"之后,进入正式的策问文本,绝大多数都以"朕"为主语开头,表明叙述者是皇帝本人,而"朕德不类"是常见的谦辞。接下来通常谈论当下统治面临的问题和困境。假如不使用谦辞,而以历史或者一般性的治国理念开头,则常以"朕闻"二字引出下文。在策问的结尾,通常会表示自己对考生意见的重视,十有八九以"朕将亲览"、"朕将览焉"之类的话结束。这是一种固定的行文模式。这种模式并

---

①　曾巩三道策问作于元丰五年(1082),见李震:《曾巩年谱》卷四,苏州:苏州大学出版社,1997,第 436 页。

②　苏轼:《苏轼文集》卷七,第 219 页;苏辙:《栾城后集》卷一四,《苏辙集》,第 1045 页。

非宋人所创。策问初创于汉文帝,其《策贤良文学诏》虽然不是策问本身,但已经有了"朕既不德,又不敏"这样的话。① 汉武帝在元光元年(前 134)和五年(前 130)颁布的一共四道《策贤良制》,以及元光元年的一道《诏贤良》,基本上已具备了宋代殿试策问的诸种元素。在描写"子大夫"的聪明才智后,多言"朕甚嘉之",在策问最后,多言"朕将亲览焉"。② 这些话语都为宋代帝王策问所继承,成为一种套话。

除了以这类套话起结之外,策问主体部分的结构也相对固定。一般不出五项内容。一是追述历史或先皇功业;二是阐述一般治国理念;三是表明自身勤勉的为政态度;四是直呈统治所面临的困难;五是提出问题或征询意见。这五项内容在殿试策问中一般顺序出现,但并不是说每道策问都包含这全部五项,当然也并非每道策问都可以截然分割成五项内容并按如此顺序出现。不过,我们可以说,宋代大多数殿试策问的结构安排遵循这样一种模式。据笔者统计,现存宋代常科殿试策问总共有 39 道,留存于文人文集中的殿试策问或拟殿试策问共有 27 道。限于篇幅,这里无法将每篇结构详细列出,仅举其中 25 道具有代表性的,以求窥豹一斑:

策问名	作者/出处	历史/先皇功业	一般治国理念	自身为政态度	面临困难	提出问题/征询意见
拟代廷试进士策问一	曾巩/《元丰类稿》卷二六			朕有志于卑汉唐之治……如朕者亦可以无憾矣。	然古之大有为之君……行弥励而德未见于世。	岂所谓是者非欤?……可革而去之?
拟代廷试进士策问二	曾巩/《元丰类稿》卷二六		夫有《二南》之化……何其风俗美而流泽深也。	今朕躬礼义以先天下……可谓尽心矣。	然朝廷之臣未能有素丝之节……何其习之难变也。	夫先王之教,其本岂易于身先之?……不可以复化欤?

---

① 严可均辑:《全汉文》卷二,《全上古三代秦汉三国六朝文》,第 135 页。

② 《全汉文》卷三,《全上古三代秦汉三国六朝文》,第 140—142 页。

拟代廷试进士策问三	曾巩/《元丰类稿》卷二六			朕获承祖考……是一皆庆古。	岂朕之不敏……抑不然也？	
元祐三年御试进士制策	刘挚/《忠肃集》卷一			朕肇膺骏命……朕甚嘉之。	盖闻天之灾祥……殍死者众。	夫恒寒之罚……又何修而至于斯欤？
元祐六年御试进士制策	刘挚/《忠肃集》卷一	先皇帝悼道之郁滞……泽不下究。	朕闻六艺之教……兹二帝、三王所由昌也。	朕奉承遗烈……臻于斯路。	今天下之俗……不可一日缓也。	今颇欲考古今之宜……其失安在？
元丰五年殿试进士策问一	王安礼/《王魏公集》卷四		朕闻动民不以言……号为极治。	朕承祖宗之休……期底治宁。	有仁民爱物之心……诐汙私邪以党相尚。	历年于此……难以速化欤？
元丰五年殿试进士策问二	王安礼/《王魏公集》卷四		朕闻为君之难……而致不虞之誉。			然则知人之道果何以哉？……抑非欤？
元丰五年殿试进士策问三	王安礼/《王魏公集》卷四		朕闻先王之治天下也……此先王所以德日起而大有功也。	朕甚慕焉……以躬率在位。	然而下之随上，曾未足以庶几先王之治。	不识何道而能致先王之盛乎？
元丰五年殿试进士策问四	王安礼/《王魏公集》卷四		朕闻边骑之为中国患……有卷甲轻举而破降之者。		严尤以为古无上策……班固详而未尽。	然则考古之事……子大夫以为何施而可乎？

续 表

元丰五年殿试进士策问五	王安礼/《王魏公集》卷四	周衰,《子衿》之诗作……亦有近于古者乎!	朕闻王道之始必本于农……耕者无或妨其力。/朕承祖宗之大统……盖致其道、成其业也如此。	朕方崇广三舍,而来四方之贤良。	然天下之民犹且力本者寡……不可复行矣。	然则率市廛之民……子大夫以为何道而能臻此乎?/何修何饬,而能臻先王之盛欤?……施之岂无先后?
拟殿试策问	苏轼/《苏轼文集》卷七		维天佑民……朕愿闻之。	朕即位改元……犹当庶几于子路之言有勇且知方者。	而风俗未厚……商旅不行。	此三者,朕之所疑,日夜以思而未获者也。
拟进士对御试策(并引状问)	苏轼/《苏轼文集》卷七		盖圣王之御天下也……其治足以致刑。	朕德不类……且以博朕之所闻。		子大夫以谓何施而可以臻此?……亦必有可言者。
拟殿试策题(一)	苏辙/《栾城后集》卷一四	朕奉承祖宗丕绪……遂无以大相过耶?/今自祖宗创业……祖宗何术而臻此哉?		虽然,朕夙夜东朝……若蹈泉谷。	永惟近岁之治……皆今日之所当虑也。	子大夫明于古今……勿畏勿疑。
拟殿试策题(二)	苏辙/《栾城后集》卷一四			朕惟天下之治……皆何事乎?	朕既不敏不明……则士壅于下。	将制厥中,其道何由?……则士又何以处之?

续　表

试礼部奏名进士策文	哲宗/《宋会要辑稿·选举》七之二九		古之明王以道揆事……何施而可以臻此欤!	朕获奉宗庙……累年于兹。	而推原本旨……泽不下究。	此其故何欤?……孰可推而行之?
试特奏名诸科进士策文	哲宗/《宋会要辑稿·选举》七之三〇	朕闻先王之时……所以作于周也。		朕绍休圣绪……至于不可胜用矣。	今则不然……患莫之得。	岂朕作人之道未至欤?……其故又何欤?
拟进御试策题	张纲/《华阳集》卷三三			朕绍开中兴……而庶几乎先王之盛。	夫唐虞成周……行而未尽。	子大夫彊学待问……必有可言者。
御试策	范宗尹/《国朝二百家名贤文粹》卷五一		朕稽法前王……损益随之。	朕粤自初载……庶几克笃前人之烈。	推而行之,间非其人……正在于今日乎!	子大夫以谓如之何而无损无益乎?
御试策	胡铨/《胡澹庵先生文集》卷五		盖闻治道本天……古先哲王罔不由斯道也。	朕承宗庙社稷之托于俶扰阽危之候……恤而不行也。	然而迎亲之使接武在道……旱蝗害岁。	岂朕不德……何修而可以臻此?
试正奏名进士制策	高宗/《宋会要辑稿·选举》八之三		盖闻在昔圣王之治天下……朕甚慕之。	越自即位……不惮改作。	间者乃下铨量之令以择吏……朕之治所以未效也。	顾何以辑事功弭祸乱哉?……其庶几乎。
御试策	王十朋/《梅溪先生廷试策》卷一	仰惟祖宗以来……为万世不刊之典。	盖闻监于先王成宪……未之有也。	朕缵绍丕图……惟祖宗成法是宪是若。	然画一之禁……而官师或未励。	其咎安在……其必有道。

续　表

御试策一道	张孝祥/《国朝二百家名贤文粹》卷五五			朕承列圣之休……博询当务。		子大夫襄然咸造……抑国家收取士之实效。
廷对策	陈亮/《陈亮集》卷一一			朕以凉菲……临政五年于兹。	而治不加进……果何道以臻此？	
殿试策进士制策问	理宗/《宋史全文续资治通鉴》卷三二	朕闻尧舜之帝……舍经以求治也。		朕以眇陋……顾不伟欤！	若夫商政治之得失……则有所未暇。	子大夫奉对于庭……细绎而毕陈之。
御试策一道	文天祥/《文山全集》卷三		盖闻道之大原出于天……证效有迟速者何欤？	朕以寡昧……朕心疑焉。	子大夫明先圣之术……今其可以屡更欤？	

　　宋代殿试策问的第二个形态特点，是绝大多数为骈散结合，很少出现纯粹的骈体或散体。这一点与发解试、省试策问明显由骈转散的形态变化不同。究其原因，虽然宋代古文运动取得成功，但以皇帝名义发布的文章，基本上仍用骈体写作，以显示内容的权威性和文辞的庄重性。殿试策问受到这一惯例的影响，骈化程度较高是可以理解的。

　　最后需要指出，殿试由于是皇帝亲自主持，所提的问题也都从皇帝的立场出发，因此无论问题的视角和措辞都比较宏观，很少有发解试、省试策问中对于具体知识掌握情况的考察，也不常引经据典。假如说，发解试、省试策问中时常流露出出题者的态度和立场，那么殿试策问在这方面相对超然，主要征求考生的意见和建议，行文中并不给他们太多的暗示或导向。从这个意义上说，殿试策问更好地体现了策问这种文本的征询性的原始功能。

第四节　经学与时务策问的结合
——以《礼》学与礼制策问为例

　　《礼》学与礼制策问就是专以三《礼》之学或礼乐制度为对象的策问。通常人们按内容将宋代策问分为经史策和时务策两类,前者考察关于经书史籍学术知识的掌握,后者检视分析与处置实际政务的能力。宋代的《礼》学与礼制策问,则兼有"经史"和"时务"的双重性质。古代礼制见载于礼书,尤其三《礼》,讨论礼制离不开《礼》学,商研《礼》学又必然落实到礼制,所以,本节将《礼》学与礼制策问视为一个整体来讨论。

　　宋代《礼》学与礼制策问,共有 89 道。其中总论礼乐的有 20 道,关于祭祀之礼的有 21 道,关于《周礼》的有 12 道。除了这三项最大宗的内容,其余策问的主题涵盖《仪礼》《礼记》、乐、宗庙、巡狩、乡饮、射礼、冠礼、礼器等,每一道策问围绕一个或多个"礼"的问题展开,而不仅止于引用礼书中的三言两语。较之宋代其他的礼学文献,这些策问具有不容忽视的意义。首先,策问是针对广大考生或学生的,因此其展示的并不仅仅是策问创制者的一己之见,而是当时人比较普遍关注的"礼"的问题。因此,通过这些策问,可以发现当时人们对《礼》学与礼制的关注热点;其次,通过策问,可以很直观地发现发问的视角和方式,这反映了人们对"礼"的哪些层面特别关注。即关于礼的方方面面,宋人认为哪些才构成问题;再次,策问中引述和阐释的三《礼》文本,和所涉及的宋代礼制有密切的关系,透过这层关系,可以观察宋代的礼制实践与三《礼》所载古代礼制间的异同。鉴于目前学术界对宋代《礼》学与礼制策问尚缺乏应有的关注和讨论,本节拟从以下三个主要方面展开对这一类策问的解读和分析。

　　宋人的《礼》学与礼制的策问,可以分为两类:一类是就"礼乐"的总体性、宏观性的特点发问,另一类是就某一个或几个具体的《礼》学或礼制的问题发问。前者共有 20 道,反映了当时人对于"礼"的总体看法,故而先

来加以分析。从时间看,最早就礼的总体性问题发问的,是欧阳修的《武成王庙问进士策二首》之二,它询问了"礼乐"的问题:

> 问:礼乐,治民之具也。王者之爱养斯民,其于教导之方,甚勤而备。故礼,防民之欲也周;乐,成民之俗也厚。苟不由焉,则赏不足劝善,刑不足禁非,而政不成。大宋之兴八十余岁,明天子仁圣,思致民于太平久矣。而天下之广,元元之众,州县之吏奉法守职,不暇其他,使愚民目不识俎豆,耳不闻弦匏,民俗顽鄙,刑狱不衰,而吏无任责。夫先王之遗文具在,凡岁时吉凶聚会,考古礼乐可施民间者,其别有几? 顺民便事可行于今者有几? 行之固有次第,其所当先者又有几? 礼乐兴而后臻于富庶欤? 将既富而后教之欤? 夫政缓而迁,鲜近事实;教不以渐,则或戾民。欲其不迁而政易成,有渐而民不戾者,其术何云? 儒者之于礼乐,不徒诵其文,必能通其用;不独学于古,必可施于今。愿悉陈之,无让。①

这一道策问是庆历二年(1042)欧阳修担任别头试的知举官时所作。别头试是为了回避考生与考官的亲戚子弟关系而举行的特别考试,北宋前期的别头试常在武成王庙举行。这道策问从一开头到"而政不成",简述了礼乐对统治国家不可或缺的作用。接着从"大宋之兴八十余岁"到"而吏无任责",指出宋朝建立至今对于推行礼乐尚无暇顾及。以上是策问中的陈述部分,接下来是提问的部分,一连提出六个问题:从古代文献的记载中,古代礼乐在不同场合能用于民间的有多少? 能施行于当今的又有多少? 哪一种礼乐应该率先施行? 礼乐兴盛能导致百姓富庶吗? 还是等百姓富庶了再教以礼乐? 用什么办法才能做到为政不迁,教民有渐? 提问之后,是总结儒者对于礼乐的态度:"不徒诵其文,必能通其用;不独学于古,必可施于今。"这就说明,礼乐对于宋儒而言,不仅是写在经籍中的条文,而且是应当施用于现实生活中的制度,不仅是古代遗留下来的学问,而且是能够在今天实践的仪式。在这里,"文"与"用"、"古"与"今"构

---

① 欧阳修:《居士集》卷四八,《欧阳修诗文集校笺》,第1189页。

成了宋人看待和思考"礼"的两个最重要的维度,礼的原则与应用、礼的古今之变,毫无疑问是宋代《礼》学与礼制策问中的核心问题。

欧阳修的这道策问,可以看作省试策问中涉及"礼"的代表。在更高层级的考试,也就是进士科的殿试中,也有从总体上探讨《礼》学与礼制的策问。比如神宗元丰五年(1082)三月十一日的殿试策问:

> 朕闻礼以辨上下,法以定民志。三王之时,制度大备,朝聘乡射,燕享祭祀,冠昏之义,隆杀文质,高下广狭,多少之数,尺寸铢黍,一有宜称,贵不以偪,贱不敢踰,所以别嫌明微,释回增美。制治于未乱,止邪于未形,上自朝廷,下迨闾里,恭钦撙节,欢忻交通,人用不偷,国以无事。降及后世,陵夷衰微,秦汉以来,无足称者。庶人处侯宅,诸侯乘牛车。贫以不给而废礼,富以有余而僭上。宫室之度,器服之用,冠昏之义,祭飨之节,率皆纷乱苟简,无复防范。先王之迹,因以熄焉。传曰:礼虽未之有,可以义起也。后之学者多以为非圣人莫能制作。呜呼! 道之不行也久矣,斯文不作也亦久矣! 抑恣其废而莫之救欤,将因今之材而起之也?①

由于是殿试策问,按惯例用皇帝口吻书写,从"三王之时"到"国以无事",描绘了上古礼制大备时,从朝廷到百姓欢欣和乐的状态,从"降及后世"到"因以熄焉",则历数后世礼制废弛、纷乱苟简之状,最后引用《礼记·礼运》"礼虽先王未之有,可以义起也",提出当今是否可以根据已有的条件,兴起先王未有之礼制? 这道策问对于礼制衰落的描绘,并没有出人意料之处,仍然不出前述欧阳修策问中的"古"、"今"对照的思路,但这道策问的亮点在于最后的问题。它巧妙地运用《礼记》里礼、义关系的论述话语,为考生设置了一个无限开放性的问题,对于礼,可以"因今之材而起之",怎样"起之",运用何种方法和手段,或是制定何种礼制条规,这全要凭考生的见识作答。

目前留存下来的从总体上问礼的进士殿试策问,还有徽宗大观三年

①　《宋会要辑稿·选举》七之二三,第4357页。

(1109)三月六日的一道,文字如下:

> 昔者先王治定而制礼,功成而作乐,以合天地之化。礼之数五,
> 施之七教,形之八政,有典有职,定亲疏,决嫌疑,别同异,明是非,然
> 后小大贵贱之分定;乐之数六,文之五声,播之八音,有序有政,和邦
> 国,谐万民,悦远人,作动物,然后神示人物以和。朕嗣承祖宗休烈,
> 述而作之,以追先王之绪,而继神考之志。子大夫以谓如之何而可以
> 臻此? 礼废乐坏久矣,去古悠远,矫拂其俗,非常之元,黎民惧焉。或
> 曰:三王不相沿袭;今乐犹古之乐,无事于改。则先王事神治人,移风
> 易俗,终不可几欤? 今乐成而人未化,礼议而制未颁,其考古验今,为
> 朕详言之,毋隐。①

策问中先讲述了先王制礼作乐所具备的功能,然后指明礼废乐坏已
久的现实。于是问题出现了,今天诚然应该追步先王,制礼作乐,但究竟
是把古代的礼乐制度照搬过来,还是根据今天的需要进行改易? 徽宗面
临的一种意见是"今乐犹古之乐,无事于改",所以他用此策问征询考生的
意见,礼乐制度要不要改? 这一道策问,充分反映了宋徽宗对于礼乐制度
的重视。这需要结合当时的历史背景来分析。大观元年(1107)正月庚
子,朝廷设议礼局,隶属尚书省,徽宗御笔:"议礼局依旧于尚书省置局,仍
差两制二员详议,属官五员检讨,应缘礼制,可据本末,议定取旨。"②二月
壬戌,"议礼局言:'臣等伏以功成作乐,治定制礼,国家承祖宗积累之基,
陛下以盛德大业,缉熙太平,视六服承德之世,可谓并隆矣。乃者既成雅
乐,于是又置官设局,讲修五礼。臣等窃闻孔子称商因于夏礼,周因于商
礼,所损益可知。然则礼不可以不因,亦不可以无损益。因之所以稽古,
损益所以趋时。今去唐、虞、三代为甚远,其所制作,恐当上法先王之意,
下随当今之宜,稽古而不迂,随时而不陋,取合圣心,断而行之。庶几有以

---

① 《宋会要辑稿·选举》七之三二,第 4371 页,"作动物"原作"动物","作"字据《周礼·
春官》补。
② 《续资治通鉴长编拾补》卷二七,第 905 页。

追治世之弥文，善天下之习俗，以成陛下圣治之美意，一代之盛典。'从之"①。议礼局并不是主张固守旧时礼乐制度，在"因之所以稽古，损益所以趋时"的表述中，重点在于后者。徽宗也同意这样的说法。到了当年十一月癸亥，徽宗十分明确地对议礼局表达了自己的态度："议礼局礼当追述三代之意，适今之宜，《开元礼》不足为法。今亲制《冠礼沿革》十一卷，付议礼局，余五礼令视此编次。"②这段话的关键在于"适今之宜"四字，徽宗非但认为礼制要改，而且让议礼局新编礼书。到了大观二年（1108）六月，徽宗诏付议礼局："承平百五十年，功成治定，礼可以兴，而弥年讨论，尚或未就。稽古之制，适今之宜，而不失先王之意斯可矣。防民范俗，在于五礼，可先次检讨来上。朕将裁成损益，亲制法令，施之天下，以成一代之典。"③通过这些记载可以发现，在大观三年的这道殿试策问里，实质性的仍然是"古"、"今"问题，即古礼是否施行于今日。策问中"考古验今"一语正说明了徽宗的这一关注点。而"稽古之制，适今之宜"的核心在于"适今之宜"，徽宗出这道策问，他对于礼制的变革已有自己的看法和立场，考生成功的关键在于把握时势，摸清徽宗"考古验今"表述之下对礼制因革的真实态度。

徽宗的策问说明，在总论礼乐之时，礼乐制度究竟是尊古还是便今，策问中其实可能是有比较明确的立场的。也就是说，策问中或许已经给予考生某种暗示，对这一问题应当采取怎样的态度和说辞。比如哲宗元祐六年（1091）进士殿试策问为刘挚所拟定，其中有这样的表述："是礼乐之于天下，不可一日缓也。今颇欲考古今之宜，剖经史之义，立为婚姻丧祭之文，器服宫室之制，隆《雅》、《颂》之声，斥优佅之音，使习俗知节，谬戾不作，建中和之极，以述成先皇帝鸿业。而其损益先后之序，朕不敢知，固以待周询而博访焉。子大夫以为如之何而可？或谓解今之法而更张之，民将骇而难从；姑因循其旧而徒加厉禁，又终不足以合乎先王之法度。然

---

① 《续资治通鉴长编拾补》卷卷二七，第906—907页。
② 《续资治通鉴长编拾补》卷卷二七，第926页。
③ 《续资治通鉴长编拾补》卷卷二八，第947—948页。

则考古便今,必有中制。"①虽然坦承"朕不敢知",又问"子大夫以为如之何而可",但策问中的立场其实是鲜明的,即"考古便今,必有中制",既反对因循守旧,又不主张贸然更张,相信一定有中间的做法和立场,需要考生详细阐述的也正是基于"中制"思维的观点。为什么"必有中制"? 因为"中制"可以通过"考古便今"设想总结出来。这就要求考生,以古代文献记载的原则为基础,并充分考虑在当时的适用性与可操作性。

宋人在策问中总论礼乐时,还会涉及编纂官方礼书,建立礼制典范的问题。早在元丰时期,苏颂就曾回顾过宋初以来官方礼书的编纂情况,并主张修《大宋元丰新礼》,以便使神宗的礼制更革成果"与六经并行,为万世矜式也"②。到了南宋,或许是对礼的研究更为深入,士人在策问中提出要建构一种能够统合古今礼制的新典范。朱熹的弟子陈宓在《安溪县试诸生策问》之二中说:"功成作乐,治定制礼,今边事宁息,年偃丰登,则有其时矣。伊欲酌古御今,上自天子,下至庶人,由冠昏丧祭以达于郊祀宗庙,立为定式,作宋一经,使天下日用而世守之,以大复于先王之旧,而一扫数千年之陋习,如之何而可?"③前文的"考古验今"、"考古便今",在这里被表述为"酌古御今",这说明南宋人仍然在"古"、"今"这一时间维度里来思考礼的问题,但与之前不同的是,作为下层官员的陈宓,也发出了重建礼制典范的呼声,要求"立为定式,作宋一经,使天下日用而世守之"。陈宓少师朱熹,后从黄幹,在写作这道策问的时候,官职不过是安溪的知县。但他的呼声折射出宋人对《礼》学与礼制的至高追求,就是要重新建立礼的轨范,并形诸文字,为后世所效法。当然,这种新轨范是建立在人们对古与今、经典文本与实际操作这两点上求得充分平衡的基础之上,可以看作宋人追求礼制实践的总目标。这也正是晁补之在策问《礼乐》中所强调的"中和之用":"论礼乐,则虽制作设施小不备,而中和之用在人者犹

---

① 刘挚:《元祐六年御试进士制策》,《忠肃集》卷一,北京:中华书局,2002,第 3 页。
② 苏颂:《请重修纂国朝所行五礼》,《苏魏公文集》卷一八,北京:中华书局,2004,第 245 页。
③ 陈宓:《复斋集》卷七,《全宋文》,第 305 册,第 192 页。

是也。革而化之，借使先王未之有者，便则为用，其谁曰不然？"①

更多的宋人《礼》学与礼制策问，询问和探讨的是具体的礼制。比如乡饮、射礼、冠礼、巡狩、祭祀、宗庙、服制等等。提出的问题也是五花八门。最简单直接的一种，是问这种礼制有没有必要在今天实行。比如邹浩《策问》四二云："问：乡饮酒之礼，先王所以善民俗而成治道者也，废而不讲，不知几年矣。今欲举而行之，可不可邪？详著于篇。"②问题虽然简单，可从"详著于篇"的提示要求来看，答案绝不能停留在"可"或者"不可"的表态上，而是应当详细说明理由。同时，因为策问通常关注与国家统治有关的事务，因此涉及个人的某些礼制，如婚礼，宋代就没有专门的策问涉及，有的也只是对帝王元服、纳后之制的探讨。从内容看，宋代《礼》学与礼制策问询问最多的是祭祀之礼，共有 21 道。宋代祭祀之礼的情况十分复杂，前人也多有研究，这里仅就策问涉及祭祀之礼的情况，通过一些例子来分别说明这类策问的特点。

最简单的一种，就是对历史上一个关于祭祀的事实提出的问题，如苏辙《私试进士策问二十八首》之十一："问：舜受天下于尧，故郊喾宗尧不敢废尧之祀。禹受天下于舜，而其郊宗皆其祖考。夫推舜之心以及于禹，则禹必将兼祀尧、舜而后可。今也不然，不独废尧而且忘舜，何也？夫受其成业而黜其祀，虽少恩者不为，而谓禹行之乎？其故安在？"③策问以人之常情来推断，认为历史上记载的禹不祀尧、舜的行为好像是"少恩者"所为，不应该是禹这样的圣王做出来的，因此询问禹祭祀时"不独废尧而且忘舜"是何原因。

比上述例子更为复杂的情形，是古代文献中关于祭祀之礼的记载有矛盾之处，宋人策问往往抓住这些扞格的地方穷追不舍，对学生加以考问。比如南宋胡寅《零陵郡学策问》之十五：

　　问：事莫大乎祀，祀莫重于天。周监于二代，其文备而可考矣。

---

①　晁补之：《鸡肋集》卷三七，《全宋文》，第 126 册，第 197 页。
②　邹浩：《道乡集》卷三〇，《全宋文》，第 131 册，第 301 页。
③　《苏辙集》卷二〇，第 360—361 页。

惟明堂之礼,学者疑焉。《孝经》载仲尼答曾子之言曰:"昔者周公宗祀文王于明堂,以配上帝。"而《周颂·我将》则其诗也。然以其礼属之周公歟,是严父也。严父则武王所当为。周公事武王时,未尝摄政,胡为而严父?以其礼在摄政之时歟,是摄成王也。摄成王则武王乃当祭,而文王为祖矣,礼未闻严祖。其曰:"周公其人也。"又考之《戴记》,则明堂者乃周公负斧扆朝诸侯之地也。考之《孟子》,则明堂者乃王者之堂,行王政之所也,皆不及宗祀之事。是皆可疑者,幸辨明之。①

这道策问问的是周代的明堂祭祀之礼。根据《孝经·圣治章第九》中孔子所言周公"宗祀文王于明堂,以配上帝"②,则周公在明堂祭祀文王,以配祀上帝。《诗经·周颂·我将》正是描绘祭祀文王之诗。《孝经》还说:"孝莫大于严父,严父莫大于配天,则周公其人也。"③"严父"指尊敬父亲,这里的"父"指文王。但在胡寅看来,周公来"严父",行祭祀文王之礼,显然是有问题的。因为文王纵然是周公的父亲,但也是周武王的父亲,武王此时是最高的统治者,这个显示"严父"的祭祀之礼理应由武王来主持完成,怎么可以由周公来行此礼呢?那么《孝经》的记载就有问题了。胡寅接着给出一种假设,如果此事发生在周公摄政之时,那么由周公来祭祀倒也可以,但周公摄政是摄成王之政,"严父"的话应该来祭祀成王之父武王,而不是成王之祖文王。而经典中记载的礼制并没有"严祖"之说,因此周公祭祀文王不可能发生在他摄政之后。那么在当时的情况下,行明堂祭礼的应当是武王。以上是从事理来揭示《孝经》记载的问题,接下来又通过多种文献的比较,来说明记载明堂功能的矛盾之处。策问用《礼记·明堂位》"昔者周公朝诸侯于明堂之位,天子负斧扆南乡而立"的记述,④来说明明堂是周公朝见诸侯之处,和祭祀无关。又以《孟子·梁惠王下》

---

① 胡寅:《崇正辩 斐然集》,第 634 页。
② 李隆基注、邢昺疏:《孝经注疏》卷五,《十三经注疏》本,第 2553 页。
③ 《孝经注疏》卷五,《十三经注疏》本,第 2553 页。
④ 郑玄注、孔颖达疏:《礼记正义》卷三一,《十三经注疏》本,第 1487 页。

"夫明堂者,王者之堂也,王欲行王政,则勿毁之矣"的说法,①证明明堂是
行王政之所。虽然《礼记》和《孟子》记述的明堂功能有所不同,但都没有
提到明堂是用来祭祀祖宗的。关于明堂的功能,自古以来就有多种说法,
我们这里不是要探究明堂到底用来做什么,而是注目于胡寅发问的方式。
从古代文献对于同一祭祀之礼记载的矛盾之处入手,又辅以人情常理的
推断,来发现这一礼制记载中间存在的诸多疑点和问题,请答策者分析
之。这样的发问思路和方式,在宋代的礼制策问中是比较常见的。

　　胡寅的这道策问仅仅涉及古代的礼制记载,而没有触及当代的礼制
实践。古代的祭礼究竟应该怎样在当代施行,目前所施行的是否合于古
制,这些皆是礼制策问中的热点问题。在文本与实践、古与今这样两个维
度之中,以上问题经常被提出来。在涉及祭礼的策问中也是如此。如苏
轼的《私试策问八首》之四《庙欲有主祭欲有尸》:

　　　　问:三代之祭礼,其存者几希矣,其全固不可以一日而复。然今
天下郡县通祀社稷、孔子、风伯、雨师与凡山川古圣贤之庙,此其礼尤
急而不可阙者也。武王伐商,师渡盟津,有宗庙,有将舟。将舟,社主
在焉。则是社稷有主也。古者师行载迁庙之主,无迁庙则以币玉,为
庙不可一日虚主也。一日虚主犹不可,若无主而为庙,可乎? 是凡庙
皆当有主也。今郡县所祭,未尝有主,而皆有土木之像,夫像安出哉。
古者祭莫不有尸,《诗》有灵星之尸,则祭无所不用尸也。祭而不用尸
者,是始死之奠也。不然,则是祭殇也。今也举不用尸,则如勿祭而已
矣。儒者治礼,至其变,尤谨严而详。今之变主为像与祭而无尸者,果
谁始也? 古者坐于席,故笾豆之长短,簠簋之高下,适与人均。今土木
之像,既已巍然于上,而列器皿于地,使鬼神不享,则不可知,若其享
之,则是俯伏匍匐而就也。鬼神不能谆谆与人接也,故使尸嘏主人。
今也无尸,而受胙于虚位,不亦鄙野可笑矣! 夫今欲使庙皆有主,祭皆

----

① 赵岐注、孙奭疏:《孟子注疏》卷二上,《十三经注疏》本,第 2676 页。

有尸,不知何道而可? 愿从诸君讲求其遗制,合于古而便于今者。①

庙有主,祭有尸,这是古代典籍中明确记载的礼制,苏轼所问的并不是这些礼制存不存在,记载有何矛盾,而是指斥今天礼制的施行:庙虚主,祭无尸。而且苏轼十分形象地说,今天祭祀中以土木之像代替尸,祭品列在地上,土木之像非常高大,鬼神来享用祭品,难道还要匍匐在地上来吃吗? 所以古代祭礼一定要用尸来代替死者享用祭品,如今没有尸,难道要空着的位子来享受祭品吗?

苏轼的问题非常尖锐,他的着重点其实并不是证明古代祭礼应当如何如何,而是批评今日祭礼的荒唐透顶。批评的目的是为了改变,最后要让答题者设计出"合于古而便于今"的方案。苏轼的问题,仍然在"古/今"这一思维框架之内,但其目的很明显是为了纠正或者改造今天的祭祀之礼。

更加直接针对当今礼制实践的策问,往往明确指出目前施行中的某些困难,要答策者表明态度,做出决断。这类策问关注的"礼",完全就属于"时务"了。仍以祭礼为例,陈师道《策问十五道》之三云:"政莫大于祭,天地又祭之大者,学者详焉。古者祀天于南,祭地于北,王者临之,父母之义也。国家三岁一郊而不及地,于是合祭焉。元丰之间,罢合祭而议北郊之礼,而未及行,今复合天地于太坛,而礼官以为非;欲修方丘之祭,而有司议其费。然则何施而可也? 其详著之。"②北郊祭地要不要施行,南郊祭天和北郊祭地到底分开举行,还是合二为一?③ 遵循古制和节省费用,哪一个才是考虑的重点,这些问题丝毫回避不得,答策者只能毫不含糊地说出意见并阐明理由。

以祭祀之礼为例来看宋代具体的《礼》学与礼制策问的特点,可以发现,这些策问仍然在文本与实践、古与今这两个视域之内向考生或者学生

---

① 《苏轼文集》,第 203 页。

② 陈师道:《后山居士文集》卷九,上海:上海古籍出版社,1984,第 509—510 页。

③ 关于北宋时期天地分祭与合祭之争,参见朱溢:《从郊丘之争到天地分合之争——唐至北宋时期郊祀主神位的变化》,《汉学研究》第 27 卷第 2 期,2009。

发问,其中既有对历史记载真实性的追问,又有对文献记载矛盾的探究,而更复杂的策问,往往最终指向宋代的礼制实践,此时,礼制在策问中不再仅仅是纸上之条文,而真正化为当下国家层面的实践。

谈到文本与实践、古与今这两个维度,宋代关乎《周礼》的策问就尤其值得关注。这里有两个原因:一是从现存的宋代《礼》学与礼制策问来看,关于《周礼》的策问明显应该作为一个独立的类别来讨论,它们涉及的内容与一般的"礼"不同,这与《周礼》本身的内容有关。二是对《周礼》的尊信或怀疑是宋代经学史上的一个重要关节,策问中问及《周礼》的相关问题,大多涉及这个关节。

在89道宋代《礼》学与礼制策问中,专门询问《周礼》有关内容的有12道,这些策问不仅仅涉及礼仪制度,而是更为广泛涉及了《周礼》中其他制度,比如官制、财政、贡赋等。针对《周礼》的策问,就数量而言,远远超过了专门针对《仪礼》、《礼记》的,所以有必要对这部分策问单独进行讨论。

策问中频频显现出对《周礼》内容的质疑,其理由是,《周礼》所载的制度在周代和当今均无法施行。欧阳修留下的三道《礼》学与礼制策问中,有两道是针对《周礼》的。《问进士策三首》之一先肯定《周礼》在经书中"其出最后,然其为书备","为治之法,皆有条理",又说"周之治迹所以比二代而尤详见于后世者,《周礼》著之故也"。不过假如考生认为欧阳修的态度是赞赏《周礼》,那就全错了。策问接着说:"然今考之,实有可疑者。"可疑者之一是《周礼》记载六官之属大约有五万人,这些人还不包括下层官员和士兵。王畿千里之地哪里容得下这五万人,这些人的供给又如何保障? 可疑者之二是汉代以来历代多因袭秦制,它们不用《周礼》的制度,是不是因为其难以施行? 极少数施行《周礼》者如王莽、后周皆以之取乱,证明《周礼》其实不能施行。策问最后提出的问题是:"然其祭祀、衣服、车旗似有可采者,岂所谓郁郁之文乎? 三代之治,其要如何?《周礼》之经,其失安在? 宜于今者,其理安从?"[①]可见欧阳修并没有断然否定《周礼》,

---

① 以上引文皆引自《居士集》卷四八,《欧阳修诗文集校笺》,第1192—1193页。

而是认为它有缺陷,有问题,而询问考生如何认识这些问题,如何有选择地施行《周礼》。我们看这道策问中欧阳修对《周礼》的两点质疑,第一点是从《周礼》文本和制度实践的维度质疑的,他认为文本记载的内容是难以在现实中兑现的;第二点是从《周礼》所记载的古制是否能施行于后世这一角度质疑的。那么这道策问仍然脱不开我们所强调的文本与实践、古与今的关系这两个维度。推而广之,从宋人针对《周礼》的策问来看,其中对《周礼》的质疑,多缘于其记载的制度在现实中不合情理,无法实施。如欧阳修关乎《周礼》的另一道策问《南省试进士策问三首》之二,其核心是说《周礼》记载的种种礼制,极为繁复,祭祀、巡狩、畋猎等活动相当频繁,如果真照此施行,则"疑其官不得安其府,民不得安其居,亦何暇修政事、治生业乎"①,整天按照《周礼》的文本搞各种活动都忙不过来了。欧阳修策问质疑《周礼》的这种思路,就是发现文本中记载的东西无法施行,或者不可能实现,在其他人的《周礼》策问中也时有所见。如苏颂《南庙策问》之一言周仅有千里之畿,而"官府之给,六军之众,封赏之地,皆在其中",照样足以供给。而当今"四乡万里,皆为郡县",供养的官员比《周礼》记载的要少得多,而财用未见盈余,所以作者不禁怀疑《周礼》文本的真实性:"昔周以千里用而足,今以天下用而无余,其故何也? 岂今之经制,不得其道耶? 将《周官》之载为虚文耶?"②不是今天施行的制度不对,就是《周礼》的记载不实,他请答策者发表看法。如果说,苏颂的策问还没有断定《周礼》为"虚文",而是希望考生发表意见,那么南宋理宗朝方大琮的《策问周礼疑》则总结了前人和宋人对周礼的种种质疑:

> 问:《周礼》,周之旧典礼经也,其疑比他经特甚。郑众按《书序》"成王既黜殷命,还归在丰,作《周官》",谓为此官。贾公彦以"五年营成周,六年制礼作乐",谓为此礼。所作果何时? 公岂不能身致太平,何为自苦思虑,忧及来世,作为此书,以遗后世纷纷之论欤? 孟氏谓

---

① 《居士集》卷四八,《欧阳修诗文集校笺》,第 1198 页。
② 《苏魏公文集》卷七二,第 1092 页。

公思兼三王,有不合者,仰而思之,坐以待旦,其精神心术尽在是与? 诸侯恶其害己而去其籍,一厄也;始皇绝灭《诗》、《书》,而搜求其籍烧之独悉,再厄也;至汉而其书始出,武帝不之信,不以真之学官,又一厄也。三厄之余,所谓阙文者往往于是失之欤? 所幸者未尽亡于世,而疑信者半也。何休"六国阴谋"之诬,林孝存"渎乱不验"之排,所非果何见? 唐太宗读之,则曰真圣作也;王通叹嗣作之备,则曰千载之上未有如周公者,所是果何据? 折以"吾从周"之言,夫子岂欺我哉? 王莽尝从之矣,而有列肆井区之扰;荆公尝从之矣,而有青苗、保甲之说。岂繁密琐碎必有公而后能行,而后世不敢一尝试欤? 姑舍是而论,尤有可疑者。什一定赋,古制也,而或十而一,十而三,二十而五;用民不过三日,古制也,而丰年旬用三日,几十倍于前,古不足稽欤? 周之兴也,关市讥而不征,而廛人有五布之敛;泽梁无禁,而玉府入渔人之征,文王不足法欤?《酒诰》之戒商民也,曰"勿庸杀之",而掌戮则有搏戮之政;《无逸》之戒成王也,曰"无淫于田",而司马致禽馌兽之法特加详焉,《书》与《礼》异经欤? 夫家之征,所以重闲民之禁也,而转移执事又以一职任焉;伪饰有禁,所以杜侈靡也,而王之金玉玩好则有掌焉,一经亦不必同旨欤?

　　噫! 公之书能信于孔、孟、文中子,而不能信于何休、林孝存之流;能行于周,而不能行于王莽、荆公之时;能使太宗之叹服,而不能释武帝之疑,何欤? 疑之而轻议者,行之而背驰者,其为不知等耳,于公何损? 本朝名儒不为不知公者,复雠之事,伊川疑之;盟诅之设,横渠疑之;欧阳公疑征役,苏黄门疑封建,胡五峰疑宫闱。岂其非公全书,或有得以杂之欤? 诸公之疑其非者,乃所以深信其是欤? 果然,则公之心其能安于千载之下欤? 若是者皆难通,试讨论焉。[①]

值得注意的是,方大琮虽然列出了历来对《周礼》的种种质疑之声,但从最后提出的几个问题看,他本人还是推崇《周礼》的。所以,在这道策问

---

① 方大琮:《铁庵集》卷二九,《全宋文》,第 322 册,第 256—257 页。

里,种种对《周礼》的质疑变成了考问学生的重点,你们对这些质疑之声怎么看,那些质疑《周礼》的人,他们对于该书的态度究竟如何? 这些都构成了问题。假如答题者对于《周礼》文本和《周礼》学史没有充分的了解,恐怕是很难回答这道策问的。

方大琮的策问显示了一个很有意思的现象,质疑《周礼》在宋代已经成为不可忽视的一种学术倾向,它其实对尊信《周礼》者造成了一种压力。在策问中,这种压力化为询问考生的问题,答题者被要求回答:为什么会有这些质疑? 你对这些质疑怎么看? 也就是说,这些策问不是质疑《周礼》,而是要求答题者对这些质疑作出恰切的响应,这反而成为考察他们学术水平的一种方式。比如尊信《周礼》、作《周礼致太平论》的北宋学者李觏,其《策问六首》之五开头就说:"《周礼》,周公致太平之迹也。"但提出的问题是:"若《春秋》旧凡亦曰周公之制而弑君之例存焉,岂成王时有是也哉? 故学者疑《周官》凡例,皆不出于周公,二三子以为如何?"①可见质疑本身就是策问的问题所在。

宋人的 89 道《礼》学与礼制策问,在总共 1000 多道的策问中只占有很小的一个比重。但它们内容丰富,涉及了《礼》学与礼制的诸多根本问题。尤其值得注意的是,这些策问集中反映了宋人对礼经上记载的礼制和当下现实中施行的礼制究竟怎样看待,也体现了他们试图将古代礼制改造后施用于今时今日的不懈努力,通过本节总结的文本与实践、古与今这两个维度来观察,这些策问就不仅仅是关于《礼》学和礼制知识的考察,而是包含着丰厚的礼学思想,从中可见宋人如何来思考"礼"这一儒家文化的核心范畴,又如何来对待古代的制度与文化遗存。

---

① 以上引文皆引自李觏:《李觏集》卷二九,第 336 页。

第六章　宋代科举策文的话语与形态

　　以往的宋代试策研究,比较注重试策制度的变化,对试策所产生的文本——策文的研究尚嫌不足。这里所说的不足,并不是指其内容没有被史学研究者所利用,而是指其书写形式没有被作为一个独立的对象来予以探讨。在古代文体研究中,汉、唐的策文获得了更多关注。在科举与文学关系的研究中,则多强调宋代策文的"程式化"。

第一节　科举策文的话语分析

　　策文是应试文体,首先需要符合考试的要求,趋于程式化,仿佛千篇一律,这是它给人的直观印象。宋代策文包含很多"套话",宋初孙何称策问"词多陈熟,理无适莫"①,策文也同样如此。但问题在于,策文内容大多关乎时务,通常是对一些治国理政问题的解答,即使充满了套话,这些套话对我们也不是毫无意义的。邓小南谈及宋代的"祖宗之法"时,有一个十分精辟的见解:"套话实质上反映着一个时期主流话语体系的导向。若要观察一个时期统治者官方的、主流的或正统的话语导向,企图强加给你什么样的认识,让你接受什么样的思路,从套话切入,大体上能够看得出来。所以套话是值得认真分析的。"②策文中的套话,正是官方的、主流

---

①　沈作喆:《寓简》,《全宋笔记》,第四编第五册,第 42 页。
②　邓小南:《邓小南谈宋史研究:宋王朝是"稳定至上"的时期》,《澎湃新闻》,2014 年 11 月 30 日,http://www.thepaper.cn/newsDetail_forward_1281914.

的话语导向,施加于应试者的"结果"。从表面上看,考生是应命题者的要求回答问题,阐述自己关于治理国家的一套想法,命题者是很好的"倾听者",而实质上,策文的构成方式,恰恰与政治权力所规定、要求、施加的话语导向有着密切又隐秘的联系,在很大程度上受制于政治权力。唯其如此,对于策文文本形式的研究,就不能用"程式化"这样的说法简单敷衍过去。本节拟通过对策文话语的深入分析,揭示策文的构成形态是怎样地笼罩于权力之下的,这里的权力,包括考试中命题一方的现实权力,更主要的则是指一种话语权,被命题者所掌控和规定的"话语导向"。

在针对唐代及唐以前的策问和策文的研究中,其文本形式已经得到较充分的关注,宋代策问形态也已经被一些学者所关注,但策文的情况更为复杂。它是因策问而作,作为策问的答案,策文在很大程度上受制于策问。策问对策文的控制,不仅表现在策文内容上,问什么就答什么,不能撇开问题凭空写作,更表现在策文的结构形态上,策文的每一部分和策问都有着对应关系,在殿试策文中,这种对应关系表现得更为明显,进入正文后,考生一般会先引用策问中的一两句,接着作答,再引用之后的一两句,渐次回答,直至终篇。任何一个科目考试的策问,都不仅仅是一个或几个单纯的问题,而是包含了问题外的更多内容。而其内容无论是什么,一道策问总含有以下几种话语:一是疑问话语,二是叙述话语,三是祈使话语。疑问话语是策问的核心话语,究竟提出什么问题,直接关乎策文的具体内容,写作时必须牢牢扣住问题,不能信马由缰,离题万里,而能不能解答这些问题,关乎考生在本次考试中的结果,因此也是策文作者最关心的部分;叙述话语是策问中叙述的部分,一般出现在疑问话语之前,叙述一些与将要提出的问题相关的内容,起到为提问铺垫的作用;祈使话语是对考生提出答题要求的部分,一般比较简短,出现在策问的末尾。除了这三种话语之外,殿试策问中还会以皇帝本人的口吻对考生说一些礼节性话语。下面以欧阳修天圣八年(1030)参加省试的第五道策问为例,来分析这三种话语:

问:听德惟聪,前王之至训;嘉言罔伏,举善之令猷。国家守承平之基，御中区之广，地利无极，齿籍益蕃。各有争心，必虞强诈之患；
或非良吏，虑兴枉滥之尤。故立肺石以达穷民，设匦函以开言路。而
又俾之转对，复彼制科，思广所闻，遂延多士，属兹举首，将列仕途。
以何道致民之暴者兴仁，智者无讼；以何术使吏之酷者存恕，贪者守
廉？试举所长，用观精识。①

这道策问用骈体写成，一开头先引用《尚书·太甲中》"听德惟聪"和
《大禹谟》"嘉言罔攸伏"，说明君王听取嘉言的重要性。然后从民和吏两
方面说明尔虞我诈和枉错淫滥必然存在，所以国家采取立肺石，设匦函，
置转对和复制科的措施，目的是为了更广泛地听取意见。最后抛出两个
问题，分别询问用怎样的手段可以治民和治吏。

值得注意的是，其中的疑问话语其实很少，只有以下两句："以何道致
民之暴者兴仁，智者无讼？ 以何术使吏之酷者存恕，贪者守廉？"在此之
前，从一开头"听德惟聪"到"将列仕途"，都是叙述话语。最后的"试举所
长，用观精识"则是对考生提出要求，请他们答题，以考察他们的水平，这
是祈使话语。从字数来说，这道策问的叙述部分占据了策问的主体，而作
为核心的疑问话语反倒只有寥寥数句。这一现象，不仅出现在发解试、省
试策问中，也出现在殿试策问里，可以说，宋代任何一道科举策问中，话语
的比重都是叙述多于疑问。

这需要从策问中各种话语的不同功用来寻找原因。仍以上述欧阳修
的策问，来看其中叙述话语究竟有何特点。策问一开头，虽然引用了《尚
书》里的两句话，但请注意，策问中没有指明它们出自《尚书》，而是把它们
化用在工整的骈句里。然后说国家地域广大，人口众多，老百姓会为了争
利而行尔虞我诈之事，而官吏在施政过程中亦难免枉滥。假如说，前一部
分的叙述话语是阐明抽象的政治原则，那么这部分叙述话语就是呈现当
今国家治理中的困难。接下来的语句，列举了国家为广开言路采取的四

---

① 欧阳修：《南省试策五道并问目·第五道》，《居士外集》卷二五，《欧阳修诗文集校笺》，
第 2012 页。

个措施:立肺石,设匦函,置转对和复制科。对于最后一招复制科,讲得更详细一些,阐明了它的选拔人才功能。这第三部分的叙述话语,是说明解决治理困难的方法。这道策问的叙述话语到此结束。整个叙述话语可以总结为三个环节:政治原则—治理困难—解决办法。在策问中的疑问话语开始之前,不厌其烦地叙述这么多内容,究竟起到什么作用,和后面提出的问题之间又有什么样的关系? 当然可以说,这是为后面提问所作的铺垫,假如没有这些叙述,直接提问不是显得很突兀吗?

然而我们认为,叙述话语的作用并没有这么简单,它不止是在铺垫,更是在引导和探测,它引导和探测的不是后面的问题,而是引导考生的解答,探测他们的知识储备和文化积累。叙述话语的引导和探测功能,需要联系考生的策文才能看得清楚。以下是欧阳修解答该道策问的策文:

> 对:帝尧之德非不圣也,必乘九功而兴;虞舜之明非不智也,必开四聪之听。大禹之勤求贤士,乃至乎王;汉家之并建豪英,以翼乎治。诚以一人之圣,据群元之尊,王道之浸微浸昌,生民之或仁或鄙,理有未烛,思求其端。是以垂精留神,广览兼听,居以侧迟贤之席,行则驰蓑轮之车,施及于方外而弗遗,退托于不明而求辅。其勤若此,犹惧乎弗及也。故今国家所以览照前古,讲求旧规,下明诏以开不讳之门,设匦函以广言者之路,复转对以采搢绅之议,立制策以待隽良之言者,意在兹乎! 猥惟梼昧之微,举皆管浅之说。夫欲民之暴者兴仁,智者无讼,在乎设庠序以明教化;欲吏之酷者存恕,贪者守廉,在乎严督责而明科条。为治之方,不过乎是而已。谨对。①

这篇策文的开头"帝尧之德非不圣也"到"意在兹乎",从篇幅来说,占据了策文的主体部分。从所处位置来说,它处于策文的最前端,无论是篇幅还是位置,都与策问中的叙述话语相对应。我们将之命名为策文中的"顺承性话语"。它的功能,是顺应策问中叙述话语的思路、逻辑、涉及的

---

① 欧阳修:《南省试策五道并问目·第五道》,《居士外集》卷二五,《欧阳修诗文集校笺》,第 2012—2013 页。

知识,以及语意,而进一步加以铺展,使本来简单抽象的叙述得以最大程度地具体化。

比如,策问中引用《尚书》中的话,但并未指明出处,只笼统说是"前王之至训",这就是对考生知识水平的探测,这两句话到底是什么意思? 说的是谁的事情? 在策文中,欧阳修就要首先说明,这里讲的是尧和舜,同时,还要铺展开来,以大禹和汉代帝王的事迹作补充,说明帝王求贤,广纳嘉言对于统治的重要性。从"帝尧之德"到"以翼乎治"的顺承性叙述,表明了两点,其一,自己对于策问中"听德惟聪,前王之至训;嘉言罔伏,举善之令猷"的意义是有准确理解并切实认同的;其二,显示了自己对于相关历史事实非常熟悉。在陈述了相关史实,展示了自身学问之后,欧阳修对历史作出总结:"诚以一人之圣,据群元之尊,王道之浸微浸昌,生民之或仁或鄙,理有未烛,思求其端。是以垂精留神,广览兼听,居以侧迟贤之席,行则驰裹轮之车,施及于方外而弗遗,退托于不明而求辅。其勤若此,犹惧乎弗及也。"请注意,这段话表述的意思,是原来策问中所没有的,是欧阳修自己根据史实总结出来的,它的核心意思是,靠皇帝一人之力要做到"广览兼听"相当困难。这一层意思,既不违背策问中的相关叙述话语,又将已经展示的历史事实加以理论上的提升,文字也非常好,像"居以侧迟贤之席,行则驰裹轮之车"之类,描写皇帝虚心求贤,非常形象。整个一段话让作者的政治识见和文字功力得到了更充分的展示。这是这篇策文中顺承性话语的第三层。到这里为止,作者的学养、见识和写作能力都已显示给考官。再接下来是顺承性话语的第四层,又贴着策问中"故立肺石以达穷民,设匦函以开言路,而又俾之转对,复彼制科"来写,但欧阳修将这四个措施的效果用简练而工整的语言点明:"下明诏以开不讳之门,设匦函以广言者之路,复转对以采搢绅之议,立制策以待隽良之言。"最后,还用"意在兹乎"四个字表明这是对策问相关话语的明确认同和回应。

上述分析的目的并不是要给欧阳修的策文分层分段,而是旨在说明,策文的写作是如何受制于策问的。在正式回答问题之前,因为策问中有篇幅不短的叙述话语,所以策文也要顺势对其作出认同、铺展、评论和回应,而不是无视于它而径直回答问题。在书写这些"顺承性话语"的过程中,作者其实有意接受了策问中叙述话语的引导和探测,顺着其思路走,同时展示自己的立场、学养和见识。假如不受策问的限制,离开题目自己创制一套说法,或者根本没有办法对策问的探测予以回应,不了解策问所叙述内容的文献来源和历史背景,那么"顺承性话语"的写作就是失败的。

需要指出的是,策文中顺承性话语的"顺"是有限度的。在行文中,假如表现出刻意迎合和过分认同策问立场的态度,或者有那样的嫌疑,那就有可能被视为"谀"。比如熙宁三年(1070)的进士殿试策问中,有这样的话:"方今之弊,可谓众矣,救之之道,必有本末,所施之宜,必有先后。"①这很明显是隐含了对现实的不满,而要考生谈谈救弊之道,结果考生叶祖洽在策文中写道:"祖宗以来至于今,纪纲法度,苟简因循而不举者,诚不为少",又云"与忠智豪杰之臣合谋,而鼎新之",②这种为了迎合策问中话语和立场而否定祖宗法度的倾向,所以在当时招致非议,被苏轼认为是"诋祖宗以媚时君而魁多士"③。这个例子让我们看到顺承性话语的限度,不能把话说过头了。当然今天我们如何来评价叶祖洽之言又是另一个问题了。

再从深一层看,在叙述话语中,没有任何命令的口吻,没有强迫的意味,甚至连需要回答的问题也没有,但考生在读完这些叙述之后,会非常自觉地"顺承"策问中叙述话语的立场和逻辑,并自觉地接受这些话语的"探测",用自己的文化知识积累来充实扩展这些话语。策文中"顺承性话语"的产生,以及策问中叙述话语对其的制约,其实清晰地反映了发问者与回答者之间的上下等级关系,谁是统治者,谁是被统治者,在波澜不惊的试策话语中,已经昭然若揭。

宋代策文中的"建议性话语",是用来应对策问中的"疑问话语",就是回答问题的。上文已经指出,疑问话语是策问的核心部分。欧阳修面对

---

① 《宋会要辑稿·选举》七之三四,第 4372 页。
② 苏轼:《参定叶祖洽廷试策状二首(其一)》,《苏轼文集》卷二八,第 805 页。
③ 胡仔:《苕溪渔隐丛话·后集》,北京:人民文学出版社,1962,第 223 页。

的疑问话语是"以何道致民之暴者兴仁,智者无讼;以何术使吏之酷者存恕,贪者守廉",一共两个问题,他的建议是:"夫欲民之暴者兴仁,智者无讼,在乎设庠序以明教化;欲吏之酷者存恕,贪者守廉,在乎严督责而明科条。"一共也是两条,分别针对老百姓和官吏,可以说紧紧扣住问题来回答,来提出建议。

与叙述话语不同,在策问的疑问话语中,发问者直截了当地提问,考生必须针对问题直截了当地提供答案,这里面没有任何回旋余地,不能说模棱两可的话。明代徐师曾认为策问的功能在于考察考生的"博古之学,通今之才,与夫剸剧解纷之识见"①,我们认为,假如说策问中的叙述话语是探测学生是否具有"博古之学,通今之才",疑问话语则是考查学生是否拥有"剸剧解纷之识见",也就是解决施政过程中实际问题的能力。欧阳修在策文中的解答干脆而简练,就是修建学校,教化百姓,严明法纪,督责官吏,明确提出了解决统治困难的办法。

宋代发解试和省试策文流传下来的数量很少,策问中的疑问话语比较简单,每道策问一般至少含两个问题,就如上面欧阳修面对的这一道。有些策问的问题比较多,则需要考生在策文中逐一回答。比如太平兴国二年(977),田锡应开封府发解试,第三道策问这样提问:"井田之利,可以复于古否?力啬之科,可以行于今否?游惰者何以使之返本,兼并者何以使之均齐?禁豪强者何法,拯饥冻者何术?"②他在策文中答道:"夫井田之赋,千古绝迹,不可复也;力田之科,前王所行,未足尚也。使游惰者返本,莫若利其衣食之源;使饥冻者相济,莫若抑兼并之人也。兼并既抑,则贫富自均;贫富既均,则豪强自禁。其术安在?在乎王者提利权而均国用也。重轻万货,敛散百谷,乃其术焉。"③他回答时紧紧扣住问题,逐一解答,连句式也与问题的句式相对应,而且仅说出答案,不作过多发挥,相当于提供施政建议。从这个例子可以看出,策文中的"建议性话语"百分之

---

① 徐师曾:《文体明辨序说》,《文章辨体序说　文体明辨序说》,第130页。
② 田锡:《开封府试策第三道》,《全宋文》,第5册,第251页。
③ 田锡:《开封府试策第三道》,《全宋文》,第5册,第251页。

百是针对问题来写,严格受制于问题本身。

常科和制科殿试策问相对比较复杂,篇幅更长,提出的问题也更多,而且要求考生"条对",就是根据策问内容逐条解说和回答。这样的写作方式从西汉策文产生之时就已经有了。[①] 策文在一段导语之后,常用"圣策曰"来逐条引用策问原文,然后一一分析解答。假如引用的是叙述话语,那么照样用顺承性话语来应对,假如引用的是疑问话语,则要用建议性话语来回答,这和发解试、省试策文是一样的。所不同的是,殿试策文的建议性话语更加详尽,虽然仍需紧扣问题本身,但往往引经据典,不吝笔墨。殿试策文的篇幅实在太长,这里不便引用全文,仅以南宋人王十朋在高宗绍兴二十七年(1157)进士科殿试中所作的《御试策》为例,来考察其特点:

> 臣伏读圣策,谓:"奸弊未尽革,财用未甚裕,人才尚未盛,官师或未励,其咎安在?岂道虽久而不渝,法有时而或弊,损益之宜有不可已邪,抑推而行之者非其人邪?朕欲参稽典策之训,讲明推行之要,俾祖宗致治之效复见于今,其必有道。"臣仰见陛下愿治之切,思慕祖宗之深,欲聿追其盛德大业者,可谓勤且至矣。然臣已陈揽权之说于前,且以《春秋》为献。抑尝闻先儒曾参有言曰:"尊其所闻则高明矣,行其所知则光大矣。"《春秋》之学,陛下既已深得之,复能尊其所闻,行其所知,揽福威之权以守祖宗之家法,则赏刑当而天下悦矣,奸弊不患乎不革;节俭行而天下化矣,财用不患乎不裕;取士公而贤能出矣,人才不患乎不盛;黜陟明而邪正分矣,官师不患乎不励。祖宗致治之效,又何患乎不复见于今邪?若夫所谓道虽久而不渝,法有时而或弊,损益之宜有不可已者,臣按先儒释《春秋》有变周之文、从周之质之说,又有商变夏、周变商、春秋变周之说。臣以谓《春秋》未尝变周也,特因时而救弊耳。又尝闻董仲舒之言曰:"先王之道必有偏而不起之处,故政有眊而不行。救其偏者,所以补其弊而已矣。"我祖宗

---

① 韦春喜:《汉代对策文刍议》,《文学遗产》2012年第6期。

之法譬犹大厦，弊则修之，不可更造。苟不知遵守而轻务改更，臣恐风雨之不芘也，损益之宜有不可已者。臣愿以仲舒补弊之说为献，可乎？若夫所谓"推而行之，有非其人"者，臣按《春秋》书"乃"一字，如"公子遂如齐，至黄乃复"之类，《谷梁》释之曰："乃者，亡乎人之辞也。"盖言任用不得其人耳。又尝闻荀卿之言曰："有治人无治法。"夏、商、周之法非不善也，苟得其人，监于成宪常如傅说之言，遵先王之法常如孟子之言，率由旧章常如诗人之言，则夏、商、周虽至今存可也。汉唐之法亦非不善也，苟得其人常如曹参之守法，宋景之守文，魏相、李绛之奉行故事，则汉唐虽至今存可也。祖宗之法非不甚善也，苟得其人常如司马光之徒持守成之论，则垂之万世与天地并久可也。陛下既知前日推而行之非其人矣，则今日又不可不慎择焉。臣愿以荀卿有治人之言为献，可乎？若夫参稽典策之训，则有历朝之国典在焉，祖宗之宝训政要在焉，有司之成法在焉，朝廷之故事在焉。陛下宜诏执政与百执事之人参稽而奉行之可也。若夫讲明推行之要，则无若乎揽权。陛下提纲振领，而以万目之繁付之臣下可也。①

这篇《御试策》总共洋洋九千言，用《春秋》学来统摄全篇，这一小段对问题的直接回答也不例外。还用董仲舒、荀子以及汉唐故事加以补充，内容十分丰富。但我们所关注的重点在于，这里引用大段文字，旨在说明，其中话语的安排，则完全紧扣住所引"圣策"中的几句问话，按照它们的次序，逐一对答，为宋高宗解惑并提出建议。从行文的详略来说，这一段似乎和发解试、省试策文中应对问题的"建议性话语"明显不同，大大地铺展开来，但其实它同样受到策问中疑问话语的严密控制，作者可谓步步为营，来贴合每个问题。那么殿试策文中的这些建议性话语，与发解试、省试策文的建议性话语的差别在什么地方呢？笔者认为，其差异就在于殿试策文中的这一部分话语在提出建议的同时，也具备了展示自身学养知识的作用，而发解试、省试策文的这一部分则纯粹是回答问题，提出建议

---

① 王十朋：《御试策》，《全宋文》，第 208 册，第 168－169 页。

而已，几乎没有什么展示的空间。除此以外，殿试策文和后两者还有一个明显的区别，就是前者需要应对殿试策问中"朕"所说的"客套话"，讲一些礼节性话语，对于策文内容而言，这些话语不是实质性的，但背后却大有深意。

策问中总有一些与策问本身内容无关的话，大多是祈请考生答题或申明答题要求，上文中我们将之称为"祈使话语"。在发解试和省试策问中，祈使话语往往出现在策问结尾，比较简短，一般表达两个意思：一是请考生回答时要"条对"或"缕陈"，也就是要条分缕析地回答，二是请他们畅所欲言，毋惜费辞。而考生在相应策文的结尾，也会谦虚地表示，自己虽然说了意见，但卑之无甚高论，或说因篇幅所限不能详悉，最后以"谨对"二字煞尾。策问中的祈使话语和策文中考生的回应，生动显示了在"考试"这一情境之下，考官与考生各自的地位和互动。在殿试策问中，由于发问者是皇帝，简单的祈使话语让位于更为复杂的礼节性话语，而策文中同样要以礼节性话语应对。这些超越了考题与答题内容本身的礼节性话语，在汉代以来用皇帝口吻撰写的策问中一直存在着，只不过在宋代殿试策问中更加详细，而考生也需要花更大的精力在策文中认真应对，讲究措辞。

我们认为，这些礼节性话语恰恰是帝王统治话语的重要组成部分，在他们与士子的言语互动中，其措辞很值得玩味，因为可以解读出它们与字面上的"礼貌"很不一致的深意。

在一般的殿试策问中，"朕"似乎总是深陷于统治焦虑之中，因为在他治下，政治、经济、社会、军事、外交以及自然灾害等诸多问题和困难都无法解决。一方面，"朕"殚精竭虑想做到最好，另一方面又显得无计可施，所以要问计于士子。在策问中，"朕"会把士子捧得很高，称他们为"子大夫"，不惜笔墨将他们描绘成这个国家真正的知识精英，向他们虚心求教。在这种情形下，考生需要表示不辜负皇帝的期望和厚意，会竭尽所能贡献良策。帝王和士人的这种互动，这种姿态，一方是礼贤下士，虚怀纳谏，另一方是倾尽肺腑，出谋划策，这本来就根植于"对策"这一历史悠久的政治活动的传统之中，说些礼节性话语，并不令人感到奇怪。但我们感兴趣的是，宋人如何在殿试策文对这些话加以应对？是以客套对付客套呢，还是另有所言？

宋代殿试策文篇幅太长，不能一一详列，但我们可以将士人策文中用以应对的"礼节性话语"分为三种模式。

第一种是礼尚往来式的，也说些客气的套话。比如夏竦于景德二年（1005）参加制科殿试时，真宗策问最后说："矧子大夫蕴蓄器业，洞明政经，副我详延，森然就列，靡悼后患，咸罄昌言。"赞扬"子大夫"身具器识，又通达政经，希望他们畅所欲言，不用顾虑，不要担心有什么"后患"。对于皇帝的期望和勉励，夏竦则这样回应："臣诚不佞，罔知忌讳。叨备清问，忧惶局蹐。但幸遇陛下设直言之科，臣应极谏之召，圣策许臣'靡悼后患'。夫贱士之虑，思补圣政万分之一。惟陛下少赐宸览，宽其鼎镬，则昧死幸甚。臣谨对。"①不但自称"贱士"，而且表明自己的确实话实说，但很惶恐，不当之处也望真宗原谅。从"宽其鼎镬，则昧死幸甚"这样的话语里，我们可以感受到考生故意将自己的身段放得很低，以彰明皇帝的权威，这是非常富有礼貌的说法。正如真德秀所言："以布衣造天子之廷，亲承大问，此君臣交际之始也。一时议论所发，可以占其平生。"②在这个君臣第一次"交际"的场合，既要通过"议论"来显示自己的才华，又要对皇帝有充分的礼貌和尊重，不孚圣君厚意。夏竦的这一番礼节性话语，堪称典型。

第二种是考生应对之际，拼命拔高，对皇帝大肆吹捧，超越了一般礼节性话语的范畴。如张孝祥于绍兴二十四年（1154）所写的《御试策》中，引策问说："子大夫褎然咸造，其精思经术，详究史传，具陈师友之渊源，志念所欣慕，行何修而无伪，心何治而克诚。"显然，高宗认为"子大夫"学术精微，要请他们畅言自身学术渊源，以及修行治心的办法，希望汲取他们的学术建议。但张孝祥在应对此语时，先说："臣有以见陛下宸眷丁宁，加

---

① 夏竦：《崇政殿御试贤良方正能直言极谏科制策》，《全宋文》，第 17 册，第 39 页。
② 真德秀：《跋黄君汝宜廷对策后》，《全宋文》，第 313 册，第 240 页。

惠士子,究所学之当否,俾悉归于至正也。臣闻圣人达而在上,其道措之政治;圣人穷而在下,其道寓之于经史。是故尧、舜不见于笔削,孔子不着于功名,是一道也。"涉及尧、舜和孔子,出语还算客观和妥帖。接下来却说:"陛下德自天纵,圣由日跻,尧、舜、孔子之道盖已深造其妙,而行之于起居饮食、动容周旋之间。陛下吐辞则为经而不刊矣,尚何俟乎六经;陛下举足以为法而可传矣,尚何俟乎诸史?臣辈所以于此夙夜孜孜,精思详究,而不敢自暴自弃也。"①原来尧、舜、孔子之道,经史之学,都只是铺垫,关键是"陛下吐辞则为经而不刊矣,尚何俟乎六经;陛下举足以为法而可传矣,尚何俟乎诸史",这就不仅仅是用一般礼节性话语回应,而是对高宗进行赤裸裸的阿谀奉承了。

第三种是借题发挥,把殿试策问中的礼节性话语巧妙地加以申引发挥,转化为建议和告诫皇帝的话语。最典型的例子是文天祥,他宝祐四年(1256)所写《御试策》,针对策问中"子大夫熟之复之,勿激勿泛,以副朕详延之意"这样的话语,对皇帝狠狠劝诫了一番。他说:

> 陛下乃戒之以"勿激勿泛"。夫泛固不切矣,若夫激者,忠之所发也,陛下胡并与激者之言而厌之邪?厌激者之言,则是将骨臣等而为容容唯唯之归邪?然则臣将为激者欤?将为泛者欤?抑将迁就陛下之说而姑为不激不泛者欤?虽然,奉对大庭,而不激不泛者固有之矣,臣于汉得一人焉,曰董仲舒。②

策问中的话原本就说得不算很客气,没有刻意抬高子大夫,而文天祥接过"勿激勿泛"这个话头,从汉武帝忽略董仲舒的建议开始写起,一路写到本朝皇权和相权的关系,告诫皇帝要重视宰相之权,甚至指责皇帝"不恤公议,反出谏臣,此何等狐鼠辈,而陛下以身庇之",针对策问的话,共花了两千多字阐述自己的政见,最后总结说"不自知其言之过于激,亦不自知其言之过于泛,冒犯天威,罪在不赦"。虽然还是说了符合自己身份的客气

---

① 张孝祥:《御试策》,《全宋文》,第 253 册,第 360 页。
② 文天祥:《御试策》,《全宋文》,第 359 册,第 147—148 页。

话,但真正敢于在策文中如此"冒犯天威"的,除了文天祥之外还真不多见。

策文中的礼节性话语,本来是为了应对策问中相应话语的。策问中客套话的背后,显示的是皇帝的求贤若渴和虚怀若谷,皇帝越是放低自己的地位,其实反过来迫使考生在策文中进一步承认和彰显他的地位。在这种微妙的话语互动之中,"子大夫"到底有没有博古通今之才识,化解困局之能力,其判断和裁决权仍攥在皇帝手中,接不接受建议,当然也要看皇帝最终愿不愿意。只不过,礼节性话语在某种程度上将这场殿试巧妙地置换成一场决策咨询会谈,仿佛双方具有了平等的地位,在这种置换中,话语实践所承载的意识形态功能暴露无遗。其实,无论是策文中的顺承性话语,还是建议性话语,都和礼节性话语一样,都是这种意识形态的承载者,它们背后隐含着同样的东西,那就是对统治权力的臣服,以卑微的姿态接受有权力者的拣选,这是子大夫们在考试中真正的姿态。当他们在殿廷中埋首奋笔疾书的时候,一双权力的眼睛正在遥遥注视着他们的项背。

第二节　殿试策文文本形态的演变

宋代进士科殿试最初试诗、赋各一,太平兴国三年(978)加试论一首,变为试诗、赋、论各一。熙宁三年(1070)改试策一道,从此成为定制。制科殿试承唐制,试策一道。武举殿试先试武艺,再试策一道①。综上所述,试策可以说是宋代殿试最主要的方式,因此殿试有时也被称为"亲策"或"廷策"。殿试试策催生出两类文本:策问和策文。在科举文体研究日益深入的今天,宋代殿试策问的内容和形式都受到关注。对殿试策文的

---

① 关于宋代殿试制度的详情,参见本书第五章第二节,以及周兴涛:《宋代武举的程文考试》,《教育与考试》2011年第6期;张希清:《中国科举制度通史·宋代卷》,上海:上海人民出版社2015,第380—384、716—724页。

关注则主要集中在史学领域,从文学视角所作的专门研究相当少见①。原因在于,宋代殿试策文篇幅过长,少则数千言,多则上万,给文学分析带来相当困难,而其涉及内容之广,领域之多,又令人不易把握。作为科举文体,殿试策文是应策问而作,不同于自由议论,难免枯燥,故激发不起研究者的兴趣。然而,诚如南宋真德秀所言:"以布衣造天子之廷,亲承大问,此君臣交际之始也。一时议论所发,可以占其平生。"②殿试策文是经历过科举的宋代士人一生用力最劬的文章之一,在他们心目中具有非同寻常的意义。无论从古代文体研究还是文章学的角度而言,宋代殿试策文都是不容回避的对象。本节拟专门针对宋代进士科和制科的殿试策文进行形式方面的分析探讨,以期对这些策文中的"庞然大物"有更为清晰深入的认识。

据笔者统计,目前完整保留下来的宋代殿试策文有 32 篇,其中进士科 25 篇,制科 7 篇,总字数达 215000 余字,平均每篇 6700 余字,基本情况见下表。③

---

① 邓洪波、龚抗云编著:《中国状元殿试卷大全》(上海:上海教育出版社,2006)仅搜集了宋代进士科殿试策文,且有遗脱;宁慧如《宋代贡举殿试策与政局》(《"中国历史学会"史学集刊》第二十八期,1996 年 9 月)和俞兆鹏《文天祥〈御试策〉评介》(《安徽师范大学学报(人文社会科学版)》2007 年第 1 期)仅涉及个别殿试策文。祝尚书从总体上探讨了宋代的对策,对殿试策文着墨不多,见氏著:《宋代科举与文学》,第 306—310 页;孙耀斌研究了宋代科举考试对策的内容和文体形态,但以进士科殿试策文为主,未涉及制科殿试策文,其结论尚待深入,参见氏著:《宋代科举考试文体研究》,第 120—124 页;诸葛忆兵《宋代应策时文概论》(《复旦学报(社会科学版)》2016 年第 4 期)主要关注宋代殿试策文的背景与内容,对其形式仍未深入探讨。

② 真德秀《跋黄君汝宜廷对策后》,《全宋文》,第 313 册,第 240 页。

③ 表中前 31 篇均收录于《全宋文》,最后一篇《全宋文》失收,见《何希之先生鸡肋集》,国家图书馆藏清康熙五十八年(1719)刻本,《四库全书存目丛书》本,济南:齐鲁书社影印,1997,集部第 20 册,第 491—496 页。《宋集珍本丛刊》和《续修四库全书》亦据此刻本影印。除表中所列举外,宋代殿试策文中尚有残篇或零碎段落流传至今者,如曹冠《对御试策》(绍兴二十四年)、廖行之《制科策》(实为进士科殿试策,乾道二年)、潘庭坚《策对》(端平二年)等。文人拟作殿试策文尚有王安国《拟试制策》(策问为曾巩所撰)、苏轼《拟进士对御试策》(熙宁三年)、陈师道《拟御试武举策》和周紫芝《拟廷试策》(绍兴五年)。本节研究对象为殿试中实际撰写的完整策文。

作者	篇名	写作时间	考试科目
夏竦	《崇政殿御试贤良方正能直言极谏科制策》	景德二年(1005)	制科
张方平	《应贤良方正能直言极谏科对制策》	景祐五年(1038)	制科
苏轼	《御试制科策》	嘉祐六年(1061)	制科
苏辙	《御试制策》	嘉祐六年(1061)	制科
李清臣	《御试制策》	治平二年(1065)	制科
陆佃	《御试策》	熙宁三年(1070)	进士科
吕陶	《御试制策》	熙宁三年(1070)	制科
孔文仲	《制科策》	熙宁三年(1070)	制科
黄裳	《御试策》	元丰五年(1082)	进士科
赵鼎臣	《廷试策》	元祐六年(1091)	进士科
范宗尹	《御试策》	宣和三年(1121)	进士科
胡铨	《御试策》	建炎二年(1128)	进士科
张九成	《状元策》	绍兴二年(1132)	进士科
汪应辰	《廷试策》	绍兴五年(1135)	进士科
赵逵	《御试策》	绍兴二十一年(1151)	进士科
张孝祥	《御试策》	绍兴二十四年(1154)	进士科
王十朋	《御试策》	绍兴二十七年(1157)	进士科
蔡戡	《廷对策》	乾道二年(1166)	进士科
刘光祖	《乾道对策》	乾道五年(1169)	进士科
陈傅良	《壬辰廷对》	乾道八年(1172)	进士科
蔡幼学	《乾道壬辰廷对策》	乾道八年(1172)	进士科
叶适	《廷对》	淳熙五年(1178)	进士科
卫泾	《集英殿问对》	淳熙十一年(1184)	进士科
周南	《庚戌廷对策》	绍熙元年(1190)	进士科

续　表

陈亮	《廷对策》	绍熙四年(1193)	进士科
魏了翁	《御策》	庆元五年(1199)	进士科
王迈	《丁丑廷对策》	嘉定十年(1217)	进士科
徐元杰	《绍定壬辰御试对策》	绍定五年(1232)	进士科
姚勉	《廷对策》	宝祐元年(1253)	进士科
文天祥	《御试策》	宝祐四年(1256)	进士科
张镇孙	《对制策》	咸淳七年(1271)	进士科
何希之	《廷试策》	咸淳十年(1274)	进士科

殿试策文堪称宋人文章中的鸿篇巨制,又属于科举文体,其形式首先受制于考试的规定。在宋代官方颁布的贡举条式和有关诏令中,对于殿试策文形式的规定非常简单。关于进士科殿试策文,《绍兴重修御试贡举式》云:"奉御试策一道,限一千字以上,特奏名则云七百字,武举至宗室非祖免亲取应,则云五百字。臣对:云云。臣谨对。"①一是规定了字数的下限,正奏名进士是一千字,特奏名等字数略少;二是规定了基本格式,以"臣对"开始,以"臣谨对"结束。关于制科殿试策文,《宋会要辑稿·选举》云:"国初制举,有贤良方正能直言极谏、经学优深可为师法、详闲吏理达于教化,凡三科。……对御试策一道,以三千字已上成,取文理俱优者为入等。"②只规定了字数的下限。仅依据这些信息,仍无法弄清宋代殿试策文的具体形式,唯一的办法是深入研读策文文本。

笔者发现,宋代殿试策文在形式上具有明显的共性。为了论述方便,不妨参照白居易《策林》中对唐代制举策文各部分的命名,将每一篇宋代殿试策文分为策头、策项、策尾三个部分。

策头是策文的起始,殿试策文的策头较长,又可分为"启对语"、"导引语"、"收束语"三个部分。"启对语"的作用是表明对策开始,通常用"对"、

---

① 丁度等:《贡举条式》,文渊阁《四库全书》本,第237册,第312页。
② 《宋会要辑稿·选举》一〇之六,第4414页。

"对曰"、"臣对"、"臣对曰"、"臣谨对曰"这几种表述,其中"对"和"对曰"较少见,用得较多的是"臣对"。在发解试和省试策文中,一般就以"对"开头,不用自称"臣"。这是因为发解试、省试策问以有司口吻发问,而殿试策问以皇帝口吻发问。启对语之后,进入"导引语"。导引语是策头的主干,又对整个策文起引导作用,内容较为丰富。策头中的"导引语"一般以"臣闻"二字开始,之后通常包含四项要素:一是阐述治国理政的一般原则,二是肯定当今皇帝的治理并直陈存在的问题,三是强调试策的必要性和意义,四是表明自己对皇帝的赤胆忠心。这四项内容的先后次序,没有一定之规,尤其是第二项和第三项常常可以前后调换,有时第三项可以不写,但第四项通常置于最后。策头的第三部分是"收束语"。收束语的作用是再次申明自己冒死直言的态度和对皇帝接纳其言的期望,通常以"臣昧死上对"、"谨昧死上对"、"谨昧死对"等语作结。策头一般数百字,最长的不过一千多字,只占整篇策文中很小的篇幅。

在殿试策文中,比策头更为关键的是策项。策项是策文的主干,所占篇幅最大,对策问的分析和应答,主要集中在这里。策项反映了对策者对策问的理解和自身的知识储备,以及提出意见建议的能力。因此,考生往往在策项里做足文章。策项在形式上由三部分组成:提示语、策问原文(或概括复述)、解答语。

在回答策问中提出的问题之前,策项中一般先要引策问原文,以"策曰"、"圣策曰"、"制策曰"、"圣问曰"、"伏读圣策曰"、"臣伏读圣策曰"等套语开始,我们称之为"提示语"。提示语的作用是提示读者,接下来开始引用策问原文。引用策问原文,通常又有两种方式。第一种是直接引用。先引一段策问,然后分析解答。第二种是用自己的话概括策问中某段的意思,间或夹杂引文,然后解答。无论是直接引用还是概括复述,对策者必须遵循并紧扣策问的意思和文字,都得引一部分原文,依次逐条分析对答,直至策问文字被引用或复述完毕。

策文的最后部分是策尾。策尾一般比策头短,而形式稍自由。有时策尾与策项看似难以分割。策尾通常也可以分为三个部分:自述语、祈求语、收束语。"自述语"一般说"臣如何如何",之后是"祈求语",祈求皇帝采纳自己的建议,并原谅自己的鲁莽直言,最后是"收束语",有"谨对"、"臣谨对"、"臣昧死谨对"、"臣昧死上对"、"臣谨昧死上对"等说法,既对策尾进行收束,也标示整篇策文的终结。

下面以南宋嘉定十年(1217)王迈的《丁丑廷对策》为例,将宋代殿试策文的各个部分标示于表中①:

策头	启对语	臣对
	导引语	臣闻治道无穷……而必以他日圣治之新为陛下望也
	收束语	臣谨昧死上愚对
策项(仅举第一段)	提示语	臣伏读圣策曰
	策问原文	朕以寡昧,获承祖宗之绪,宵衣旰食,临政愿治,二纪于兹。固尝延进多士,冀闻谠言,未尝不虚己以听,志勤道远,每怀惕若
	解答语	臣有以见陛下思致理之惟艰……则天下之治可以符圣意之所期矣
策尾	自述语	臣来自远方,不识忌讳,惟恃以直言取士,不以直言弃之,有本朝之家法在。廷试在即,使远方之士得尽其言,亦是美事,有陛下之圣言在。是以空臆而竟言之
	祈求语	惟陛下裁择
	收束语	臣昧死,臣谨对

需要说明的是,策项中因为策问原文和解答语依次交替,故仅举第一段,以明其结构。表格中的这一样式,可以称之为宋代殿试策文的基本样式。

----

① 王迈:《丁丑廷对策》,《全宋文》,第 324 册,第 325—338 页。

　　从现存完整的宋代殿试策文来看，从写作时间最早的景德二年（1005）夏竦的《崇政殿御试贤良方正能直言极谏科制策》，到咸淳七年（1271）张镇孙的《对制策》，这一基本样式没有发生什么根本变化①。这就显示，上述基本样式可能并非产生于宋代，宋人只是遵循前代的样式在写作。为了探明究竟，我们不得不转向唐代的殿试策文。

　　唐代进士科通常不设殿试，制科设殿试，开元九年（721）起制科殿试由试策三道改为一道。陈飞曾经深入研究过唐代制举策文的结构体制，对照他的结论，不难发现宋代进士科和制科殿试策文的形式与唐代制举策文大体上并无二致②。那么唐代制举策文的形式是否是唐人原创呢？陈飞指出："唐代制举试策文是对前代文学尤其是汉以来试策文的继承和发展，精神原则、思想内容等方面固不必说，就其基本的形式体制而言，其保留的痕迹和程度都是很重的。"③但这"保留的痕迹和程度"到底有多重，除了保留之外，唐人又作了哪些改变，陈飞并未细究，所以我们仍不得不再往前代追溯。

　　汉文帝二年（前178）和十五年（前165）两次下诏征求贤良之士，这是后世"贤良方正能直言极谏科"的起源。尤其是十五年的《策贤良文学诏》，与后世殿试策问的措辞非常类似，《汉书·文帝纪》也明确记载了这一次选士的方式："上亲策之，傅纳以言。"④现存最早的对策是晁错的《贤良

---

　　①　何希之《廷试策》比较特殊，策项中基本不引策问原文，也不复述策问，文中不称"陛下"而称"执事"，可见策问不是以皇帝口吻拟就。盖因当时宋度宗去世不久，恭帝"以谅阴不临轩，命宰臣类试策问天命、人心、中国、夷狄、君子、小人、朝廷、郡邑、田里、边陲凡十事"（明朱希召《宋历科状元录》卷八，《北京图书馆古籍珍本丛刊》，北京图书馆出版社2000年版，第21册，第371页），《宋季三朝政要》卷四亦云："上谅阴，类试王龙泽等比廷试出身。"王瑞来笺证本，中华书局，2010，第360页。可见此次殿试严格来说只是"类试"，由宰臣而非皇帝主持。希之为当年进士甲科第六名。

　　②　虽然如此，但陈飞对唐代制举策文体制结构的分析较为繁复，其将一篇唐代制举策文的策问和对策看成一个整体，连标题在内，共细分为23个部分，其中对策分为14个部分，见《唐代制举试策的形式体制》（《河南师范大学学报》哲社版2015年第2期），本节所讨论的宋代殿试策文仅包括对策部分，不含策问，共分为9个部分，见上表。

　　③　陈飞：《唐代试策的形式体制——以制举策文为例》，《文学遗产》2006年第6期。

　　④　班固：《汉书》卷四《文帝纪》，北京：中华书局，1962，第1册，第127页。

文学对策》，即应此求贤诏而作。从这篇策文看，策头、策项、策尾齐备，具体措辞也与唐代制举策文多有类似。如策头的收束语为"昧死上愚对"，策项每一段必先引汉文帝诏令原文，提示语皆为"诏策曰"，如第一段云：

> 诏策曰："明于国家大体。"愚臣窃以古之五帝明之。臣闻五帝神圣，其臣莫能及，故自亲事，处于法宫之中，明堂之上；动静上配天，下顺地，中得人。故众生之类亡不覆也，根著之徒亡不载也；烛以光明，亡偏异也；德上及飞鸟，下至水虫草木诸产，皆被其泽。然后阴阳调，四时节，日月光，风雨时，膏露降，五谷孰，袄孽灭，贼气息，民不疾疫，河出图，洛出书，神龙至，凤鸟翔，德泽满天下，灵光施四海。此谓配天地，治国大体之功也。①

这种先引诏策，再作分析的写法，与陈飞所举唐代制举策文策项的写法基本一致。只是因为汉文帝诏书中都是陈述语气，并无提问，所以晁错引用此诏也就没有包含问题。这篇对策的策尾是："昧死上狂惑草茅之愚，臣言唯陛下财择。"包含了自述语和祈求语，仅缺少收束语"谨对"。除了晁错的对策，董仲舒的《元光元年举贤良对策》第三篇的形式，也和陈飞所归纳的唐代制举策文形式类似。有策头，策项每一段开始都有提示语"册曰"，然后逐段引用汉武帝《元光元年策贤良制》原文。只是策尾比较长，谈了很多问题②。那么是不是可以说，唐代制举策文的形式完全承袭了汉代的对策文呢？

现存的汉代对策文共有 23 篇（包括残篇）③，笔者对比后发现，除了上述晁错和董仲舒的两篇对策外，其余对策皆不引策问（或求贤诏令）原文，也没有明确复述策问意思的部分，而是直接发表对策者自己的意见，大多也没有明显的策头、策尾。由此可见，汉代对策文的形式还比较自由，并未形成统一的样式。简单认定唐代制举策文的形式承袭汉代，是不

---

① 《汉书》卷四九《爰盎晁错传》，第 8 册，第 2293 页。
② 《汉书》卷五六《董仲舒传》，第 8 册，第 2514—2516 页。
③ 韦春喜：《汉代对策刍议》，《文学遗产》2012 年第 6 期。

符合事实的。至少从现存的文献可以看出，唐代制举策文只是承袭了汉代一部分对策文的形式而已。

　　以上结论似乎隐含着这样一个前提：唐代制举策文已经具备统一样式，这个统一样式由汉代一部分对策文的形式演变而来。而其实这个前提也难以成立。金滢坤就不认同陈飞所归纳的唐代制举策文的结构体制，他认为唐代制举策文的形式经历了不小的变化，"唐代的对策形式比较灵活多样，早期对策比较简洁，策头和策项往往不很分明，好多时候策头只有'对'字，策尾也很简单，甚至仅有'谨对'二字，对策的主体往往仅剩策项"，开元九年由试策三道改为一道之后，"对策的策头、策项、策尾都比较完整，每部分都有相对固定的格式"，因此陈飞"主张的策文的'结构体制'也只是中晚唐制举试策定型后的文体，并不能代表整个唐代制举试策的标准问题"①。陈飞在后来的研究中似乎接受了金滢坤意见，将唐代制举殿试策文以开元九年为界，分为前后两期。据其统计，前期策文较短，平均每篇789字，后期策文较长，平均每篇2825字。并且承认："相对说来，后期（一道制）制举试策文的形式体制更加完整，因而更具典型性。"②这就和金滢坤的结论非常相似了。根据陈、金二人的结论，再参照我们对于宋代殿试策文形式的总结，似乎可以这样认为，宋代殿试策文的形式，固然受到汉代某些对策文的影响，但主要承袭了唐代后期制举殿试策文定型后的形式。

　　可惜的是，验诸事实，上述论断仍站不住脚。我们认为，即使是唐代后期的制举殿试策文，也根本没有形成一种所谓固定的形式。检验殿试策文的形式是否一致，有一个明显的标志：在策项的每一段落中，是不是先引用策问原文，或者概括复述策问的原意，再展开作者的分析阐述，还是不引用或复述策问，直接表达自己的意见。我们考察唐代后期制举殿试策文的情况，发现两种形式都存在。比如被陈飞用作主要例证的白居易《策林》中的两道策项，就是两种形式并存。两道策项开头皆以"臣闻"

---

①　金滢坤：《试论唐代制举试策文体的演变》，《首都师范大学学报》2011年第4期。

②　陈飞：《唐代制举试策的形式体制》，《河南师范大学学报》2015年第2期。

云云阐述自己的观点,没有引用策问原文。值得注意的是第二道有个小注:"自'懋建'已下,皆述策问中事。"这是提示读者,此策项中自"今陛下以懋建皇极为先"到"而尚有未流、未措、未复、未敷之问"的文字都是复述策问中的意思。而在第一道中,没有这样的提示①。这就表明,白居易举出这两道策项,意在说明策项其实有两种形式,一种是不引用或者复述策问,直接表达对策者观点,另一种是要专门复述策问中的意思。这两种写法在当时都是可行的。

更值得注意的是,《策林》第四门"美谦让"题下小注云:"总策问中事,连赞美之。"②说明该门举出的例子中仍然复述了策问中事,而第五门"塞人望归众心"没有提到策问,从第六门"教必成化必至"至最后的第七十五门"典章禁令",每一道都是先引策问原文,再阐述己见。这就说明,在白居易的时代,策项可以引用策问,可以复述策问,也可以完全直接地自述己见,三种形式都是被允许的。由于《策林》一书本来就具有示范策文作法的意图,所以这三种形式应该是当时最常见的三种策项写法。由此可见,被陈飞作为唐代后期对策文代表的《策林》,其中策文的形式远未定于一尊,仅策项就有三种写法。这就使陈飞和金滢坤关于制举策文在唐代后期定型的说法缺乏说服力。

另一个例子也足以挑战唐代后期定型之说。唐代制举策文中篇幅最长的一道是唐文宗大和二年(828)刘蕡的《对贤良方正直言极谏策》,共有6052字,就篇幅而言可谓唐代第一策。它的策项形式和《策林》中的策项又很不一样。先用提示语"伏以圣策有"五字引起对策问的复述,每一条复述之前必有此提示语,然后用"臣前所言"、"臣前所谓"引述自己的两段话,再以三次重复的"臣谨按"引出三段对《春秋》的阐释。之后每个段落皆以"臣前所谓"或"臣前所言"引用自己在上文中说过的话,再加以讨论,

---

① 白居易撰、谢思炜校注:《白居易文集校注》,北京:中华书局,2011,第 3 册,第 1355—1356 页。

② 《白居易文集校注》,第 3 册,第 1361 页。

直至策项结束①。虽然结构形式齐整,但这种写法在唐代极为鲜见,甚至可以说独此一家,和《策林》中的策项形式也颇为不同。那就说明,根据《策林》总结出来的唐代后期制举策文所谓"定型"的形式,根本就不存在。

事实上,宋代才是殿试策文形式上真正定型的时期,目前完整留存的策文皆有策头、策项、策尾,其基本样式已见前文的总结。更需要说明的是,除了上文已说明的何希之《廷试策》的情况特殊,其余诸篇在策项中,皆先逐条引用(复述)策问原文,然后做分析解答。无论是苏轼这样的著名文人,还是声名不彰的一般作者,皆遵此基本样式而作。总而言之,汉代某些对策文的形式特点被唐代制举策文所吸收,而唐代制举策文即使到了唐后期也没有定型,宋代殿试策文沿袭了唐后期一部分制举策文的形式,并将之定型。宋代亦有"廷试策体"的说法。《建炎以来系年要录》记载,高宗建炎二年二月壬申,谏官李处遯言:"后省比试四方荐士,而何烈用廷试策体,数处称臣,陛下贷其草茅陋学,不加以罪则可矣。而臣子戴上之分,讵宜如此? 望将烈黜落,并正元考官卤莽之罪。"②这从侧面说明,宋人对于殿试策有别于发解试策、省试策的形式特征,也是有所自觉的。

第三节 殿试策文形态特点的形成

对于参加殿试的考生来说,掌握策文的基本样式并依此写作,并不算太难。真正考验他们的,是在策文中通过多种形式对皇帝及朝政进行美刺,而其中最关键的,是把握美和刺的尺度分寸,在两者之间求得一种平衡。在殿试策文的美刺之中,其科举文体的性质得到充分彰显,考生的复杂心态也暴露无遗。

颂美皇帝和朝政并非出自殿试策文写作的官方要求,相反,策问中还常常含有鼓励考生批评朝政的话语。但事实上,在现存的策文中,几乎无

① 刘蕡:《对贤良方正直言极谏策》,《全唐文》卷七四六,第7718—7725页。
② 《建炎以来系年要录》卷一三,第288页。

一例外地包含着对皇帝和朝政的歌颂赞誉。北宋刘安世论熙宁殿试以策取士云："殿试之用诗、赋、策问，固无优劣。人但见策问比之三题似乎有用，不知祖宗立法之初极有深意，且士人得失计较为重，岂敢极言时政阙失，自取黜落，或居下第，必从而和之。是士人初入仕，而上之人已教之谄也，傥或有沽激慷慨直言之士，未必有益。"①"三题"指熙宁三年之前殿试试诗、赋、论各一题，在刘安世看来，诗、赋、策问在取士方面并无优劣之分，考生为博取科名，荣登高第，在策文中不可能真正指陈时政缺失，迎合谄媚是必然的，也是当政者意料中事。殿试策文中的颂美之语符合其"告君之体"的性质，同时也反映了刘安世所揭示的考生应试时现实功利的心态。具体来说，宋代殿试策文中的颂美大致有三种形式。

一是将皇帝与古代圣君贤主相类比，以凸显其圣明。如张孝祥《御试策》有云："仰惟陛下以上圣之资，履中兴之运，大而化之，缉熙光明，盖尧、舜、禹、汤、文、武之道至陛下而复传。凡陛下所以斡旋政化，恢张纪纲，措天下于泰山之安者，莫非是道。承学诸生，欣际盛时，得见圣王而师之。"②说宋高宗"履中兴之运，大而化之"，应对了策问中"朕承列圣之休，偶中否之运"，而称颂其复传尧舜之道，就明显是阿谀了。张孝祥颂美的目的，是要强调自己"以圣王为师"的态度，这是通篇策文的核心，而其前提条件，就是要先将高宗捧上圣坛，比肩尧、舜、禹、汤、文、武等圣王。凭借此策文，张孝祥最终如愿成为状元。

二是夸大皇帝治国理政的实绩。如徐元杰《绍定壬辰御试对策》云："陛下端居凝邃，加意讲求，所以压万变之纷纭，镇群疑之汹涌，阴以为天下国家之计者，盖陛下求道得力处也。"③这篇策文写于宋理宗绍定五年（1232）春。其实绍定年间，理宗根本不像文中所言能够掌控大局，宰相史弥远尚在擅权。绍定三年（1230），通判镇江府蒋重珍还曾上疏说："今临御八年，未闻有所作为，进退人才，兴废政事，天下皆曰此丞相意。……焉

---

① 马永卿编：《元城语录解》卷下，文渊阁《四库全书》本，第 863 册，第 383 页。
② 张孝祥：《御试策》，《全宋文》，第 253 册，第 359 页。
③ 徐元杰：《绍定壬辰御试对策》，《全宋文》，第 336 册，第 179—180 页。

有为天之子,为人之主,而自朝廷达于天下,皆言相而不言君哉!"①可见理宗当时的治国实绩被这篇策文明显地夸大了。

三是刻意自谦,以强化君尊臣卑的关系。这种间接的颂美在殿试策文中同样常见。如夏竦《崇政殿御试贤良方正能直言极谏科制策》云:"今幸以区区之学,应直言之召。有司不以臣之不材,升之于相府;三公不以臣之不材,进之于外廷;陛下不以臣之不材,问之于丹陛。"②反复谦虚地申明自己"不材",目的是称赞有司、三公、皇帝的重才惜才,显示他们的权威与宽容。又如张镇孙《对制策》策尾云:"臣一介草茅,不识忌讳,罄竭忱悃,冒进狂瞽,惟陛下裁赦。"③这是表明自己出身微贱,策文中如有不当之语,须恳请皇帝谅解和宽恕。这样写的意义在于,强调自己作为臣下的身份,表白进言时的忠诚态度,以凸显皇帝的权威地位。

正因为其中存在着多种形式的颂美言辞,宋代殿试策文容易给人这样的印象,似乎满篇充斥着考生的阿谀逢迎之语和为了博取科第功名而发的违心之论。不可否认,由于功利心态的驱动,不少策文都含有阿谀的言辞,而已经散失的大量殿试策文中,这类言辞肯定还有更多。宋人对此阿谀之风也有不少批评。④

但也应该看到,设立试策这种考试方式的初衷,是为了征询士人对于朝政的意见和建议,并据此选拔人才。在宋代殿试策问中,还经常明确要求考生必须直言毋隐,切于时弊。故而,考生在殿试中仍然需要根据策问,提出对朝政的批评意见。这就是所谓"刺"。宋高宗建炎二年(1128)的进士殿试策问最后说:"若乃矜空文而无补于实,咎既往而无益于今者,非朕之所欲闻也,其以朕所未闻而宜于时者言之,朕将亲览焉。"⑤绍兴二年(1132)三月殿试时,高宗又云:"朕此举将以作成人才,为异日之用,若

---

① 《宋史》卷四一一《蒋重珍传》,第 12352—12353 页。
② 夏竦:《崇政殿御试贤良方正能直言极谏科制策》,《全宋文》,第 17 册,第 32 页。
③ 张镇孙:《对制策》,《全宋文》,第 360 册,第 146 页。
④ 参见诸葛忆兵:《宋代应策时文概论》,《复旦学报》2016 年第 4 期。
⑤ 《宋会要辑稿·选举》八之一,第 4374—4375 页。

其言鲠亮切直,他日必端方不回之士。"并手诏谕考官:"直言者置之高等,尤谄佞者居下列。"①在本次殿试中,高宗认为张九成对自己和百官直言无讳,而擢为状元。这就表明,有些皇帝并不愿看到殿试策文中满是谄佞之语,而更欢迎考生直言时弊。这不仅仅是一种礼贤下士的政治姿态,更是试策本身的传统和功能决定的。只有通过"刺"皇帝和朝政之失,考生才能在策文中充分展示其政治识见和施政才能,仅依据阿谀奉承之词,则无法判断出考生的真正水平。所以,"刺"和"美"一样,都可以说是殿试策文写作的内在需要,同样也都是考生博取科名的手段。殿试策文中对皇帝和朝政的批评主要也有三种形式。

第一种是直接批评皇帝的所作所为。如周南在《庚戌廷对策》中这样批评光宗:"朝廷方议一善政,其于兴革犹未敢及也,而陛下必曰为之必以渐。不知规模且未立,尚何渐之可论乎?台谏方逐一小人,其于旄别犹未及尽也,而陛下必曰论事不可激。不知忠邪方杂处,尚何激之可虑乎?意者此岂陛下立志未笃,而择善固执之者尚未明与?故虽履位逾年而岁月不过相持,好恶未能归一,贤者无所倚仗,中人未识底止,阴拱不言者潜蓄撼摇之意,而宇内所当振起之事,随其亏圮而皆莫以为意矣。此岂非今日为治之大患,所当先变者与?"②这段话将"今日为治之大患"归咎于光宗本人的"立志未笃,而择善固执之者尚未明",虽然用的是问句,但措辞不可谓不严厉。再如文天祥在《御试策》中直言批评理宗"不恤公议,反出谏臣,此何等狐鼠辈,而陛下以身庇之"③,凡此种种,皆可见殿试策文刺时刺君之风。

第二种是批评某一方面的时政弊端。如魏了翁言"军政之弊":"今日军政之弊不在乎他,而在乎上下之情不相得。为之将者,裁简犒赏,积压请给;而为之兵者,傲睨邀赏,骄悍难制。平居不能同甘苦,则临事难以共

---

① 《建炎以来系年要录》卷五二,第 922—923 页。
② 周南:《庚戌廷对策》,《全宋文》,第 294 册,第 50—51 页。
③ 文天祥:《御试策》,《全宋文》,第 359 册,第 150 页。

患难。"①而对策者几乎都会就策问提及的任官、赈灾、赋税、边防等问题发表批评现状的意见，兹不赘述。

第三种是批评群臣。如王迈在策文中批评群臣"遇旱蝗则曰蝗不为灾，睹星变则曰应在他分，苏湖小熟盛称有年，闽广饥荒掩讳不奏"②，责备他们报喜不报忧，隐瞒灾害消息，使皇帝没有得到及时的提醒和警示。

与颂美不同，殿试策文的刺君刺时是要冒一定风险的，因为考生并不知道皇帝对其批评的容忍度如何。即使同一位皇帝，在其统治的不同时期，态度也会变化，况且有时还有得罪权臣的风险。如北宋孔文仲、南宋蔡幼学等人，都因自己在殿试策文中指斥时弊而付出代价，轻则居于下第，重则罢官。所以，对于考生而言，写好殿试策文的关键，是在"美"和"刺"之间寻求一种平衡。颂美的话不能说得太过分，不含有明显阿谀之辞为好，批评言辞又不宜太激烈，不能伤及皇帝的尊严，不能全盘否定朝政。这种追求美刺平衡的努力，十分明显地反映在殿试策文中，成为其文本形式的一个重要特征。下面列举几种常见的形式。

第一种是先从总体上颂美皇帝，然后再批评其具体政策。如被高宗认为直言不讳的张九成《状元策》，其每一次引用策问之后，必写上一句"臣（或'此'）有以见陛下规模远大"，此语在文中共重复了八次③。说完这句话，再展开对具体政策的批评和讨论，皇帝自然更容易接受。

第二种是将皇帝与时弊加以区隔，强调治国难度，委过他人。如蔡戡《廷对策》回应策问中的"当今八者之弊"，但分析每一条时弊的时候，都为皇帝开脱，将责任归到群臣身上。如分析当时举荐不出优秀人才的原因："此陛下委任群臣，而群臣挟私之过也。臣闻堂上远于百里，君门远于千里。人君以一身处于九重之内，聪明智虑有所不周，贤否并进，忠佞杂沓，岂一人所能尽知？况外而州县，远而山林，非群臣荐举，人君何自而知之

---

① 魏了翁:《御策》,《全宋文》,第 310 册,第 212—213 页。
② 王迈:《丁丑廷对策》,《全宋文》,第 324 册,第 332 页。
③ 张九成:《状元策》,《全宋文》,第 183 册,第 418—425 页。

乎？陛下以公道而付群臣，群臣徇私情而负陛下。"①这里将原因完全归结为群臣举荐时的徇私，而为皇帝撇清责任。

第三种是在直言刺君、针砭时弊之后请求宽恕。如文天祥的批评虽然激烈，但其策文最后说自己"赋性昧愚，不识忌讳"，"冒犯天威，罪在不赦"②，这样等于突出了皇帝的尊严和权威，使得美与刺之间达到平衡。

需要指出的是，以上总结的殿试策文美刺的诸种形式，以及追求美刺之间平衡的形式，都是超越于策文的具体内容的。无论策文中讨论什么问题，作者都会采用这些形式。不颂美不足以表达考生对皇帝的尊崇，不批评不足以展示考生的"剸剧解纷之识"③，所以策文中的美刺与殿试试策这样一种考试方式可谓相携而行，密不可分。而在美刺之间寻求平衡，则是考生不得不采取的一种言说技巧和修辞策略。这种技巧和策略，固然是出于考生对考试结果和自身穷达的现实考量，同样也包含着对皇帝接受自己意见建议的强烈渴望。正是殿试时的这种复杂心境，造就了殿试策文独特的言说方式，使其具有形式上的这一系列共性特征。

宋代殿试策文在形式上还有一个显著特征，就是篇幅比唐代制举策文大大扩展了。本节一开始曾统计，现存完整的宋代殿试策文平均每篇6700余字，也就是说，其平均篇幅比陈飞统计的唐代后期制举策文的平均篇幅2825字，多出了3875余字，增加了一倍还多。由此可见，与唐代相比较，宋代殿试策文的篇幅扩展是十分惊人的，而且不是个别现象。

要弄清宋代策文篇幅扩展的情况，只有通过比较。因为唐代后期制举策文的篇幅比较长，和宋代更接近，因此将两者进行对比更能够说明问题。这里仍选用《策林》中的策头、策项、策尾与宋代殿试策文各对应部分比较。《策林》中收录策头两道，较长的有263字，这个长度和宋代一般策头长度差不多，当然也有些宋代策头篇幅更长的。《策林》同样收录了两道策尾，较长的一则154字，较短的一则69字，宋代策尾有不少比之更短

---

① 蔡戡：《廷对策》，《全宋文》，第 276 册，第 281 页。
② 文天祥：《御试策》，《全宋文》，第 359 册，第 150 页。
③ 徐师曾：《文体明辨序说》，《文章辨体序说 文体明辨序说》，第 130 页。

的,如南宋张镇孙所作策尾。也就是说,决定宋代策文篇幅扩展的关键因素不在于策头和策尾,而在于策项。

前文曾经述及,宋代殿试策文策项的形式,是先引用或复述策问中的一句或几句话,然后加以分析解答。假如引用策问原文,一般有三个特点:首先,不仅会引用其中的问题,还会引用策问中的陈述部分,然后加以铺陈分析;其次,总是逐条引用原文并予以分析解答,而不是一次性地引用整首策问;再次,引用策问总是按照问题的先后次序,而不是跳跃引用,改变问题的顺序。策文在每一次引用之后,都会针对所引的文字作出相应的分析解答。可以说,引文和解答文字构成了策项中的一个单元,而整个策项正是由多个单元依次组合而成,每个单元的文字虽然长短不一,但从总体上看,宋代策项中一个单元的长度,要比唐代后期的更长。那么,宋人究竟比唐人多写了些什么内容,使得篇幅增加的呢? 主题迥异的单元之间没有可比性,因为彼此谈论的问题不同,只有通过比较内容近似的单元,才能看出唐宋之间的差异。

唐代的策项,我们以白居易《策林》中第七门"不劳而理在顺人心立教"为例。这一门设置的问题是:"方今勤恤忧劳,夙夜不怠,而政教犹缺,惩劝未行,何则? 上古之君,无为而理,令不严而肃,教不劳而成,何施何为,得至于此?"①意思是说皇帝自己统治很辛苦,却收效甚微,上古君王无为而治,却能达到很好的效果,这是为什么? 对答则用三皇五帝之道来解释,核心是君王要"以天下心为心","以百姓欲为欲"②,将心比心,舍己从人,这样才会达到良好的统治效果。白居易的写作思路是用"三代"和"三代以后"作对比,最后建议皇帝当前应该采取的做法。

南宋刘光祖的《乾道对策》策项中有一个单元与上述例子内容十分相似,正可以用来对比。这个单元是从"臣伏读圣策曰盖闻虞舜无为而天下治"到"故臣反复详言之如此"的一段文字。所引策问内容与《策林》第七门相近,说的是上古到汉代几位圣君贤主的统治方式不同,但皆有很好的

---

① 《白居易文集校注》,第 3 册,第 1367—1368 页。
② 《白居易文集校注》,第 3 册,第 1368 页。

效果,而宋孝宗自己统治得辛辛苦苦,以这些人为楷模,却效果不佳。刘光祖在对答时,首先说明舜、周文王的统治和汉文帝、汉宣帝的统治不可同日而语。接下去引用《尚书》里的多处记载,将舜和周文王治理国家的事迹详细铺陈开来,费尽笔墨,最后只是为了证明"是舜、文王一道也"。在给皇帝提供建议的部分,刘光祖明确指出,当今统治的问题出在皇帝"置相"上。他认为孝宗应该选用"识虑过人"者,而不是用唯唯诺诺之辈为相,这就将话题引向具体的施政措施。为了证明自己关于置相问题的见解,又转用东汉的史实,分辨汉文帝与汉宣帝统治方式的不同,最后希望孝宗效法周文王的任人之法,而不要学习汉宣帝的杂霸之术。①

白居易和刘光祖策项中的这两个单元,都属于各自时代中篇幅较长的。假如不计所引用的策问原文,仅统计对答的部分,前者有 496 字,后者有 1935 字,后者长度是前者的四倍。白居易对答中仅引用唐太宗"朕虽不及古,然以百姓心为心"一语,也未详加阐释,更没有述及关于三皇五帝具体的历史记载,刘光祖文中则引用《尚书》的几处文字并作阐发,又对历史事迹作了不厌其烦的铺陈和抽丝剥茧的分析,提出具体建议时还讨论了朝廷现状。其中仅仅讨论《尚书》中舜、文王相关记载的文字就达 422 字,讨论汉文帝统治事迹的文字有 305 字。由此可见,在内容相似的情况下,宋代殿试策文策项的篇幅大为扩展,在笔者看来,其主要原因是经书阐释和历史分析更大程度地介入策文的书写之中,宋人也乐于在殿试策文中对经书文本和史书记载进行讨论研判。在策文中引用并讨论经书史籍,是考生展示才学的重要手段,这一写作方式并非始于宋代。但宋人在殿试策文中,尤其是策项中纵论经史,使策文篇幅较前代明显扩展,这成为宋代殿试策文在形式上的又一重要特征。

如何来评价由于经史充分介入而导致的宋代殿试策文篇幅的扩展?笔者认为,其效果不能一概而论,而必须作具体分析。比如苏轼有一段话常被引用:"近世士人纂类经史,缀缉时务,谓之策括,待问条目,搜抉略

---

① 刘光祖:《乾道对策》,《全宋文》,第 279 册,第 2—6 页。

尽,临时剽窃,窜易首尾,以眩有司,有司莫能辨也。"①他道出了试策文中关涉经史和时务的内容都可以预先准备,临时套用,但这段话主要是针对"策括"这样一种对象而发,而不是否定策文本身对经史、时务的讨论。苏轼在后文又说:"今进士日夜治经传,附之以子史,贯穿驰骛,可谓博矣,至于临政,曷尝用其一二?"②可以看出,苏轼是从经史对于现实施政无用这个角度来发表意见,并不是要否定时文中一切涉及经史的内容。在这篇奏状的结尾,苏轼明确表达了对当时士大夫"以佛老为圣人"的不满,并说:"臣愿陛下明敕有司,试之以法言,取之以实学。博通经术者,虽朴不废,稍涉浮诞者,虽工必黜。则风俗稍厚,学术近正,庶几得忠实之士,不至蹈衰季之风。"③由此可见,苏轼批判的主要是科举考试中的不良学风,而不是笼统否定策文中的经史之学。

应当承认,宋代殿试策文中熔经铸史的写法有些可能是出于预先的准备,有些可能是出于才学的炫耀,有些可能属于无谓的夸饰,但也应该看到,经史充分介入殿试策文之中,导致策文篇幅扩展,也有其积极的作用。这主要可以概括为几个方面。

首先是增加了论据,使策文的论证更为充分。如上述刘光祖《乾道对策》一段中,举出汉宣帝时的史事:"盖宽饶以忠直见杀,而王成以欺伪见褒","王吉、路温舒皆长者之言,而谓为迂阔,不见听用"④,目的是表明自己并不完全认同策问的观点,证明了汉宣帝根本没有舜、周文王、汉文帝那么高尚和出色,而指出宋孝宗的问题恰恰在于没有看清宣帝"杂霸"的本质。所举史事,对作者的论点是一个很有力的支持。

其次是增加了批判现实的锋芒。如南宋刘克庄说赵宝写于宝祐四年(1256)的廷试策"首尾八千余言,专以乾、坤二卦奉对,其析义理极精,其

① 苏轼:《议学校贡举状》,《苏轼文集》卷二五,第724页。
② 苏轼:《议学校贡举状》,《苏轼文集》卷二五,第725页。
③ 苏轼:《议学校贡举状》,《苏轼文集》卷二五,第725页。
④ 刘光祖:《乾道对策》,《全宋文》,第279册,第5页。

辨忠邪、条治乱极沉着痛快,其规切君相极忠愤忧爱"①,这篇策文虽然不存,但显然是通过阐述《周易》乾、坤二卦的义理来批判现实,表达作者的政治关切。

再次是使策项中的一个单元可以成为相对独立的论说文。经史的介入使得每一个单元的篇幅增大,在一个篇幅较长的单元内部,一般会形成经—史—时务的线型结构,从经书中的政治原则到史书中的历史事迹,再到现实中的政治举措,逻辑链条相当完备②。三者之间又相互关联,以回应所引用的策问。这样的例子在宋代殿试策文中非常多见,除前述刘光祖的策项外,王十朋、文天祥等人的策项中皆不乏例证,限于篇幅,这里不再一一列举。

综上所述,宋代殿试策文在前代策文,尤其是唐代后期制举策文的影响下,形成了一种基本样式,策文中通过多种形式来美刺皇帝与朝政,并在美与刺之间努力寻求平衡,产生了独特的言说技巧和修辞策略。策文的篇幅较前代有明显扩展,主要缘于策项中加入了大量经书阐释和历史分析的内容。从文章写作的角度而言,这种熔经铸史的写法增强了宋代殿试策文论说的力度和逻辑,丰富了论说的技巧。作为一种科举文体,宋代殿试策文的形式极大地影响了后世的殿试策文写作,如晚清最后一位状元刘春霖的殿试策文,仍完全按照宋代殿试策文的基本样式书写。而在东亚地区,朝鲜李朝时期遗留下来的卞季良、金䜣等人的殿试策文,也是按照这一样式撰写的③。这充分说明了宋代殿试策文沾溉后世的时间之长与范围之广。

---

① 刘克庄:《尤溪赵宝廷策》,辛更儒:《刘克庄集笺校》,北京:中华书局,2011,第 4482 页。

② 比利时学者魏希德(Hilde De Weerdt)曾谈到科举文体中"论"与"策"的区别,她认为"在论体文中,学生被要求从题目涉及的事件中归纳出一条普遍真理","策题则要求学生实现一种反向的思维过程:该类题目的主要目的是把问题具体化,而不是抽象化",这有助于我们理解殿试策文策项的形式。详见氏著:《义旨之争:南宋科举规范之折冲》,胡永光译,杭州:浙江大学出版社,2015,第 60 页。

③ 参见《中国状元殿试卷大全》,下卷,第 2098—2104 页,及该书附录一《朝鲜李朝殿试卷》,第 2133—2142 页。

主要参考文献

古代文献

《十三经注疏》,(清)阮元校刻,北京:中华书局影印,1980

《通志堂经解》,(清)纳兰性德辑,扬州:广陵古籍刻印社影印,1996

《周易口义》,(宋)胡瑗说、倪天隐述,文渊阁《四库全书》本,台北:商务印书馆影印,1986

《三经新义辑考汇评》,程元敏辑:台北:"国立编译馆",1986

《东坡易传》,(宋)苏轼撰,文渊阁《四库全书》本,台北:商务印书馆影印,1986

《四书章句集注》,(宋)朱熹撰,北京:中华书局,1983

《清经解　清经解续编》,(清)阮元、王先谦编:南京:凤凰出版社影印,2005

《尚书古文疏证》,(清)阎若璩撰,上海:上海古籍出版社影印,1987

《说文解字注》,(汉)许慎撰,(清)段玉裁注,上海:上海古籍出版社影印,1981

《史记》,(汉)司马迁撰,北京:中华书局,1959

《汉书》,(汉)班固撰,北京:中华书局,1962

《旧唐书》,(后晋)刘昫等撰,北京:中华书局,1975

《唐会要》,(宋)王溥撰,北京:中华书局影印,1955

《宋会要辑稿》,(清)徐松辑,北京:中华书局影印,1957

《续资治通鉴长编》,(宋)李焘撰,北京:中华书局,2004

《皇宋通鉴长编纪事本末》,(宋)杨仲良撰,《宛委别藏》本,南京:江苏古籍出版社影印,1988

《续资治通鉴长编拾补》,(清)黄以周等辑注,北京:中华书局,2004

《宋史》,(元)脱脱等撰,北京:中华书局,1977

《东都事略》,(宋)王称撰,《二十五别史》本,齐鲁书社,2000

《靖康要录笺注》,(宋)汪藻撰,王智勇笺注,成都:四川大学出版社,2008

《建炎以来系年要录》,(宋)李心传撰,北京:中华书局影印,1956

《建炎以来朝野杂记》,(宋)李心传撰,北京:中华书局,2000

《宋朝诸臣奏议》,(宋)赵汝愚编,上海:上海古籍出版社,1999

《宋季三朝政要》,(元)佚名撰,王瑞来笺证,北京:中华书局,2010

《玉海》,(宋)王应麟撰,南京:江苏古籍出版社、上海:上海书店影印,1987

《贡举条式》,(宋)丁度等撰,文渊阁《四库全书》本

《宋历科状元录》,(明)朱希召撰,《北京图书馆古籍珍本丛刊》影印本,北京:北京图书馆出版社,2000

《文献通考》,(元)马端临撰,北京:中华书局影印,1986

《直斋书录解题》,(宋)陈振孙撰,上海:上海古籍出版社,1987

《郡斋读书志校证》,(宋)晁公武撰,孙猛校证,上海:上海古籍出版社,1990

《四库全书总目》,(清)永瑢等撰,北京:中华书局影印,1965

《点校补正经义考》,(清)朱彝尊撰,林庆彰等点校,台北:中研院中国文哲研究所筹备处,1997

《经学历史》,(清)皮锡瑞撰,北京:中华书局,1959

《二十二子》,上海:上海古籍出版社影印,1986

《庄子集释》,(清)郭庆藩撰,北京:中华书局,1961

《论衡校释》，（汉）王充撰，黄晖校释，北京：中华书局，1990

《春秋繁露义证》，（汉）董仲舒撰，苏舆义证，北京：中华书局，1992

《渑水燕谈录》，（宋）王辟之撰，北京：中华书局，1981

《宋朝事实类苑》，（宋）江少虞，上海：上海古籍出版社，1981

《丁晋公谈录（外三种）》，（宋）潘汝士撰，北京：中华书局，2012

《野客丛书》，（宋）王楙撰，北京：中华书局，1987

《元城语录解》，（宋）马永卿编，文渊阁《四库全书》本

《栾城先生遗言》，（宋）苏籀撰，《全宋笔记》本

《习学记言序目》，（宋）叶适撰，北京：中华书局，1977

《朱子语类》，（宋）黎靖德编，北京：中华书局，1986

《鹤林玉露》，（宋）罗大经撰，北京：中华书局，1983

《能改斋漫录》，（宋）吴曾撰，上海：上海古籍出版社，1979

《邵氏闻见录》，（宋）邵伯温撰，北京：中华书局，1983

《邵氏闻见后录》，（宋）邵博撰，北京：中华书局，1983

《挥麈录》，（宋）王明清撰，上海：上海书店出版社，2001

《高斋漫录》，（宋）曾慥撰，《全宋笔记》本

《扪虱新话》，（宋）陈善，《丛书集成新编》本，台北：新文丰出版公司影
印，1985

《容斋随笔》，（宋）洪迈撰，北京：中华书局，2005

《困学纪闻》，（宋）王应麟撰，上海：上海古籍出版社，2008

《爱日斋丛抄 浩然斋雅谈 随隐漫录》，（宋）叶寘等撰，北京：中华书
局，2010

《梦粱录》，（宋）吴自牧撰，杭州：浙江人民出版社，1980

《湛渊静语》，（元）白珽撰，《丛书集成新编》本

《读朱随笔》，（清）陆陇其撰，《陆子全书》本

《御解道德真经》，（宋）宋徽宗撰，《道藏》本，北京：文物出版社影
印，1988

《全唐诗》，（清）彭定求等编，北京：中华书局，1999

《全宋诗》，傅璇琮等主编，北京：北京大学出版社，1995

《全上古三代秦汉三国六朝文》，（清）严可均辑，北京：中华书局影印，1958

《全唐文》，（清）董诰等编，北京：中华书局影印，1983

《全宋文》，曾枣庄、刘琳主编，上海：上海辞书出版社，合肥：安徽教育出版社，2006

《全宋笔记》第四编，上海师范大学古籍整理研究所编，郑州：大象出版社，2008

《全元文》，李修生主编，南京：凤凰出版社，2004

《明文海》，（清）黄宗羲编，文渊阁《四库全书》本

《十先生奥论注》，文渊阁《四库全书》本

《唐宋八大家文钞》，（明）茅坤编，皖省聚文堂重校刊本

《唐宋八大家文读本》，（清）沈德潜编，清光绪壬寅（1902）宁波汲绠斋石印本

《宋七名家经义》，（清）俞长城编，清光绪壬寅麟书阁刊本

《古文观止》，（清）吴楚材、吴调侯编，北京：中华书局，1959

《韩昌黎文集校注》，（唐）韩愈撰，马其昶校注，上海：上海古籍出版社，1986

《白居易文集校注》，（唐）白居易撰、谢思炜校注：北京：中华书局，2011

《咸平集》，（宋）田锡撰，成都：巴蜀书社，

《节孝先生文集》，（宋）徐积撰，明嘉靖四十四年（1559）刻本

《镡津文集》，（宋）契嵩撰，《大正藏》本

《闲居编》，（宋）智圆撰，《新纂续藏经》本，东京：国书刊行会，1975

《范仲淹全集》，（宋）范仲淹撰，成都：四川大学出版社，2007

《徂徕石先生文集》，（宋）石介撰，北京：中华书局，1983

《欧阳修诗文集校笺》，洪本健校笺，上海：上海古籍出版社，2009

《苏魏公文集》，（宋）苏颂撰，北京：中华书局，2004

《隆平集校证》，（宋）曾巩撰，王瑞来校证，北京：中华书局，2012

《王文公文集》，（宋）王安石撰，上海：上海人民出版社，1974

《二程集》，（宋）程颢、程颐撰，北京：中华书局，1981

《张方平集》，（宋）张方平撰，郑州：中州古籍出版社，1992

《嘉祐集笺注》，（宋）苏洵撰，曾枣庄、金成礼笺注，上海：上海古籍出版社，1993

《苏轼文集》，（宋）苏轼撰，北京：中华书局，1986

《苏辙集》，（宋）苏辙撰，北京：中华书局，1990

《黄庭坚全集》，（宋）黄庭坚撰，成都：四川大学出版社，2001

《后山居士文集》，（宋）陈师道撰，上海：上海古籍出版社，1984

《淮海集笺注》，（宋）秦观撰，徐培均笺注，上海：上海古籍出版社，2000

《张耒集》，（宋）张耒撰，北京：中华书局，1990

《忠肃集》，（宋）刘挚撰，北京：中华书局，2002

《崇正辩 斐然集》，（宋）胡寅撰，北京：中华书局，1993

《吕祖谦全集》，黄灵庚、吴战垒主编，杭州：浙江古籍出版社，2008

《薛季宣集》，（宋）薛季宣撰，上海：上海社会科学院出版社，2003

《叶适集》，（宋）叶适撰，北京：中华书局，2010

《陈傅良先生文集》，（宋）陈傅良撰，杭州：浙江大学出版社，1999

《杨万里集笺校》，（宋）杨万里撰，辛更儒笺校，北京：中华书局，2007

《何希之先生鸡肋集》，（宋）何希之撰，《四库全书存目丛书》影印本，济南：齐鲁书社，1997

《滹南遗老集》，（金）王若虚撰，《畿辅丛书》本

《王忠文公集》，（元）王祎撰，《金华丛书》本

《心远楼存稿》，（明）杨琢撰，清康熙三十九年（1700）杨湄等刻本，《四库未收书辑刊》本，北京：北京出版社影印，2000

《徐渭集》，（明）徐渭著，北京：中华书局，1983

《兼济堂文集》，（清）魏裔介撰，北京：中华书局，2007

《桦湖文集》,(清)吴敏树,清光绪十九年(1893)思贤讲舍刻本,《续修四库全书》本,上海:上海古籍出版社影印,2002

《苕溪渔隐丛话》,(宋)胡仔,北京:人民文学出版社,1962

《艺舟双楫》,(清)包世臣撰,上海:商务印书馆,1935

《北江诗话》,(清)洪亮吉撰,北京:人民文学出版社,1983

《文章辨体序说　文体明辨序说》,(明)吴讷、徐师曾撰,北京:人民文学出版社,1998

《历代文话》,王水照主编,上海:复旦大学出版社,2007

《三苏全书》,曾枣庄、舒大刚主编,北京:语文出版社,2001

《朱子全书》,朱杰人、严佐之、刘永翔主编,上海:上海古籍出版社、合肥:安徽教育出版社,2002

近人著述

著作

《经子解题》,吕思勉著,上海:华东师范大学出版社,1995

《经学抉原》,蒙文通著,上海:上海人民出版社,2006

《古学甄微》,《蒙文通文集》第一卷,蒙文通著,成都:巴蜀书社,1987

《道书辑校十种》,《蒙文通文集》第六卷,蒙文通辑校,成都:巴蜀书社,2001

《周予同经学史论著选集(增订本)》,周予同著,上海:上海人民出版社,1996

《经学通论》,马宗霍、马巨著,北京:中华书局,2011

《中国经学史》,许道勋、徐洪兴著,上海:上海人民出版社,2006

《中国经学史》,吴雁南、秦学顾、李禹阶著,福州:福建人民出版社,2001《经学今诠续编》,姜广辉主编,沈阳:辽宁教育出版社,2001

《两汉经学今古文平议》,钱穆著,北京:商务印书馆,2001

《尚书学史》,刘起釪著,北京:中华书局,1989

《春秋左传学史稿》,沈玉成、刘宁著,南京:江苏古籍出版社,1992

《五经正义研究》,张宝三著,上海:华东师范大学出版社,2010

《宋人疑经改经考》,叶国良著,台北:台湾大学出版委员会,1980

《宋代经学之研究》,汪惠敏著,台北:师大书苑有限公司,1989

《宋代疑经研究》,杨新勋著,北京:中华书局,2007

《走出汉学——宋代经典辨疑思潮研究》,杨世文著,成都:四川大学出版社,2008

《宋代经书注疏刊刻研究》,张丽娟著,北京:北京大学出版社,2013

《北宋经筵与宋学的兴起》,姜鹏著,上海:上海古籍出版社,2013

《宋初经学发展述论》,冯晓庭著,台北:万卷楼图书有限公司,2001

《宋代学术思想研究》,金中枢著,台北:幼狮文化事业公司,1989

《南宋儒学建构》,何俊著,上海:上海人民出版社,2004

《欧阳修学术研究》,顾永新著,北京:中华书局,2003

《苏辙学术研究》,谷建著,北京:光明日报出版社,2009

《苏辙〈诗集传〉新探》,李冬梅著,成都:四川大学出版社,2006

《朱子新学案》,钱穆著,台北:三民书局,1982

《老庄学文献及其思想研究》,刘固盛著,长沙:岳麓书社,2009

《国史大纲》,钱穆著,北京:商务印书馆,1991

《金明馆丛稿初编》,陈寅恪著,北京:生活·读书·新知三联书店,2001

《唐代科举制度研究》,吴宗国著,沈阳:辽宁大学出版社,1997

《唐代试策考述》,陈飞著,北京:中华书局,2002

《宋史丛考》,聂崇岐著,北京:中华书局,1980

《曝书亭集》,朱瑞熙著,上海:华东师范大学出版社,2001

《科举与宋代社会》,何忠礼著,北京:商务印书馆,2006

《南宋科举制度史》,何忠礼著,北京:人民出版社,2009

《中国科举制度通史·宋代卷》,张希清著,上海:上海人民出版

社,2015

《科举学论丛》第 1 辑,上海中国科举博物馆、上海嘉定博物馆编,北京:线装书局,2007

《宋代科举制度研究》,[日]荒木敏一著,京都:同朋舍,1969

《经学·科举·文化史:艾尔曼自选集》,[美]艾尔曼著,北京:中华书局,2010

《义旨之争:南宋科举规范之折冲》,[比利时]魏希德(Hilde De We-erdt)著,胡永光译,杭州:浙江大学出版社,2015

《北宋进士科殿试策问研究——以神宗朝为中心》,蒋林杰撰,上海:上海师范大学硕士学位论文,2013

《朱熹的历史世界——宋代士大夫政治文化的研究》,余英时著,北京:生活·读书·新知三联书店,2004

《朱熹年谱长编》,束景南著,上海:华东师范大学出版社,2001

《人文与价值——朱子学国际学术研讨会暨朱子诞辰 880 周年纪念会论文集》,陈来、朱杰人主编,上海:华东师范大学出版社,2011

《唐代试律试策校注》,罗积勇、张鹏飞校注,武汉:武汉大学出版社,2009

《中国状元殿试卷大全》,邓洪波、龚抗云编著,上海:上海教育出版社,2006

《中国中古文学史 论文杂记》,刘师培著,北京:人民文学出版社,1959

《王国维全集》,谢维扬、房鑫亮主编,杭州:浙江教育出版社,2009

《中国散文史》,陈柱撰,上海:上海书店影印,1984

《中国文学批评史》,罗根泽著,上海:上海古籍出版社,1984

《王水照自选集》,王水照著,上海:上海教育出版社,2000

《中国古代文章学的成立与展开——中国古代文章学论集》,王水照、朱刚主编,上海:复旦大学出版社,2011

《中国古代文体概论(增订本)》,褚斌杰著,北京:北京大学出版

社,1990

《中国古代文体形态研究》,吴承学著,广州:中山大学出版社 2000年版

《中国古代散文研究》,陈飞主编,福州:福建人民出版社,2005

《理学文化与文学思潮》,韩经太著,北京:中华书局,1997

《唐宋四大家的道论与文学》,朱刚著,北京:东方出版社,1997

《唐宋"古文运动"与士大夫文学》,朱刚著,上海:复旦大学出版社,2013

《唐宋散文史论》,马茂军著,北京:中华书局,2008

《南宋文学史》,王水照、熊海英著,北京:人民出版社,2009

《宋代政治与文学研究》,沈松勤著,北京:商务印书馆,2010

《宋代散文研究》,杨庆存著,北京:人民文学出版社,2002

《宋文论稿》,朱迎平著,上海:上海财经大学出版社,2003

《宋代科举与文学考论》,祝尚书著,郑州:大象出版社,2006

《宋代文学探讨集》,祝尚书著,郑州:大象出版社,2007

《宋集序跋汇编》,祝尚书编,北京:中华书局,2010

《宋代科举与文学》,祝尚书著,北京:中华书局,2008

《宋代科举考试文体研究》,孙耀斌著,广州:中山大学博士论文,2009

《北宋新学与文学》,方笑一著,上海:上海古籍出版社,2008

《南宋理学家散文研究》,闵泽平著,济南:齐鲁书社,2006

《韩昌黎文汇评》,叶百丰著,台北:正中书局,1990

《韩柳文研究法》,林纾著,上海:商务印书馆,1933

《欧阳修资料汇编》,洪本健编,北京:中华书局,1995

《曾巩年谱》,李震著,苏州:苏州大学出版社,1997

《苏轼年谱》,孔凡礼著,北京:中华书局,1998

《苏轼的哲学观与文艺观》,冷成金著,北京:学苑出版社,2003

《朱熹的文学批评研究》,张健著,台北:台湾商务印书馆,1988

《朱熹文学研究》,莫砺锋著,南京:南京大学出版社,2000

《八股文与明清文学论稿》，黄强著，上海：上海古籍出版社，2005

《日本学者研究中国史论著选译》第五卷，刘俊文主编，北京：中华书局，1993

《斯文：唐宋思想的转型》，[美]包弼德著，刘宁译，南京：江苏人民出版社，2001

Emperor Huizong and Late Northern Song China：*the Politics of Culture and the Culture of Politics*，[美]伊佩霞、毕嘉珍编，The Harvard University Asia Center，2006

论文

《〈诗序〉考》，徐有富撰，《中国韵文学刊》2008 年第 1 期

《日本〈古文孝经〉孔传的真伪问题》，胡平生撰，《文史》第二十三辑

《日本传本〈古文孝经〉回传中国考》，顾永新撰，《北京大学学报》2004 年第 2 期

《北宋经筵讲经考论》，吴国武撰，《国学学刊》2009 年第 3 期

《范仲淹与〈易〉学》，李凯撰，《内江师范学院学报》2004 年第 5 期

《三经新义修撰通考》，程元敏撰，《孔孟学报》37 期，1979 年 4 月

《三经新义修撰人考》，程元敏撰，《台静农先生八十寿庆论文集》，台北：联经出版事业公司，1981

《苏洵经论的荀子渊源》，袁铭著，上海：上海大学硕士论文，2007

《二苏"五经论"归属考》，顾永新撰，《文献》2005 年第 4 期

《二苏"五经论"归属再考证——兼与顾永新先生商榷》，刘倩撰，《洛阳师范学院学报》2010 年第 4 期

《苏轼〈东坡易传〉考论》，谢建忠撰，《文学遗产》2000 年第 6 期

《也论〈东坡易传〉的作者和系年》，金生杨撰，《文学遗产》2003 年第 1 期

《苏辙的〈春秋〉学与〈诗经〉学》，刘茜著，杭州：浙江大学博士论文，2007

《南宋时期新学与理学的消长》,李华瑞撰,《史林》2002 年第 3 期

《注经与哲学——朱熹经学对中国传统哲学的发展》,蔡方鹿撰,《哲学研究》2003 年第 3 期

何忠礼:《宋代殿试制度述略》,《中国史研究》1988 年 1 期

张希清:《宋代殿试制度述论》,《北京大学学报》1992 年第 2 期

〔日〕宫崎市定:《东洋的近世》,刘俊文主编:《日本学者研究中国史论著选译》第五卷,北京:中华书局,1993

Peter K. Bol, "Emperors Can Claim Antiquity Too: Emperorship and Autocracy under the New Policies", Emperor Huizong and late Northern Song China: The Politics of Culture and the Culture of Politics, ed. Patricia Buckley Ebrey and Maggie Bickford, Cambridge (MA): Harvard University Asia Center, 2006, pp. 180-200.

《宋代贡举殿试策与政局》,宁慧如撰,《"中国历史学会"史学集刊》第二十八期,台北,1996.9

《邓小南谈宋史研究:宋王朝是"稳定至上"的时期》,《澎湃新闻》,2014 年 11 月 30 日,http://www.thepaper.cn/newsDetail_forward_1281914.

《从郊丘之争到天地分合之争——唐至北宋时期郊祀主神位的变化》,朱溢撰,《汉学研究》第 27 卷第 2 期,2009

《中国古代散文研究理论与实践的思考》,宁俊红撰,《文学遗产》2009 年第 3 期

《三个遮蔽:中国古代文章学遭遇"五四"》,王水照、朱刚撰,《文学评论》2010 年第 4 期

《原"序":中国书写史上的一个特色》,余英时撰,《清华大学学报(哲社版)》2009 年第 1 期

《中国古代文体史话·序跋类文体》,吴承学、刘湘兰撰,《古典文学知识》2009 年第 1 期

《八股文百年祭》,刘海峰撰,《厦门大学学报》2001 年第 4 期

《宋代题跋文的勃兴及其文化意蕴》,朱迎平撰,《文学遗产》2000 年第 4 期

《论王安石与新党作家群》,沈松勤撰,《杭州大学学报》1998 年第 1 期

《"永嘉文派"论略》,刘春霞撰,《华南师范大学学报》2005 年第 6 期

《南宋"永嘉文体"考论》,郭庆财撰,《阴山学刊》2009 年第 3 期

《从永嘉文体到永嘉文派》,杨万里撰,《江海学刊》2011 年第 1 期

《汉代对策文刍议》,韦春喜撰,《文学遗产》2012 年第 6 期

《唐代进士试策形式体制》,陈飞撰,《清华大学学报》(哲学社会科学版)2010 年第 5 期

《唐代明经试策形式体制考论》,陈飞撰,《人文杂志》2006 年第 6 期

《唐代试策的形式体制——以制举策文为例》,陈飞撰,《文学遗产》2006 年第 6 期

《文本所见唐代明经试策内容体制》,陈飞撰,《文学遗产》2014 年第 3 期

《唐代试策的表达体式——策问部分考察》,陈飞撰,《文学遗产》2008 年第 1 期

《唐代制举试策的形式体制》,陈飞撰,《河南师范大学学报(哲社版)》2015 年第 2 期

《试论唐代制举试策文体的演变》,金滢坤撰,《首都师范大学学报》2011 年第 4 期

《宋代应策时文概论》,诸葛忆兵撰,《复旦学报(社会科学版)》2016 年第 4 期

《宋代武举的程文考试》,周兴涛撰,《教育与考试》2011 年第 6 期

《苏轼在长安行实四考》,张文利撰,《西北师大学报(社会科学版)》2007 年第 4 期

A Newly Discovered Inscription by Qin Gui: Its Implications for the History of Song *Daoxue*,李卓颖、[美]蔡涵墨撰,*Harvard Journal of Asiatic Studies* Vol. 70,No. 2,2010

后 记

本书篇幅不大,写作却花了好几年时间。在做完王安石新学的相关课题后,自己深感经学和科举对于宋代古文的影响,并不限于王安石变法这样一个时段,而是贯穿于整个宋代。要弄清宋代古文理论和创作中的诸多问题,经学和科举是两个绝对不可忽视的领域。在阅读文献材料的过程中,一些想法和感兴趣的点逐渐浮现于脑海之中,于是陆续写成文字。相对于古文本身,我对宋代经学和科举原先并不太熟悉。在参考学界成果的同时,又动手爬梳些史料,试图概括出一些现象发展的脉络。但这毕竟是超越了自己的专业而到别人的领地去"跑野马",殊非易事。我关注的对象始终是古文本身,阅读、分析这些古文文本时也最有感觉,我想这大概就是一个文学研究者的本分或者宿命。

这部书稿的电子文档辗转保存于不同型号的电脑中,也陪着我辗转各地。难忘那些在哈佛大学 Lamont 图书馆度过的冬夜,四周是那样安静,惟闻键盘敲击的铿然之声。热水,常常是一种奢侈品。在浙江大学之江校区的一栋老楼中,我一边写作,一边和抗过敏药物所强行施加的睡意作斗争,而窗外是大自然馈赠的葱茏绿意。现在回想起来,这些都是非常有趣的人生经历了。

这些年来,受到宋代文学研究界各位同仁的启发和鼓励,不知凡几,古籍研究所的各位师长和同事,平日里也多有提点,使我获益良多。浙江大学出版社宋旭华先生,慨然应允出版本书。老朋友兼新同事刘成国教授,通读了全稿,并提出不少中肯的意见。书中有些内容,曾作为单篇论文,在《文学遗产》、《学术月刊》等杂志上发表,得到过编辑老师们的帮助和建议。对你们所有人，我内心长存感激。

家父家母已经年迈，但仍然照顾着我的生活，家父还时常在学术上和为人处世上给我一些建议。内子路程博士，在我开始搜集本书资料时还是一位本科生，现在已经成为颇受学生欢迎的大学老师，她常常被迫停下自己手头的工作，充当我某些学术想法的首位评论者。这些都是我深以为幸的。

今年由于某种机缘，我的工作状态和节奏发生了巨大变化，真是始料未及，有时也不免疲惫。但胡适的那两句诗常给我坚持下去的勇气：做了过河卒子，只能拼命向前。

方笑一

2017 年 10 月于京口旅次

图书在版编目(CIP)数据

经学、科举与宋代古文 / 方笑一著. —杭州：浙江大学出版社，2017.11(重印 2023.6)
ISBN 978-7-308-17501-2

Ⅰ.①经… Ⅱ.①方… Ⅲ.①经学—研究—中国—宋代②科举制度—研究—中国—宋代③中国文学—古典文学研究—宋代Ⅳ.①Z126.274.4②D691.344③I206.2

中国版本图书馆 CIP 数据核字(2017)第 064214 号

经学、科举与宋代古文

方笑一　著

责任编辑	宋旭华
责任校对	王荣鑫
封面设计	续设计
出版发行	浙江大学出版社
	(杭州市天目山路 148 号　邮政编码 310007)
	(网址：http://www.zjupress.com)
排　　版	浙江时代出版服务有限公司
印　　刷	广东虎彩云印刷有限公司绍兴分公司
开　　本	710mm×1000mm 1/16
印　　张	17.5
字　　数	244
版 印 次	2017 年 11 月第 1 版　2023 年 6 月第 4 次印刷
书　　号	ISBN 978-7-308-17501-2
定　　价	78.00 元